伯林文集

以赛亚·伯林爵士
（Sir Isaiah Berlin，1909—1997）

英国哲学家、观念史学家、20世纪著名自由主义知识分子。生于俄国犹太家庭，童年目睹俄国革命，1921年随父母前往英国。1928年进入牛津大学攻读哲学，1939年撰写《卡尔·马克思》，1944年转向观念史研究。1957年就任牛津大学社会与政治理论教授，发表具有开创性的“两种自由概念”演说，同年获封爵士。1966年参与创办牛津大学沃尔夫森学院并出任首任院长。作为杰出的观念史学家和学科主要奠基人，先后被授予耶路撒冷文学奖和伊拉斯谟奖。

伯林文集

卡尔·马克思（1939）
启蒙的时代（1956）
俄国思想家（1978）
概念与范畴（1978）
反潮流（1979）
个人印象（1980）
扭曲的人性之材（1990）
现实感（1996）
人类的恰当研究（文选，1997）
浪漫主义的根源（1999）
观念的力量（2000）
启蒙的三个批评者（2000）
自由及其背叛（2002）
自由论（2002）
苏联的心灵（2004）
浪漫主义时代的政治观念（2006）
伯林书信集 卷一（2004）
伯林书信集 卷二（2009）
伯林书信集 卷三（2013）
伯林书信集 卷四（2015）

特别收录

伯林谈话录（1992）
伯林传（1998）
未完的对话（2006）

自由及其背叛

Freedom and Its Betrayal:

Six Enemies of Human Liberty

人类自由的六个敌人

[英国] 以赛亚·伯林 ____ 著

赵国新 ____ 译

译林出版社

图书在版编目（CIP）数据

自由及其背叛：人类自由的六个敌人/（英）以赛亚·伯林（Isaiah Berlin）著；赵国新译．—南京：译林出版社，2019.12（2025.8重印）
（伯林文集）
书名原文：Freedom and Its Betrayal: Six Enemies of Human Liberty
ISBN 978-7-5447-8025-4

Ⅰ.①自…　Ⅱ.①以…②赵…　Ⅲ.①自由－研究　Ⅳ.①D081

中国版本图书馆CIP数据核字（2019）第229850号

自由及其背叛：人类自由的六个敌人［英国］以赛亚·伯林／著
赵国新／译

责任编辑　陶泽慧
装帧设计　韦　枫
校　　对　蒋　燕
责任印制　董　虎

原文出版　Princeton University Press, 2014
出版发行　译林出版社
地　　址　南京市湖南路1号A楼
邮　　箱　yilin@yilin.com
网　　址　www.yilin.com
市场热线　025-86633278
排　　版　南京展望文化发展有限公司
印　　刷　南京新世纪联盟印务有限公司
开　　本　850毫米×1168毫米　1/32
印　　张　12.75
插　　页　4
版　　次　2019年12月第1版
印　　次　2025年8月第7次印刷
书　　号　ISBN 978-7-5447-8025-4
定　　价　78.00元

纪念安娜·科林（1896—1984）

目　录

前言：先知以赛亚

恩里克·克劳泽

《自由及其背叛：人类自由的六个敌人》（亨利·哈代编订）是以赛亚·伯林于 1952 年秋在英国广播公司（BBC）广播电台发表的六篇精彩演讲的合集。它们对伯林眼中六位哲人的专制观念遗产进行了慷慨激昂的政治阐释。这六人分别是爱尔维修、卢梭、费希特、黑格尔、圣西门以及迈斯特。T. S. 艾略特一反常态地恭维了伯林“滔滔不绝如江水的辩才”，[1] 哲学家奥克肖特称其为“思想界的帕格尼尼”。[2] 数十万人收听了这个系列讲座，伯林还收到了许多观众的热情来信。

伯林首次探讨这些素材，是在 1952 年初，当时他（在宾夕法尼亚的布莱恩·莫尔学院）举办弗莱克斯纳讲座，题目为“浪漫主义时代的政治观念”。伯林在布莱恩·莫尔驻校期间，莱莉娅·布罗德森一度给他当秘书，她出席了这几次讲座。她记得很清楚，这位教授讲起话来“真是天才附体”， xi

[1] 见他在 1955 年的讲座“政治文学”。T. S. 艾略特：《对批评家的批评》（New York，1965），137。

[2] 1953 年 5 月 12 日，伯林在伦敦经济学院做讲座，讲座内容后来收入《论历史的必然性》。这是奥克肖特在伯林讲座前的介绍语。伦敦经济学院档案馆，奥克肖特 I/3。

他“滔滔不绝、妙语连珠地”辨析各种自由。

为了准备这几次讲座，伯林下了很大功夫。按照他的传记作者叶礼庭的说法，在1950至1951年间，伯林“疯狂地阅读”18世纪法国哲学家（狄德罗、爱尔维修、霍尔巴赫、伏尔泰）和德国浪漫派（谢林、赫尔德、费希特）的作品。[1] 但是，叶礼庭提及的“疯狂状态”，与其说是伯林的学术献身精神使然，不如说成因于他的意识：他意识到自己开始找到了个人使命，找到了与历史对抗的声音。

这些演讲大受欢迎，这肯定会强化他的信念。讲座的题目反映了伯林思想的道德特质，这一点很像他后来研究的俄国思想家。甚至在今天，即便我们只是在阅读而不是倾听他的演讲，[2] 我们仿佛依然可以听到，奔放不羁的长句和一串串严谨准确、鞭辟入里的形容词，发出了庄严肃穆的回响，符合伯林雄辩有力的文风。叶礼庭说，这些演讲是“英国广播事业和伯林人生的里程碑”。[3] 但伯林是怎样走到这一步并得出这些具体洞见的呢？

战后世界迫切需要政治和道德界定。纳粹主义已被消灭，但苏联极权主义依旧存在，支撑它屹立不倒的是俄国革命的

[1]《伯林传》（London and New York，1998），201。
[2] 有关卢梭那一讲的录音保留至今，如想倾听，请浏览 https://itunes.apple.com/itunes-u/isaiah-berlin-century/id381701053?mt=10>。
[3]《伯林传》，205。

最初声誉和俄国经济真实的或想象的进步。使之全部合法化的是马克思主义哲学，马克思主义哲学以蔑视的姿态向苏联的批评者提出了挑战。卡尔·波普尔早就对这种挑战做出了回应，他简明扼要地从哲理上驳斥了从柏拉图以来的极权主义思想；[1] 乔治·奥威尔在第二次世界大战之前和之中奋笔疾书，批评了苏联政权以及西方同情者，此后，他又出版了《动物农场》和《1984》。在天平的另一端，伯林的一些同事（包括 E. H. 卡尔和克里斯托弗·希尔）重申他们对苏联的支持态度，写出了自己的布尔什维克革命史。1945 年，伯林前往莫斯科和列宁格勒，进行了一次非常重要的旅行，在此期间，鲍里斯·帕斯捷尔纳克和安娜·阿赫玛托娃向他透露了斯大林镇压的内幕。这段经历有助于他重新萌发对 19 世纪的俄国思想和文学的兴趣，与此同时，也有助于确立他的作品的一个重要主题：在研究苏联政权思想先驱的基础上去批评苏联政权。然而，在战后现实面前，找准自己的立场可不是伯林必须面临的唯一困境。 xii

从 1940 到 1946 年，他代表英国外交部所做的外交和思想贡献，大部分是在华盛顿完成的，得到了英美政界高层的重要认可，但是，到了战争结束之际，他不得不重返牛津大学的新学院，重新过坐冷板凳的学术生活，他觉得这种前景索然无味。伯林还有其他顾虑。尽管他的学术生涯和地位已

[1]《开放社会及其敌人》（London，1945）。

经稳固，但他仍觉得自己是边缘人：职业哲学家，但偏重观念史和文学；定居英格兰思想中心地带，却是地地道道的俄国文化培养出来的移民；更为重要的是，他还是一位犹太思想家，经常在两种文化的夹缝中苦苦挣扎。一方面，他很想彻底融入英国文化、历史和社会，另一方面，他又想听从犹
xiii 太祖先，犹太人的历史、文化、身份的召唤。

在伯林面对的所有问题当中，最后这个压力或许是最复杂的，也是最有决定意义的。童年时代学习过的《塔木德》经文，或者还有他杰出的哈西德教派祖先，在多年以后让伯林接受了自己的犹太人身份，把它当作一种不可逆转的生物学事实和文化遗产。至少在一定程度上，他认为自己就是这份文化遗产的产物。他之所以对这份遗产忠心耿耿，主要是因为，他意识到："在过去的两千年中，犹太人的历史就是一部可歌可泣的殉教史，他们为此付出了令人难以置信的血泪代价。"[1] 伯林不是意识形态狂热分子，也不是狂热的民族主义者，但他同情犹太复国主义。在华盛顿工作期间，他与哈伊姆·魏茨曼过从甚密（密切到了什么程度呢？按照《伯林传》的作者叶礼庭的说法，伯林甚至向对方提供自己从英国得来的秘密情报）。1947 年 7 月，就在以色列宣布建国前夕，伯林和父亲游览了不久即被称为犹太人家园的这片土地。

[1]《犹太人之被奴役与被解放》，载《观念的力量》，亨利·哈代编，第二版（Princeton，2013），198。

在这里，他不断地收到魏茨曼，甚至本·古里安的邀请，让他放弃牛津教职，定居以色列，并许以政治高位。这样一来，他就可以彻底回归犹太教；他父亲也敦促他走这条路。

当时有两位影响卓著的作家，亚瑟·凯斯特勒和 T. S. 艾略特，对犹太人和以色列持有相似的看法（尽管动机不同）。在 1950 年 5 月发表的一篇访谈中，[1] 凯斯特勒认为，以色列建国后，散居世界各地的犹太人只有两条出路：要么移民以色列，要么义无反顾地融入所在国的宗教和生活。艾略特的观点最早是在 1934 年的一次演讲中提出来的，以色列建国后， xiv
这个观点再度流行，方向大致与凯斯特勒相同（虽说深受诗人本人反犹主义的严重影响）。犹太人可以合法地重拾他们的宗教身份（返回犹太人聚居区），或者被彻底同化。但是，他又着重指出，在接纳犹太人的社会中，“种族原因和宗教原因加在一起，让大量思想自由的犹太人不受欢迎”。[2]

伯林觉得有必要回应和反击这些主张。艾略特的那种偏执固然令人不齿，除此之外，他所提出的那种非此即彼的选择似乎也严重限制了伯林的个人自由。移民或同化这两种选择，预设了一种自由，可被称为积极自由，可被视为摆脱长期受奴役状态的一种解放。他要么可以选择留在以色列，成

[1] 莫里斯·卡尔：《亚瑟·凯斯特勒的放弃声明》，载《犹太人纪事》，1950 年 5 月 5 日，第 15，20 版。参见凯斯特勒的《承诺与满足：1917 至 1949 年间的巴勒斯坦》（London，1949），332—335。
[2]《追寻异教的神祇》（London，1934），20。

为一名被解放的犹太人（近两千年的历史异常现象——特别是对欧洲犹太人而言，他们身为贱民，置身异域，周围满是敌意——在这里已经得到解决），要么放弃自己的犹太人身份。伯林写了一篇激情四射的长文作为回应。在我看来，文中的自传成分尚未得到充分认识，但它的确有助于我们去理解，作为一名公共知识分子，伯林是如何发出自己真正的声音的，是如何履行自己的具体使命的。该文于 1951 年秋发表在《犹太人纪事》上，标题为《犹太人之被奴役与被解放》，它提供了第三种可能性，也就是伯林后来所说的“消极自由”：每个人（尤其是作者伯林本人）有心安理得地当犹太人的自由。

为了说明欧洲犹太人的状况，伯林编了一个寓言故事。一些旅行者，出于偶然的原因，来到某个部落讨生活。为了生存，他们开始了解当地的风俗习惯，慢慢地，他们对这些风俗习惯的理解不下于这个部落的成员，甚至还要高明一些。
xv 他们“成为研究土著的主要权威：他们整理土著人的语言［……］他们向外界阐释这个土著社会。年复一年，他们对这里的认识和喜爱……逐渐加深”。[1] 但接下来奇怪的事情发生了。部落成员虽然能够欣赏这些外来者的劳动和忠诚，但还是把这些人当作他者，并且还认为，正因为这些人是他者，他们才有能力去审视和阐释部落的真实状况：“他们的理解

[1]《犹太人之被奴役与被解放》，202—203。

能力太锐利了，他们的忠诚度太高了，他们是研究这个部落的权威，但不是它的成员。他们是它的仆人，或许还是它的救星，但他们非我族类。”[1] 他们不属于该部落，这方面的最佳证据就是，他们过于殷勤：“他们太想讨好别人了；事实上，不管他们怎么卖力气声明自己就是该部落成员（表面上看，还是有道理的），结果都是欲速则不达。”[2] 在部落内部，外来者这种令人不安的坚持让人困惑不已，导致他们被人疏远。然而，外来者依然持有幻想（甚至可以说是异想天开），认为自己是该部落成员（或者认为，如果自己足够努力，就会成为该部落成员）。但这一切都是白费劲：“外来者越是卖力气证明，他们与本地人的差异就越显得突出；事实上，否定差异本身就是一种障碍。”[3] 他们不可能成为该部落的一部分，而是保留了局外人的独特属性（尤其是宗教属性）。结果，既可以说他们属于该部落，也可以说他们不属于该部落。他们在该部落中生活，但又无法与对方结为一体。

伯林解释说，土著毫不怀疑他们的身份，而对此安之若素。但外来者处心积虑地、持续不断地考察与自己无缘的这种身份：他们表现它，重新创造它，赞美它。伯林以海因里希·海涅和菲利克斯·门德尔松为例，这两位德国犹太人在 xvi

[1]《犹太人之被奴役与被解放》，203。
[2] 出处同上。
[3] 出处同上，205。

创作时，“表现出一种特殊的自我意识，有异于一个得到认可的社群中的正常人”。[1] 两人出身的家庭都已改宗路德派，但他们并没有成为像歌德或贝多芬那样地地道道的德国人。伯林断言，这种边缘性足以说明，犹太人（在艺术和人文学科当中）体现出的是阐释性的而非创造性的天才：“犹太人，就像那些力求融入陌生部落的外来者一样，必须拿出自己的全部精力和才华去理解和适应自己所在的环境，如果做不到这一点，他们将在生活中寸步难行。”[2] 按照伯林的说法，这个让人心力憔悴的过程，造就了善于“观察、分类和解释”的天才，导致他们特别尊崇“他们所在国家的英雄或制度”。[3]

令人匪夷所思的是，伯林在文中几乎没有提及这段漫长和混乱的历史的结局：大部分欧洲犹太人惨遭灭绝的历史，其中包括受到极好教育的德国犹太人，他们认为自己比土生土长的德国人更像德国人。在伯林看来，以色列建国这个“惊天动地的大事件”，[4] 一举改变了犹太人的历史处境。新生的以色列为犹太人提供了自由的可能性，让他们得以放弃他们客居的部落，从而扎根于自己的部落。但是，这种选择——伯林在此与激进的犹太复国主义者产生了分歧——并不是一件非做不可的事情，很可能就在这个地方，在解决他个人困

[1]《犹太人之被奴役与被解放》，207。
[2] 出处同上，209。
[3] 出处同上。
[4] 出处同上，215。

境的过程中，在他义正词严地捍卫第三条道路（继续保持中间人状态）的过程中，伯林生发出了他个人的自由观念。后来，他将这种观念应用于整个人类社会。如今犹太人可以按照自己的方式决定自己的命运。如果他选择以外来人的身份，继续生活在部落当中——这种情况接近于伯林个人的处境和 **xvii** 决定——他完全有理由这样做，并接受最终后果。这种选择是个人的自由，而不是获取幸福的诀窍：

> 如果一个犹太人选择生活在一个讨厌犹太人的国家中——无论是主动选择，还是被动选择，也无论他是否公开自己的犹太人身份，他选择了犹太人身份带来的不舒适、不安全的社会地位、社会屈辱——这在很大程度上都是他个人的或家族的事情。我们很可能鄙视他缺乏自尊，或者谴责他自欺欺人，并且预言他可能大祸临头，或者向他表示祝贺，因为他的功利主义举动富有远见，或者因为他为了儿女的前途而勇敢地牺牲了自己，或是因为他具有为人称道的独立性或藐视成见；这是我们的权利。但是，过自己选择的生活的确是他的权利，除非他因此而给世人带来太多的痛苦或不公。[1]

在这段义愤填膺的文字中，他捍卫自己的选择，反对艾略特

[1]《犹太人之被奴役与被解放》，219。

的论断，他顺势将艾略特与柏拉图的精英主义和20世纪法国的法西斯主义联系起来。所谓与众不同，哪怕是那种令人恼火的与众不同，都不算罪过，“无论是柏拉图，还是莫拉斯或艾略特，或者是他们的哪一位党徒，都没有权利单凭这个原因将人逐出理想国之外”。[1] 艾略特收到了这篇文章，与作者通了信，伯林后来一定为自己在这场交流中的卑躬屈膝而深感遗憾。

以赛亚·伯林已经走出了关键的一步。在动手演绎“消极自由”这个概念之前，伯林已经断言自己有选择权，有权在犹太人传统内部践行消极自由。这个立场有风险，前途未卜，荆棘丛生，难以维系，（在某些人看来）甚至得不偿失，
xviii 但这是他自由选择的结果。

伯林决定不做以色列公民。这个决定不仅使他摆脱身份困境，还可以让他得以自由地从事“阐释性”[2] 工作；在他看来，这是典型的犹太人工作。在这个决定不久后，他做了BBC演讲，这使他首次作为公众人物大放异彩，但更值得称道的是，他在这些演讲当中体现出的风格。艾略特称之为“滔滔不绝如江水”，但其中还有更重要的东西：一种独特的先知式的基调。虽说他出身于显赫的哈西德教派家庭，他在童年时代还学过《塔木德》，然而，在思想形成过程中，伯林往

[1]《犹太人之被奴役与被解放》，224。
[2] 出处同上，208—209。

往不大看重这些早期经历。但是，他在《犹太人之被奴役与被解放》中对自身思想的界定又包含了他眼中的犹太人特性（诸如“分析过去、当下的能力以及有时分析将来的能力”），[1] 这些特性与先知身上的属性很接近。他本人曾经写过，他的那个部落寓言中的外来者“不无道理地感觉到，自己是该部落的至交、捍卫者和先知”。[2] 欧洲犹太人的困境有助于他解释他对人类自由的支持。如今，他以先知的口吻声称它具有普世价值。

表达先知话语的这种倾向，离不开他警告世人的强烈意图，动之以情，让他们意识到古老、根深蒂固的政治观念具有压迫性力量。与同时代人雅可布·塔尔蒙（著有《政治弥赛亚主义：浪漫主义阶段》）一样，伯林想去揭露和谴责那些看似客观和世俗化的哲学所具有的“神学式”的基础。“这是一种神学学说”，他如是评论费希特的民族主义形而上学，就此而言，费希特显然是一位神学家，黑格尔也是，“假如说他们是世俗思想家，这绝非善意”。[3] 伯林遵循同样的阐释 xix
模式，以 18 世纪末和 19 世纪初为参照对象（这一时期出现了他所谓的“人类自由的敌人”），他指出，“妄自尊大、以弥赛亚自许的人物层出不穷……每个人似乎都自认为上天最

[1]《犹太人之被奴役与被解放》，209。
[2] 出处同上，203。
[3] 参见下文第 73 页（注释所指的本书页码均为英文版页码，参考本书边码）。

终赋予了他独有的洞察力和想象力，注定用它们来解决人类的一切不幸”，[1] 接下来，他义无反顾地谴责他们。

在他最为愤慨之际，伯林精彩地诊断了费希特式的姿态以及它的可怕之处，但他并未直接反驳这些观念。他只是把它们当作国家社会主义的先例而加以描述和谴责。引用完费希特号召德意志人完成他们的超凡使命的那一段话，伯林在另一位先知那里找到了最佳答案，此人便是海因里希·海涅。海涅在他对德国未来的著名预见中写道：“全副武装的费希特主义者将会回来，他们身上的那股疯狂的意志没有沾上丝毫恐惧或自私自利。[……] 一场大戏将在德国上演，相形之下，法国大革命只不过是一首平和宁静的田园诗。”[2]

可以理解的是，在其他五位思想家的传略当中，伯林的批评程度不如论费希特的那篇火力十足。在每一位人物的传略中，他用的是同一种陈述方法：描述某位思想家的观念是如何随着他的生平阅历顺理成章地发展起来。最后，他综合了这种发展过程，断定每位哲学家都是人类自由的敌人。例如，在伯林分析卢梭的过程中，激进自由的概念引出了“公意”，社会中的“我们”，这个“我们”并非个别的“我”的总和，它还融合了他们以及他们的集体权威，从而成为一个更大的统一体，最后，卢梭的思路“神秘地”一跳，终于将

[1] 参见下文第 113 页。
[2] 参见下文第 78 页。

他们的集体权威分配给了国家。[1] 伯林在揭批卢梭过程中(他 xx
认为卢梭是“自由最险恶和最可怕的一个敌人”)[2],笔下不无同情，伯林将参与性民主的首创之功送给他，还称赞他自动自觉地怀疑爱尔维修所推崇的启蒙精英。

伯林还在黑格尔的哲学中看到了卓有价值的贡献，例如他将艺术和科学吸收到了他的整体性的历史观当中。他对黑格尔的论述是纲要式的，但意思清楚明白：从辩证法概念发出的形而上学的火花，到黑格尔的“超越历史的英雄”观念，历史必然要综合于以国家为代表的普遍理性当中，这类英雄人物就是这条历史前进道路上的主角。讲到黑格尔时，伯林预言力量的揭露性远远不如它的高度批判性：他认为黑格尔创建了历史上最有影响和最有压迫性的“神正论”。[3]

值得注意的是，至少从我们所在这个时代回头去看，伯林笔下个人自由的两个敌人的观念，在历史的舞台上似乎与自由主义并非截然对立，至少他们的经济观是如此：爱尔维修及其功利主义，圣西门的唯生产力论。尽管如此，他对圣西门的描述很可能是书中最精彩的篇章。此人是典型的世俗“弥赛亚”,除此之外,伯林认为“在所有预测20世纪的人当中，亨利·德·圣西门伯爵是最伟大的”[4]，因为他最早发现了推

[1] 参见下文第 48 页。
[2] 参见下文第 52 页。
[3] 参见下文第 108 页。
[4] 参见下文第 113 页。

动历史前进的经济和技术力量。从迈斯特的那篇文章可以看出，伯林对这个与他相隔甚远的人物很感兴趣，这有点让人感到匪夷所思，此人坚定不移地为王室、教会、过去以及暴力专政辩护，关于这个人物，伯林后来又发表作品，进行了更为广泛的调查研究。

叶礼庭写道，在 BBC 进行的这一系列演讲“为他提供
xxi 了舞台和新的一批受众。他已经成为公共知识分子——脱胎于俄国的模子，使用的却是英文习语”。[1] 还应该补充一句，这位公共知识分子带有希伯来先知独有的音调。

在听到那些“滔滔不绝如江水的”广播讲座的人看来，伯林不仅成功地揭示了国家崇拜的各式先例，与此同时，他捍卫了个体自由的理念,这些理念是这位“外来者”[2] 所投靠的那个部落的核心价值观，这就是英国文化的部落。他绝不仅仅是英国的先知。

伯林在 1948 年致信魏茨曼，他在信中说，“在我们这个民族危难之际”，他决定留在牛津，“似乎是一种不可原谅的利己主义，甚至可以说是一种轻率之举”。[3] 但毫无疑问，总的来说，这位带着希伯来先知的洞见和声调捍卫人类自由的思想家，做出了正确的决策。“先知在自己的国家里是得不

[1] 参见前文引用（第 xii 页，注释 3）。
[2] 参见前文引用（第 xiv 页，注释 1），207。
[3]《伯林书信集 · 卷二　启蒙岁月：1946—1960》，亨利 · 哈代与詹尼弗 · 霍尔姆斯编（London，2009），54。

到尊重的。”[1] 然而，无论在收容他的这个部落的内部，还是在外面，以赛亚·伯林都是一个明显的例外。

本文由汉克·海菲茨从西班牙文翻译成英文 **xxii**

[1]《约翰福音》4：44。

编者前言

五十年前，本书收录的这些长达六小时的演讲在 BBC 广播电台播出，在听众当中引起了轰动。在此之前，还不曾有谁在没有现成讲稿的情况下，[1] 可以发表这么长时间的演讲，时年四十三岁的以赛亚·伯林是首开这个冒险先例的正确人选。他情感奔放的演讲风格、别具特色的嗓音（虽说因此有些让人难以听懂他的话）、非凡的口才、对论题明显专注的程度、不为人知但马上就能扣人心弦的内容——这一切合在一起，产生了一股强烈的冲击力，时至今日，当年的听众对此依然记忆犹新。每个星期，人们都带着期盼的心情打开收音机，沉浸到伯林的演讲中。约翰·巴罗写道（当年他还是中学生），这些演讲“令我十分激动，每次播出，我都坐在地板上，一边听着身旁的收音机，一边做笔记”。[2] 这一系列演讲结束后，《泰晤士报》发表了一篇社论，进行了报道和评论，在读者来信栏目里引发了一阵通信活动，伯

[1] 虽说没有现成的稿子，这些演讲也并非现场直播，而是经过录制和编辑之后才播出。
[2] 约翰·巴罗：《一种共同的文化？：19 世纪欧洲思想中的民族主义观念》，牛津大学欧洲思想讲座教授就职演说（未刊稿），1996 年 4 月 7 日；另见莱莉娅早些时候对伯林在美国演讲的描述（参见上文第 xi 页）。

林本人也躬与其事。[1]

这些演讲巩固了伯林节节上升的名气：他能把观念哲
xxiii 理方面的东西讲得明白晓畅、引人入胜；而且，在伯林看来，这些演讲也为他五年之后就任牛津大学齐切利社会与政治理论讲席教授奠定了基础。[2] 然而这种名望也有令人不快的一面，让伯林一直忧心忡忡的是：他担心自己受到片面地对待，被认为善于作秀，给当成杂耍演员。[3] 第二年，他到伦敦经济学院做奥古斯特·孔德纪念基金会讲座的首场演讲，[4] 迈克尔·奥克肖特向听众介绍说，他是“思想界的帕格尼尼”。[5] 他的担心还是有些根据的，因为他已经成了语速迅疾的高深演说家的代称：“牛津唯一能以一个音节说出

[1]《自由的命运》，见《泰晤士报》1952 年 12 月 6 日第 7 版；另见 12 月 9 日、10 日、12 日、16 日（伯林的信）、18 日的读者来信。

[2] 在报道他任职的一则新闻中，《星期日泰晤士报》提到“他著名的广播节目，丰富多彩、自发、翻腾的思想和形象，如同奔流而下的瀑布之水，迅疾、生动、势不可挡”。(1957 年 3 月 31 日，第 3 版)

[3] 按照伯林本人的看法，《广播时报》过于强调他在这方面的魅力，特别突出他“因流畅而巧妙地阐述抽象观念而闻名”，以及他“能言善辩的名声在牛津之外远扬”(1952 年 10 月 24 日，第 3 版)。伯林在 10 月 26 日给节目制作人安娜·科林写信说，这种待遇令人难以接受，因此他不可能继续为 BBC 出力。显然他后来公开收回了自己的话，但他被刺到了痛处，他带着罕见的严峻态度写道：虽说我可能只是一位让人感到快活和喋喋不休的庸俗之士（vulgarisiteur），可我认为，我受雇于对方可不是凭这种能力。

[4] 1954 年出版，名为《历史的必然性》。

[5] 奥克肖特在介绍他的时候所念的手写稿留存至今。相关语句如下：“听他讲话，你会情不自禁地认为，自己面对的是我们这个时代伟大的思想演奏名家，思想界的帕格尼尼。”伦敦政经学院奥克肖特档案，编号 I/3。

‘认识论的’（epistemological）的人。”[1] 不过，他这方面的公共形象并没有对他造成永久性损害。他庞观博采的思想资源，他以独特的风格、明晰性和说服力调动这些思想资源的能力，得到了人们的重要认可。

只有一次演讲（讲卢梭的那一次）的录音得以保存下来，录音里有一些噼啪作响的杂音，这段录音在伦敦的大英图书馆可以听到。[2] 今天再现该讲座在 1952 年的效果，这 xxiv
段录音是我们所能接触到的最贴近伯林原意的东西了。不过，这六次演讲的录音（文字）记录还在（虽说有的地方不尽如人意），经过编辑整理，还可以重新见证伯林非凡的阐述能力，感受到这部较早体现伯林自由观的论述所造成的冲击力；这些自由观之所以广为人知，是因为他在 1958 年就任齐切利讲席教授时发表的演说《两种自由概念》。[3] 不过《自由及其背叛》绝非他后来进一步锤炼的观念的粗糙先导。贯穿早年演讲中的自由观，其基本要义已经全面形成，这种清晰易懂的论述，特别因为它是对具体思想家的口头论述，而不是一部抽象专著，而且还包含那篇就职演说没有的许多东西，是对他生前出版著作的一个重要补充。

我脑海中曾闪现过一个比较轻薄的念头：将这本书的副标题署为“并非里思（Reith）演讲”。安娜·科林，BBC 第

[1] C. M. 伍德豪斯：《冒昧之言》（London etc.，1982）。
[2] 查询这份资料需要事先预约。该录音的索取号码为 T10145W。
[3] Oxford，1958.

三套节目的制作人，曾经制作过伯林的许多访谈节目。她知道伯林一直准备为宾夕法尼州布莱恩·莫尔学院的玛丽·弗莱克斯纳讲座发表系列演讲（他在 1952 年 2 月至 3 月做了演讲），便邀请他在广播中做一遍。她很清楚，说服他不易，因为他经常拒绝上镜，她已做好了失望的准备。不过，让她高兴的是，他居然很乐意。当她听到弗莱克斯纳演讲的录音（现已亡佚）之后，[1] 就毫不犹豫地另外派给他一个声望很高
xxv 的角色：里思讲座演讲人，他是担任这一角色的理想人选。

可是，上级得知后，却裁定伯林并非合适人选，这让科林十分尴尬。他们是基于什么理由而得出这一看法的，我还未发现任何相关的文字记载。可能只是因为，当时伯林的地位尚未充分确立，而当年选择里思讲座演讲人的标准比现在保守得多。不管怎么说，没有证据表明反犹主义从中作祟。无论出于什么理由，那些要员的决定是不容变更的，科林只好将这个消息透露给伯林。好在他没有生气，这让她很宽慰。[2]

[1] 即便作者的弗莱克斯纳讲座曾有讲稿，现也不见踪影。

[2] 我现在已经记不得自己最初是在什么地方听到这个故事了，我推测应该是在我和伯林的谈话中。1992 年，我致信伯林，请他核实。在 1992 年 3 月 10 日的回信中，他写道："安娜·科林的确问过我，[这些演讲] 能否用作里思讲座的内容——我非常乐意。她报上去了，我也受到了邀请。两天之后，我又收到一封信，说这个讲座取消了。七八年后，我受邀做这个系列演讲，这时候，我说自己没什么好说的。那还是我思考浪漫主义之前的事情。"有关这个系列演讲的产生以及安娜·科林的作用，可见叶礼庭：《伯林传》（London and New York，1998），204—205，以及汉弗莱·卡彭特：《世界羡慕的对象：BBC 第三套节目和广播电台的五十年历程，1956—1996》（London，1996），127。

应当说一说伯林对待出版这些录音记录的态度。泛泛而论，他的态度接近于他对出版自己梅隆讲座的看法，那个系列讲座十三年后发表于华盛顿特区，1999 年出版，题为《浪漫主义的根源》。他知道，如果这些录音记录在他有生之年整理成书，就得大幅度修改而且还得扩充内容。正如他在 1951 年 12 月 11 日给科林的信中所说："你不难看出，很多东西向听众泛泛而谈是一回事，把它们付诸冷冰冰的文字则是另一回事。"他当然想以布莱恩·莫尔系列演讲为蓝本出一本书，并在演讲发表一两年之内付梓。可是，正如其他著作一样，他从未试图尽力完成这一必要工作，这两套演讲依 xxvi
据的长篇录音记录草稿给放到一边，忘掉了，虽说他已经进行了彻底修改。1993 年，我替他整理出一份字迹清晰的复印件，其中包括他对手稿的全部改动以及他后来写的一篇导言，不过我相信，他没有再去看它。这部演讲录的标题是《浪漫主义时代的政治观念》（弗莱克斯纳演讲的原标题），全文接近 11 万词，最终于 2006 年出版。[1]

我也将本书收入的 BBC 演讲的录音记录整理出来，把最初的草稿交给他，但这份草稿他本人也未曾去审查。我想，几乎可以确定，他再也不会理它了，每当我向他提到这

[1]《浪漫主义时代的政治观念：它们的兴起及其对现代观念的影响》，亨利·哈代编（London and Princeton，2006，第二版，Princeton，2014）（下文简称 PIRA）。或许我应当说明，这份打字稿几乎无助于本书的编订。

件事，他都表示遗憾。或许是出于好意，他对我说，我不该那么肯定地认为他不会动手整理出版：“谁知道呢？没准儿十二年之后，我会一下子把它拿起来，狠劲修订一番。”（或类似的话）可说这话时他已经八十多岁了，那活儿可不是九十多岁的人能干的。

虽说他的态度有所保留，可他并不认为这些演讲全然不可取。他认为有些演讲比别的要好，不过他还是同意，经过“清理”，它们“可能形成一个小册子”。[1] 我想，即使它们按照目前的样子出版，也不会有问题。我咨询了在这个论题上比我懂得更多的专家，我的判断进一步得到支持。他们也发现，有些演讲胜过其他，有的阐释目前看来有些过时；但他们几乎一致同意，它的确应该出版。我希望，不应该认为这个结果得到了伯林本人的全面认可，这是不言而喻的；不过我的确相信，它公正地体现了伯林对自由的这些敌人的看
xxvii 法，而且，它有助于读者更全面地理解这些观点，将这些出色的演讲添加到他已经出版的著作中，无损他的令名，只要说清楚它们临时的、即兴的、非正式的性质；鉴于本书是由演讲编辑而成，因此，就不要对它提出过高要求。

BBC 演讲不完全是为弗莱克斯纳讲座所准备的打字稿的简缩版，也不完全是在重复弗莱克斯纳讲座的内容，就像

[1] 伯林 1989 年 3 月 28 日写给亨利·哈代的信。

布莱恩·莫尔《校园新闻》每周摘要所表明的那样[1]——虽说由于该演讲更早的完整录音稿以及录音音频缺失的缘故，很难逐句对比二者之间的差异。伯林本人有时说这两场演讲大致相同，例如1953年1月22日他在写给布莱恩·莫尔学院的院长凯瑟琳·E. 麦克布莱德的信中说：

> 我在伦敦的广播电台的演讲内容基本上与玛丽·弗莱克斯纳赞助的演讲相同，在此间演讲，我经常想起布莱恩·莫尔，我面对的可不是一百张面孔，我面对的是一张干干净净的办公用桌和边上镶着软木的墙壁——总的来说，我可能更愿意在电台演讲：当众演讲令我惶惑不安。这几次演讲之后，有大量听众来信，这些人可不是寻常之辈，他们好像在收听这些东西，他们对于突如其来的历史和政治的主题充满了难以言喻的情感和思想，对于所有来信，我想我有义务做出某种解答。

然而，从BBC和布莱恩·莫尔学院保存的档案材料明显可以看出，就在伯林到美国演讲的前后，这一系列演讲经过了相当程度的重新编排，而且，不管怎么说，把同一部演讲词发表两遍，这绝不是伯林的做事风格，因为他太喜欢修 xxviii

[1] 1952年2月13日至19日。这些摘要重印于PIRA。

正自己的言论了，[1] 除此之外，他几乎总是在讲台上另起炉灶，即便他多次运用同一批材料。

伯林在信中说，他在面对听众时心怀恐惧，我们引用莱莉娅·布罗德森[2] 提供的材料来印证。伯林在布莱恩·莫尔学院的时候，她临时给伯林当秘书，后来她成为该校儿童心理指导门诊的心理工作者。当时她正在读研究生，手头拮据，总是尽可能地打工挣钱。在写给朋友的一封信里，她描述了伯林的讲学风格，就我所见，这是对伯林演讲风格最生动的描述：

> 星期一晚上我去听他讲费希特，着实给吓了一跳。他匆匆忙忙地向听众鞠了一躬，就在讲台后站稳了身子，目光偏右，紧盯着观众头上的某个地方，然后侃侃而谈，他语速快得吓人，整整一个小时之内，几乎没有片刻的停顿，这场滔滔不绝的演讲显然很精彩，不过我没大听懂。他目光注视的方向一直没变，他身体在讲台上前后摇摆不停，每晃一次，大家都以为他要倒下——要么往前倒，要么向后倒。他把右手掌放在左手的掌心，在整个一个小时之内，他猛烈地晃动双手，好像要从中取出

[1]“我天生就喜欢对自己所做的一切进行改正和重新改正”：伯林 1952 年 6 月 20 日写给麦克布莱德院长的助理塞缪尔·H. 保罗女士的信。

[2] 莱莉娅·布罗德森（1912—2006），后来成为布莱恩·莫尔学院儿童指导门诊的主要临床心理学家。

> 什么东西似的。简直令人难以置信。他话语连珠，说个不停，每句话都很漂亮，却没有停顿，除了出现某些怪怪的转折性词语之外，例如："……所以说，显而易见，康德的自由观在某些方面不同于费希特，唉！"到最后我精疲力竭，不过我敢肯定，要是说我曾听到或看到有人真正处于一种神灵感应状态，当时那一幕便是。不幸的是，当时几乎无法进行交流。[1] xxix

现在回过头来说一说本书的形成经过：这部长篇打字稿共有四章，标题分别为"作为一门描述性科学的政治学"、"自由的观念"、"两种自由概念：浪漫派和自由主义"、"历史的进程"。就算伯林还写过其他章节作为最后两讲的底稿，它们也没有保存下来。也许是因为时间不够，伯林才没有写出这两讲的底稿，虽说在迈斯特那一讲，他可以利用几年前准备好的打字稿。[2] 不管怎么说，演讲最开始是论述六个主题的——虽说在布莱恩·莫尔，（在大多数情况下）主要通

[1] 写给希玛·Z. 比恩的信，邮戳日期为 1952 年 3 月 2 日。她在另一封信里描述了自己给伯林当秘书的经历，很值得一读，我非常感谢莱莉娅·布罗德森将这些信发给我，它们都放在 http://berlin.wolf.ox.ac.uk/，题头为"有关伯林的信"。

[2] 这份打字稿的修订本比较全面地论述了伯林对迈斯特的看法，在某些方面有所改动，以《迈斯特与法西斯主义的起源》为题，收入《扭曲的人性之材》（London，1990；New York，1991）。以它为基础的 BBC 演讲也在收入本书之前（形式略有改动）作为导论出现在约瑟夫·德·迈斯特的《法国探讨》中，理查·A. 勒布伦编（Cambridge，1994：Cambridge University Press）。

过阐述两个人的观念来说明每一个论题——最终变成了目前的样子：每一章以标题中人物为中心。在最终选择本书正标题之前，BBC 的档案称这个演讲为“人类自由的六个敌人”，我就以它为副标题。我还把演讲的第一部分单独拿出来，作为整个系列演讲的总论，因为这是演讲所提供的。

编辑这部演讲集在很多方面类似于编辑伯林的梅隆讲座的演讲，虽说在编辑后者的时候，我手头上有更多不同版本
xxx 的录音文稿、更多作者对录音文稿的评注、更多的相关笔记可供发掘。在此，我就不重复我在《浪漫主义的根源》前言中谈到的编辑过程，《自由及其背叛》收入的演讲与它的主要区别在于，《自由及其背叛》只有一篇演讲的录音。[1] 这就意味着，我要花更大的气力四处猜测以恢复伯林讲话的原貌。本书的主体部分根据 BBC 员工所做的原始录音记录，BBC 员工当然不熟悉伯林的声音和他的论题，他们发现这项工作很难进行；他们时常被难倒，录音记录也让人莫名其妙（例如：圣西门给记录成了“Sir Seymour”）。[2] 录音里的话经常让人听起来疑窦丛生，不过，很显然，伯林说的是圣西门，这一点毫无疑问。

同以往一样，正如我在本书参考文献序文中所说的那

[1] 假如有读者知道其他演讲录音下落，无论是布莱恩·莫尔学院的演讲还是在 BBC 第三套节目的演讲，我都非常感谢他为我提供机会，来参照录音改正当前的文本。

[2] 另参见下文第 169 页。

样，我在寻找伯林引文出处的过程中得到了一些专家的帮助。[1] 让我和读者受惠最多的自然是作者，此外，还有已故的安娜·科林，不应低估她在伯林思想生涯中的作用。她坚定不移、一再敦促他到电台演讲。在长时间的录音以及必要的重录过程中，她一直在诱导他，支持他，因为在演讲的过程中，他发现自己很有压力（部分原因是它助长了他毕生的自我怀疑态度），这是他的特点。她是一位出色的编辑："你剪辑、浓缩、提炼的本领真是不得了"，伯林在写给她的信中说——这封信我已经引用过，他还在信中提到她的"神手"。他们的通信表明，这两位俄国犹太移民是多么注重个人感情。无论当时还是后来，伯林需要一位思想上的监制帮助他实现全部潜能。安娜·科林凑巧有效地承担了这一角色，这就是我将此书题献给她、以资纪念的原因。 xxxi

在第二版中，我补充了《两种自由概念》的几篇早期草稿，作为本书的附录，读者从中可以看到这篇闻名遐迩、极有影响的演讲稿大部分内容的原貌。这篇演讲的起源既可见于本书收录的几篇演讲中，也可见于《浪漫主义时代的政治观念》中，后者用的是相同的材料，只是篇幅较长。我在导读性说明中比较全面地解释了我认为这些草稿值得出版的原因，在后记中，我又利用它们来说明这篇演讲的著名结束语中出现的三个阐释问题。

[1] 参见下文第 269—270 页。

由于这个新版本经过重排，它的页码已经不同于第一版。这很可能给那些想在第二版中追溯第一版引文出处的读者造成一些不便。因此，我将这两个版本的主要词语索引贴在了网站上：http://berlin.wolf.ox.ac.uk/published_works/fib/concordance.html，这样一来，其中一个版本的引文出处可以轻而易举地转换成另一个版本的。

在本书第二版付梓过程中，我更正了第一版中出现的几个错误。在此感谢伯林女士、乔治·克劳德、罗杰·豪舍尔和诺埃尔·马尔科姆，他们指出了其中的四处错误。在这一版中，我进一步进行了更正。

亨利·哈代

牛津大学沃尔夫森学院，2001 年 5 月

xxxii 赫斯沃尔，2013 年 9 月

导　论

我要考察的这六位思想家，都是法国大革命前后赫赫有名的人物。他们探讨的问题属于政治哲学中始终存在的问题，正因为这些问题的存在，政治哲学才是道德的分支，同时也是道德哲学的分支。道德哲学和政治哲学都是过于庞大的主题，在此我不想分析它们到底是怎么一回事。为了达到我们的目的，我们可以用一些夸张和简单化，把这些问题只归结为一个问题，那就足够了：“为什么某一个体应该服从其他个体？为什么每一位个体都要服从其他个体或者由个体构成的群体和整体？”当然还有大量的其他问题，例如，“人们在什么情况下服从？”以及“他们什么时候不再服从？”还有其他与服从无关的问题，诸如国家、社会、个体、法律的意义问题。但是，为了达到政治哲学的目的——它的目的与描述性的政治理论或社会学的目的正相反，在我看来，核心问题恰恰是：“为什么任何人都要服从其他人？”

我所关注的这六位思想家——爱尔维修、卢梭、费希特、黑格尔、圣西门和迈斯特都处理过这些问题。他们生活的时代相距不远。爱尔维修死于 1771 年，黑格尔死于 1831 年；这不过是半个世纪左右的时间。这六位思想家还有某些共同的特性，因此，探讨他们不失为一件趣事。首先，他们
1 都出生于我们这个时代的所谓黎明阶段。我不知道该如何去描述这一时代——它经常被称为自由民主制时代或中产阶级上升时代。不管怎么说，他们诞生于一个时代的起点，而我们或许正生活在它的终点。但是，无论这一时代是否正在消

逝，就像某些人所认为的那样，显而易见，他们是最早的一批在言语方式上与我们直接相似的思想家。毫无疑问，他们之前固然有伟大的思想家，那些人可能比他们更有原创性。柏拉图和亚里士多德、西塞罗和圣奥古斯丁、但丁和马基雅维利、格劳修斯和胡克、霍布斯和洛克。与我要探讨的这些人的观念相比，他们阐述的观念在某些方面更深刻、更有创见、更大胆以及更有影响。可历史却把他们与我们隔断，我们无法轻而易举或驾轻就熟地阅读他们的著作，我们无法直接领悟他们的著作。我们无疑能够看出，我们的观念源于这些早期思想家，可我们的观念与他们的观念不是一回事儿，而我更愿意认为，这六位思想家使用的语言还是直接针对我们这个时代的。爱尔维修谴责无知、残酷、不公正和蒙昧主义；卢梭义愤填膺地痛斥艺术和科学以及知识分子，替（或自以为在替）简朴的人类灵魂张目；黑格尔和费希特赞美组织有序的庞大整体，也就是他们所从属的国家组织，而且还谈到奉献、使命和民族义务，以及在执行共同的任务当中与他人认同所获得的快乐；圣西门谈到，生产者将来会生活在消除一切争执的社会里，在这个社会，工人和资本家都团结在某一合理的制度之下，我们所有的经济顽症以及由此产生的其他苦难，将一劳永逸地获得解决；最后，迈斯特将生活描述为植物、动物和人类之间不断的斗争，让人不寒而栗，在这个浸透鲜血的战场上，弱小、无力和邪恶的人类彼此厮 2
杀不停，除非动用最严格和最有力的禁律才能震慑住，人只是偶尔才能超越自身，应对自我奉献或自我牺牲所带来的巨大痛苦。当这六位思想家阐述这些观念的时候，针对的是我们和我们所在的时代。这是上述思想家另一个让人感兴趣的地方。尽管他们生活在 18 世纪末 19 世纪初，与他们看似相关的那种形势，他们好像已经心知肚明，而且运用了不同寻常的见解加以描述，那种形势通常既是 19 世纪的特色，又是 20 世纪的特色。他们以惊人的远见和技巧加以分析的，似乎正是我们所在的时代。这也是他们值得我们关注的地方。

当我说他们具有这些令人称奇的预言本领的时候，我倒愿意说他们也是另一种意义上的预言家。伯特兰·罗素曾经说过，读大哲学家的理论（不是读数学家或逻辑学家著作，他们处理的是符号，而非经验事实或人类特征），需要着重考虑的是，他们都拥有某种核心的生活观，拥有生活为何物，以及应当如何生活的观念；并在阐发自己的体系时透露出灵巧、微妙和明晰，偶尔还体现出深刻，并以此来证明自己的体系，在人类重要哲学家的著作里出现的所有的伟大思想机器，通常只是内在堡垒的外围工事——对抗袭击的武器，对反对意见的反对、对驳斥的驳斥，试图预先阻止和反击针对他们的观点和理论的批评——实际和可能的批评；除非我们穿过这一层由防御性武器构成的火力网，深入那个核心的、和谐一致的内部观念，否则，我们便无从了解他们究
3 竟想说什么。那种核心的观念通常不是精致和复杂的，而是简单、和谐的，而且容易被视为一个整体。

这六位思想家都有这种观念。他们的所作所为，就是把它与他们的门徒、读者甚至一些对手联结在一起。一位哲学家或思想家在某一方面显得伟大正是因为做到了这一点。差不多可以这样说，思想家可分为两类。第一种思想家回答先前提出的问题，此前这些问题一直困扰着人们，他们的回答有一定程度的见解、洞察力和天才，这样一来，这些特定的问题就无须再次提出，至少不再像从前那样提出。例如，牛顿就属于这类思想家，他解决了此前一直令许多人困惑的问题；他的回答简洁清晰，他的答案极具说服力和严密性。贝克莱和休谟，以及严格来说算不上职业哲学家的思想家，例如托克维尔，或者托尔斯泰这样的小说家，都可称得上是这类思想家。他们都属于回答古人提出的问题的人，那些问题已经让人类困惑了许多世纪，至少在某些人看来，他们的回答似乎就是最终答案。

可是，还有一些思想家，他们的伟大体现在另一方面：他们不是回答以前提出的问题，而是改变了问题自身的性质，变换了那些问题之所以成其为问题的视角；不是解决了问题而是强烈影响了他们的谈话对象，让谈话对象“换一种眼光”来看待事物，按照当前的眼光，以前的不解之谜和问题不复出现，或者说，至少不再作为相当紧迫的问题出现。并且，如果问题变了，问题的答案似乎变得多余。修改问题的人篡改了范畴本身，篡改了我们看待事物所依据的框架。这种篡改当然是很危险的，它对人类既可以产生积极影响，

4 又可以产生消极影响。我想到的是诸如柏拉图和帕斯卡、康德和陀思妥耶夫斯基这类思想家，就某种特殊意义而言，他们被认为是比其他天才人物“更深沉”、“更深刻”的思想家，因为他们达到了足以改变人们整个生活观的境界，这样一来，可以说人们几乎最终改变了信仰，好像经历了改宗似的。

我不想替这六位思想家说话，声称他们都是或几乎都是这种不同寻常意义上的天才人物，危险的天才人物。他们与众不同之处在于，那些接受他们观点的人，那些受他们影响的人，受到的并不是某个具体论点的影响，也没有将这类思想家仅仅视为一个漫长的、精深细致的观念时代的终点，这个时代还有其他思想家，他们只是那些思想家的领袖，或只是在某方面比那些人高出一筹。相反，人们在这六位思想家那里受到的影响，就好像有人置身于不同以往的关系之中，突然改变自己的视角，从而受到影响一样。在这方面，这六位思想家也都完全值得我们密切关注。

他们还有一个共同的特征，而且是很有意思的特征。虽说他们都探讨过人类自由问题，而且，或许除了迈斯特之外，他们都赞赏人类自由——在他们当中，有些人确实激情洋溢地为人类自由申辩，而且自认为是他们所谓真正自由的最真诚的捍卫者，这种自由与各种似是而非或有缺陷的自由截然对立——然而，到最后，他们的学说却与通常意义上的个体自由或政治自由相抵，例如英国和法国的大自由主义思想家所鼓吹的自由；这种自由是洛克、托马斯·潘恩、威廉·冯·洪堡和法国大革命时期的自由主义思想家孔多塞及其友人，还有法国大革命之后贡斯当和斯达尔夫人所理解的自由；这种自由的主要内容体现在约翰·斯图尔特·密尔的 5
见解之中，密尔说，自由就是一个人随心所欲地塑造个人生活的权利，去创造他们尽可能丰富多样地（如果有必要的话，尽可能离奇古怪地）发展他们天性的环境。对此，唯一的障碍是需要保护他人享有相同权利，或者保护他们的共同安全，所以说，就这种意义而言，如果没有哪个机构或个人干预我，我就是自由的，除非它或他的干预出自自我保护的目的。

就这种意义而言，这六位思想家都敌视自由，他们的学说在某些方面显然与自由背道而驰，他们不仅在 19 世纪对人类产生了影响，而且在 20 世纪尤甚，在反自由意志论这个方向影响非常大。在 20 世纪这已成为最尖锐的一个问题，这一点无须多说。这些人是最早论述这个问题的人，他们的论述方式尤其新颖、生动和简单，最好在这个问题被太多的细微差别、太多的讨论、太多的因时因地产生的变化遮蔽之前，去考察它的原始形式。

让我们回到所有政治哲学家迟早会提出的核心问题："为什么任何人都要服从别人？"在爱尔维修开始从事著述之时，这个问题的答案已经是五花八门。在他生活的时代，其他人类旨趣的领域，例如科学领域，已经取得了长足进步，尤其在 16 世纪末和 17 世纪，这都是伽利略、笛卡尔和开普勒之类人物的功劳，还应加上那群杰出的荷兰人，他们的名字我就不提了，他们对科学贡献良多，虽说相对而言他们的独特功绩至今尚未得到认可。

可他们都被牛顿的光芒给掩盖了，牛顿的显赫地位在人类历史上是独一无二的。在当时所有人物当中，他的名气和成就
6 传播得最广泛。诗人颂扬他，散文作家颂扬他。他几乎被当作半人半神。他之所以得到这种待遇，乃是因为，人们认为整个自然界最终得到了充分和完整的解释。这是因为，牛顿成功地用极少数简单明了的定律表现了自然界，按照这些定律，宇宙中每一个物质微粒的运动和位置原则上都可以推断出来。以前通过其他手段得以解释的万物——有时从神学角度加以解释，有时根据晦涩的形而上学加以解释——最终似乎都沐浴在新科学产生的光明中。万事万物都是相互联系的，万事万物都是和谐的，万事万物都可以从其他事物中推断出来。这样做依据的法则，数量也是很少，很容易被那些不惮其烦、悉心学习的人所掌握。做到这一步无须特殊才能，无须神学上的洞见，无须形而上学的天分，只需明确的推理和客观观察能力，以及尽可能专门去筹划实验，从而证明观察结果的能力。

在政治领域，在道德领域，这类协调原则，这类权威，无法一目了然地发现。如果有人问我，我为什么要服从统治者，也就是统治国家的那些人，为什么每一个人都要服从别人，答案可能五花八门，应有尽有。因为，正像有些人所说，这是上帝的意旨，是上帝在一部起源无从考稽的神圣经文中恩赐的；或上帝直接向某些世人启示的，那些人在这些

事情上的权威是通过教会而得到认可的；或上帝直接向个体本人启示他的意旨。或者是因为上帝本人下令（建造）世界这座大金字塔——这就是某些人，例如17世纪的菲尔默或伟大的法国主教波舒哀所说过的。[1] 臣民必须服从国王，因为，这是世界的秩序，是由上帝一手操办的，无论通过理性还是信仰都可以认识这一点，上帝的命令是绝对的，探询其权威的来源，这种行为本身就不够虔诚。因为，有人说过，服从统治者这一号令是统治者或者他的代理人发布的。法 7
律就是统治者意志的体现，而且正是因为出于他的意志，所以，不管他的动机是什么，都无从下手去考察它。这就是绝对王权理论。还有人说了，世界被创造出来（或许正如某些人所说，未经创造就已存在）就是为了完成某一特定的计划或达到特定的目的。这种观点被称为自然目的论，根据自然目的论，宇宙就是一幅神圣卷轴逐渐展开的过程，或许也可以说成是一个卷轴的自动展开，据认为上帝即在其中。也就是说，整个世界就是一种自我发展，是作为上帝化身的建筑师的计划的逐渐发展。根据这项伟大的计划，宇宙之中万事万物都自有其位置，也就是说，它的位置源于它的功能，源

[1] 菲尔默（Sir Robert Filmer，约1588—1653）：英国理论家，提出专制主义君主的理论，他是英国第一个专制论者。波舒哀（Jacques-Bénigne Bossuet，1627—1704）：法国著名主教，专制主义理论家，主要著作是《根据经文论政治》。他引用《圣经》论证主权，认为任何合法政府都表达上帝的旨意，它的权威是神圣的。——译注

于这个计划需要它去完成这个特定的任务，过这种特定生活，假如它要与整个和谐状态相吻合的话。这就是宇宙中万事万物何以各行其是，各守其位，各逢其时和各司其职。我之为我，是由于我行我是，持守本位和适逢其时，而且，在我偶然所处的特定环境之中，我必须如此这般行事，而不能如此那般行事，才能在这个位置上发挥我的作用；我必须服从这个而不是那个权威，因为它是这个计划的组成部分，是事物方案的组成部分。如果我没有这样做，当然我也可能在小的地方阻挠了这个计划，我就会打乱这一设计方案的和谐，使他人受挫，最后也使自己受挫，从而感到不快活。这项计划终究比我的力量大，如果我反对它过头，这个计划就会把我彻底消灭，它的逐渐发展过程会把我粉碎。

有些人修正了这个观点，他们说，你去履行你在这个计划中的任务，你的这一行为可能不是绝对不可或缺的，或不容变更的，因为这项计划并非那么严格，那么不可避免，不过，它也许是保证人们达到幸福、满意或生活过得去这个目
8 的所必需的最低标准而采取的最为便捷或最为省事或最为合理的方法。虽说你可以在一定程度上置身事外，但计划还是存在的，如果你不调整自身去适应它，你的生活就不会那么美好、那么舒适、那么满意。

这些观点绝非已发表的观点的全部。有人说，我拥有不可剥夺的权利，它们是自然或上帝赋予我的内在权利（比如说生命的权利，或自由的权利，或财产的权利），据说它们是

我固有的权利，所有动脑思考的人对它们都一目了然。这些权利提出了人们必须服从的义务，以及让某些人以某些方式在某些场合必须服从的权利。另一方面，有些人说，我必须服从某位国王，某个政府，因为我已经答应这样做，这就是契约理论，为了自身利益，我同意遵守这份契约，因为我想清楚了，只有这样做，我才能尽可能多地得益于我同别人的合作和协作。或者说，也许我本人实际上从未答应这么做，但别人可能代表我做出这一承诺。或者说，这种承诺在历史上没发生过，但是它“内在于”我的行为方式之中。我的行为显示，它好像果真发生过，虽说它并未发生；假如我违背了它，我就是自食其言，或违背了别人代表我所说的话，这与道德律令背道而驰，因为诺言是应当遵守的。还有人说，我去遵守我应当遵守的东西，是因为我所受的教育、所处的环境，或社会压力，或担心不这样做就要遭罪的恐惧，限制我只好如此行事。还有人说，某种被称为公意的东西，或者被称为良知的一种内在的声音，或者说所谓道德意识命令我去服从，在某种意义上，公意与道德意识是一回事，或者说公意是它的一种社会化形式。还有一些人说，我之所以服从，乃是因为这样做的同时，我可以满足世界精神的要求，或满足我的国家、民族、教会、我所在的阶级、我从属的种族或我的职业的“历史使命”的要求。有人说我之所以服从是因为有一位领袖，他把我给迷惑住了。还有人说我服从是由于 9
我的家庭、朋友、祖先、后代，或通过劳动来供养我的穷人和被压迫者的缘故——我总是去做别人期待我去做的事情。最后，据说，我之所以服从乃是因为我乐意这么做，我喜欢服从，而且每当我不想服从的时候，我就不去服从；或者干脆说，我之所以服从是出于只可意会不可言传的原因。

在这些答案当中，有的答案回答的是“我为什么服从？”这个问题，有的答案针对的是“我为什么应该服从？”这个问题，它们当然不是一个问题。康德将二者截然分开，注定要在这整个主题的发展历史上开辟一个新时期。不过，重要的是，整个论题在18世纪几乎成了一桩丑闻。如果科学方法能够在化学、物理学、天体物理学、天文学等学科当中建立某种秩序，那么，我们为什么会陷入由相互冲突的观点所造成的可怕乱局当中，让我们不得要领？为什么有人坚持某一件事物，而其他人则针锋相对坚持另一桩事物；有些人是教会的虔诚信徒，有些人却是无神论者；有些人信奉形而上学，有些人信奉个人良知；有些人自以为在实验室里可以发现真理，有些人则认为真理掌握在某一位得到神启的导师即先知手里。这样一来，岂不是没有人能建立起牛顿在自然界这个大领域所建立的那种秩序？很自然，人们开始倾心于勾勒一种简单的原则，这种原则是这类秩序的保证，它产生了人们在关注外部世界之时成功获得的那种客观、普遍、明晰、无可辩驳的真理。

在那些最为坚定不移、努力勾画某一原则的人当中，有
10 一位是我首先要探讨的思想家：爱尔维修。

爱尔维修

克劳德–阿德里安·爱尔维修生于1715年，祖上是德意志人，家族原姓Schweitzer，爱尔维修（Helvétius）是它的拉丁文拼写形式。他的父亲是法国王后的御医，他本人是一位富有且极有天分的青年，通过他父亲以及其他关系，他得到当时一些最有才智和最有情趣的人物，如伏尔泰、孟德斯鸠和丰特奈尔的资助，并与他们结下了友情。在职业上，他当过总包税人；这就是说，他在法国的财政管理中发挥过非常突出的作用，他在这个位子上捞取了丰厚的利益。他性情和蔼可亲，有许多忠心的朋友。在他那个时代，他成为后来所谓的启蒙运动的一位思想领袖。他的主要著作是《论精神》（*De l'esprit*）。这部著作于1758年出版，结果人们发现，它的无神论思想竟然如此严重，这本书如此异端，遭到了教会和国家两方面的谴责，被刽子手当众焚毁。他只好将它收回，而且不少于三次。虽说他屈从了当局，答应了他妻子和岳母的祈求——她们对发生的这一切深感不安，不过，他显然不肯改变他的观点。当他的第二本著作《论人》（*De l'homme*）在他死后于1777年出版之时，人们发现，这本书里包含了完全相同或者说几乎完全相同的亵渎宗教的学说。

爱尔维修在当时是闻名遐迩的人物。他曾到国外旅行；英王乔治二世和普鲁士的腓特烈大帝都曾盛情接待他，他被
11 视为当时这场新的启蒙运动的一位伟大领导人而备受崇敬。
他毕生追求的目标是：寻找一种原则，用它规定道德的基

础，真正来回答如何建立社会、人如何生活以及人应当何去何从等问题，它应当具有牛顿在物理学领域所享有的同样的权威性。爱尔维修还认为，他已经发现了这条原则，因而自认为是一门伟大新科学的创立者，借助于这门科学，他最终平息了这场道德和政治大混乱。简言之，他自认为是政治学领域的牛顿。

以这种方式提出问题实属天经地义。让我从孔多塞的著作中引用几段文字，此人是持有左翼观点的一位激进的百科全书派，他出生比爱尔维修略晚，他在法国大革命的最后一年死在巴黎罗伯斯庇尔的监狱中。

> 当一个人在思考道德科学性质的时候［当然他也用道德科学表示政治学］，他实在无法回避这一结论，即，由于同自然科学一样，它们依赖观察事实，它们应当遵循同样的方法，具有一套同样准确和精密的语言，从而达到同样程度的确定性。假如有一个与我们人类迥异的物种，他们着手研究我们，就会发现，这两项研究没有区别，他们考察人类社会就像我们考察蜜蜂的社会和海狸的社会一样。

他还说：

> 正像数学和物理学完善了满足我们简单需要的技巧

一样，道德科学和政治科学的进步应当对支配我们的行动和情感的动机产生同样的影响，难道这不是同一自然秩序的组成部分吗？

如何才能做得到呢？霍尔巴赫，知识大百科全书的另一
12 位作者，是这样说的："道德是研究人的精神、意志和行为之间关系的科学，就好像几何学是研究天体之间关系的科学一样。"什么是伦理学的几何学？什么是政治学的几何学？我们怎样才能从这些科学当中归纳出与物理学和几何学程度相同的确定性和明晰性？爱尔维修自以为发现了答案。请允许我引述他说的一段话。在上帝与人对话的过程中（因为爱尔维修不信上帝是出了名的，这只是一个寓言），他让上帝对人类说：

> 我赋予你们感受力。单凭借这一点，你们这些盲从于我的意志的工具，是无法摸透我的目的的，你们一定是在不知情的情况下，履行我的目的的。我让你们痛苦，让你们快乐；痛苦和快乐将守卫你们的思想和行动，激发你们的恶感、友情、伤感、快乐，燃起你们的欲望、恐惧、希望之火，向你们显示真理，让你们犯错误，使你们产生形形色色的荒唐的道德和司法制度之后，将来有一天再向你们揭露一些简单的原则，道德世界的秩序和幸福取决于这些简单原则的发展。

难道这不是对功利主义原则最早的清晰阐述吗？

根据这一原则，人类唯一想得到的就是快乐，人类唯一想避免的便是痛苦。追求快乐和避免痛苦，事实上，是影响人类的唯一动机，就像人们所说的重力作用和其他物理学原理对无生命物体的作用一样。最终我们发现了这条核心原理。如果你想知道究竟是什么东西使人类成为现在这个样子，使他们呈现出这样的特征，使他们如此行事，使他们产生爱和恨、激情和思想、希望和恐惧，它便是这种有意或无意的对快乐的追求，对痛苦的回避。 13

这个发现着实令爱尔维修兴奋不已，因为他认为它确实为他提供了生活的全部答案。它不仅向他解答了人类行为的原因，而且似乎向他提供了以下问题的答案："人的正确目标是什么？"因为，假如人类只渴望快乐和避免痛苦，那么，建议他们渴望他们无法渴望的东西，岂不是荒唐之举。如果说让树变成桌子或让石头变成河流是很可笑的一件事，那么，请人类去追求他们在心理上不能去追求的东西，不也同样可笑吗？他们受到两股力量的限制——喜欢快乐和憎恨痛苦，假如这是事实的话，那么，假如他们顺利地、有效地和永不停息地继续追求快乐的话，他们岂不是很幸福。

于是出现了这样的问题："为什么人类不幸福？为什么世上会有这么多苦难、不公、无能、无效、残酷、专制？"答案是，因为人们还不知道如何获得快乐，如何避免痛苦。他们对此茫然无知，因为他们一直很愚昧，还有，他们一直饱受恐惧。他们一直昏聩愚昧和饱受恐惧，不是因为他们天生即非善类和明智之辈，而是因为，统治者过去一直不让他们治下的大多数人知道如何正确发挥天性的功能。这是统治者有意施展的伎俩，是国王、军人和教士，还有 18 世纪受到启蒙的人们所强烈谴责的其他权威人物所玩弄的伎俩，统治者念念不忘让臣民蒙昧无知，这是因为，如果不如此行事，他们的统治所造成的不公正、专断、道德败坏、无理性就很容易大白于天下。所以说，自从人类出现以来，少数人用以对付多数人的一个阴谋早就被策划出来，而且延续不断。因为，不这么办，极少数人就无法让大多数人臣服。

14 人天生就有追求幸福、美德、真理的权利。这三种事物是并行不悖的，阻碍人们追求这三件事物的是：其他人的鬼蜮伎俩，他们自己的软弱天性、他们的蒙昧无知，还有这种可治疗的思想疾病。因此，哲学家的首要义务便是，利用一种社会卫生学去治疗这些很容易治好的疾病。

伦理学是一门技术，因为所有的结果都已经给出。要是你发出疑问：“我们为何应当如此行事？”答案是：“天性使然，我们舍此别无他途。”假如结果已经给出，就无须深入探究了。专家或哲学家唯一的任务便是创造一个世界，在这个世界上，人们以最小的痛苦，最有效、最省时、最便捷的方式去获取他们只能去追求的结果。爱尔维修所说的相当于这些。他说，哲学家实际上是大厦的建筑师（他指的是建造者）。计划已经摆在那里，因为它可见于人的天性之中；这项计划的内容就是追求快乐和避免痛苦。

“重农学派”哲学家是18世纪主要的经济学家，他们说过类似的话：立法（legislation）不是制定法律［制定法律最好被称为“legisfaction”（意为“制造法律”）］，立法就是把我们能够在天性中发现的某些东西：目标和目的，转换成司法术语。人的真正目标已经给出：它们是可以被发现的，就好像发现物理学定律似的；我为什么应当服从某位国王、某个政府，对这个问题，简直就像对物理学定律那样，是可以证明的。如果这种或那种行动的原因带来更大的幸福——也就是说，如果它符合自然为我们确立的目标——那它就是好的，如果说它减少幸福或以某种方式阻碍幸福，那么它就是坏的。这是真理的简单规则，它应当适用于各个领域。

与18世纪其他一些思想家不同，爱尔维修对于人性并没有太高的评价，他不认为人性本善。在他看来，人非善亦 15
非恶，人具有无限的灵活性和适应力；人是由自然和环境，主要是由教育随心所欲加以塑造的一种自然事物。因此，他认为，只通过论辩来改进人类是无用之举。改良的目的是建立新的制度，以此最大限度地争取快乐和避免痛苦——尽可能让人们幸福，尽可能消除一切苦难的根源，例如，无知或不公正。但是，通过戒律做不到这一点。即使树立榜样也做不到。单凭布道也不会有太大的收获，因为人太无知、太盲目；他们盲从于自身的激情，他们盲从于自身的习惯，他们盲从于毫无意义和毫无合理性的忠诚。过去基督教牧师的布道，几乎没有收到良好的效果，因为人就是人，因为他们所受到的有害教育，他们所处的悲哀环境，他们的贫困、软弱、无知、恐惧——所有这些因素使他们偏离了自己真正目的，使他们天生就有缺陷。

如何根治？只有借助于人为的操纵。爱尔维修不相信进步会自动发生。18 世纪的一些著名思想家却对此深信不疑。那位了不起的财政大臣杜尔哥和他的朋友孔多塞当然相信永恒的进步，爱尔维修则不然。他揣测道，假如有足够数量经过思想启蒙的人，带着改进人类的坚决意志和无功利的激情，着手去促进人类的进步，尤其是转变统治者（国王和大臣们）的思想，教他们治国之术——因为管理国家当然是一门艺术——那么，人类就会有进步。它是一门追求幸福的艺术。同其他艺术一样，它需要知识。正像打算建桥的人需要懂得大量数学、机械、物理学的知识一样，一个人要想统治国家，就必须了解许多人类学、社会学、心理学甚至道德方
16 面的知识。只有当他发现人实际上是怎样发挥作用的，制约行为的规律是什么，他才能产生他想产生的东西。做不到这一点，他就会犯下许多可怕的大错，使人类落入比以前更糟糕的悲惨境地。18 世纪末出现了一种合情合理的希望，希望当时的一些统治者听从这种哲学忠告的观点，普鲁士的腓特烈大帝、（或许还包括）俄国的叶卡捷琳娜大帝，当然还有奥地利的约瑟夫二世，显然都受到了这种启蒙教诲的影响。

这如何做得到？哲学家们该做什么？他如何去改变世界？这不能靠传道，因为人们不愿意去听。他必须采取更为激烈的手段才能达到目的。他必须通过立法和为人类这头犟驴发明一套大棒和胡萝卜的制度才能做到。哲学家掌权的时候，必须创立一种人为的奖惩制度，只要他们的所作所为有利于获得更大的幸福，就要给予奖励，当他们的实际行为不利于获得更大的幸福，就要给予惩罚。人类的动机是什么，完全不重要。人们是否有助于幸福，这一点也不重要，无论因为他们是善良的而且赞成幸福的，还是因为他们从某种利己主义的、低劣的、卑鄙的动机出发。人们是否妨碍人类的幸福并不重要，因为他们心怀恶意或道德败坏，或因为他们是蒙昧无知的蠢材或理想主义的傻瓜——无论是哪种情况，他们造成的破坏都是一样的，他们所带来的好处也是一样的。因此，我们必须放弃所有对动机的讨论，这种讨论是无关紧要的。试图采取行动反对人类的偏见，反对人类的迷信，是徒劳无益的，因为这些偏见只有在很长时间以后才能根除。在短期之内，这些东西是根深蒂固的，因此，正如意大利思想家帕累托在 20 世纪用愤世嫉俗的口气建议的那样，“不要反对偏见，要利用它”。

这正是爱尔维修的意思。我们这些经过启蒙的改革者，
千万不要通过说理来转变人们的思想信仰。因为，在现今条 17
件下，由于过去对国家治理极为不当，他们的理性还没有足够的能力来理解我们告诉他们的究竟为何物。正如爱尔维修

所说，我们必须使用“利益的语言”去取代“伤害的语调”。不要去抱怨，应当诉诸利益。

爱尔维修说：“只要人们头脑明智，我不在乎他们是否邪恶……法律会解决一切问题。”那就是对他们本身利益的明智判断。人类的主要目的是追求幸福、回避痛苦，政府主要或唯一的目的是使人们幸福——无论真假、对错，这都是远古以来人类就持有的信条，18 世纪对此几乎没有提出独创的见解。相对而言比较有创见的地方是，18 世纪的人把这一点与利用人的自然习性而无须顾及这些习性或动机的性质这一观念结合起来。这也不是什么新鲜事物：它像柏拉图、暗杀十字军的穆斯林刺客集团或马基雅维利一样年代久远，或者说，像许多宗教教派和社团的习俗一样古老；不过把它与理性主义、唯物主义、享乐主义、科学信仰、理性和一种特殊的个人主义观点联系在一起，却是新见。正是这一点构成了现代功利主义的核心。

立法者必须利用人性的邪恶和各种弱点，利用人们的虚荣心理以及比较高尚的情感和比较可贵的品质。为了取得有效行动，他必须酬谢那些做了他让他们去做的事情的人，不要解释为什么让他们去做；无论他们愿意与否，都要让他们去做；这样一来，由于思想启蒙的哲学家制定的法律产生的社会限制因素，很多人在很长一段时间内只做有助于幸福的事情，这样一来，他们实际上就会不知不觉地养成新的和有益的习惯。导致苦难的正是他们当前的坏习惯，使他们幸福的正是他们良好的新习惯。他们不知道如何让自己幸福；至少在一段时间内，他们可能无法理解自己新的生活方式的活动；但事实上，他们将会养成自动产生幸福的习惯。幸福通 18
过社会规训自动产生，从事社会规训的人已经掌握了建立人类正当政府所需要的少数、必要的规则，这些规则的获得，只能借助于科学观察、科学实验以及将理性应用于自然——这是教育人类的方式。适当的强制性立法形成之后，就该轮到教育者发挥作用了。现在，他不再惧怕那些愚昧无知和怒气冲天的学生们朝他扔石头了。一旦法律向他提供保护，他就可以安安全全地教他们什么是美德、知识和幸福了。他就能够教他们如何去生活。例如，他就能够向他们解释，为什么他们追寻快乐和避免痛苦是合理的。他可能向他们解释，为什么禁欲主义者和僧侣是错误的，为什么试图克制肉欲、忧郁不快或多愁善感是非理性的，是对人性误解的结果。这样一来，忧郁和多愁善感就会从世上一扫而光：每一个人都会快乐、和睦和幸福。

爱尔维修向未来的教育者发出了明确指示。千万不要在历史上浪费时间，因为历史所讲的只不过是人类的种种罪行和蠢行。它可能向我们提供一些教训——假如只是为了证明：由于受到恶棍的统治，由于以前受统治者愚弄太深，人类所做的不如他应做到的那么好，固然可以去教历史。不过，如果仅仅为了学历史和教历史而去学历史和教历史，这肯定是很荒唐的。事实上，为了事物自身而去教或做，都是荒唐的。因为行为的唯一目的是让人们幸福——简言之，这就是功利主义的信条。

同样，古典语言的教学必须取消，因为那都是死的语言，无法引起我们今天的实用兴趣。所有的兴趣都是实用的兴趣。因此，必须向人们传授各门科学和艺术，在各门艺术
19 当中，必须传授的是作为一名公民的艺术。“纯粹的”学术是不存在的；因为没有实际应用价值的东西都是不可取的。“纯粹的”学术只是一种古老的、中世纪的遗存物，在那个时代，一些蒙昧无知的人教导另外一些蒙昧无知的人说，有些事物值得做是因为它们自身的缘故，他们拿不出实用的理由。当今时代，拿不出理由的事情可以不做，无论做什么事情，总要有一个理由。这个理由便是追求幸福。

这种学说产生的一个直接后果便是有关人权的一个奇特的必然结果。人类世世代代鼓吹每个人都有某些不可剥夺的权利。人具有永生的灵魂，这正是基督教传统的一条基本信仰，正因为他具有永生的灵魂，才不容他人侵犯。人的灵魂——他们的理性——是一种神圣存在的火花，因为这一点，他们具有某些“与生俱来的”权利。他们有权运用他们的理性，有权去欣赏某些事物，而且他们有权被赋予某些事物，由于他们感觉敏锐，具有理性，上帝或上天就把这些权利灌输给他们。18 世纪的哲学家也大谈权利，而且，他们实际上笃信权利，不过，这肯定与真正彻底的功利主义并不一致。拥有无人能够左右的权利，拥有无人能侵犯的权利，

拥有一种无论别人喜欢与否都可以任意行使的权利，这对于沿着绝大多数人的最大幸福之方向来改造社会，是一种障碍。例如，如果我们拥有了过去所谓一种不容侵犯的、财产的权利，甚至生命本身的权利以及一定程度的自由权利，通常认为，一定程度的自由权利对于个体而言是很必要的——如果我拥有了这类权利，那么，立法者在试图规划世界的过程中，就会发现自己遇到这样一种两难处境：他不可以从我这里拿走某些东西；而为了建立一个平静、和谐以及毫无矛盾的社会，他又需要拿走这些东西。但是，在一位功利主义 20
者看来，这显然是荒谬的。如果说行为的唯一标准是幸福或不幸福，这些顽固突出、立法者可能无法取消的奇特权利就必须被铲除。因而，尽管爱尔维修坚持认为，一个仁慈的国家将会提供人类天生需要的一切东西，在这样的国家，立法者是主要的动力，然而，在他看来，那些绝对的、无法制服的权利的持续存在——无论别人喜欢与否，无论给别人带来幸福与否，反正它们一直存在——只是许许多多荒谬的遗存物。

这恰恰是边沁最后所说的。边沁是彻头彻尾的爱尔维修门徒，虽说“功利主义”这个词通常与他联系在一起，边沁的观念中极少有不是直接源于爱尔维修的——至少他的基本观念是这样，这么说我认为是公平的。边沁非常坦然和大度地承认自己的观念受惠于他人，他说自己从爱尔维修那里学到了许多东西。在我看来，即使这样说，也是轻描淡写。

应该怎样组织美好的新社会？当然它不能是一个民主社会，因为人们通常很愚蠢而且经常很邪恶，而且，我们都知道，要是我们被公共舆论所左右的话，我们很少能做成什么事，因为人们在黑暗中住得太久了，一旦突然出现在阳光下，就不知道该怎么办才好。人类是被解放的奴隶，在相当长的时期之内，他们必须得到受启蒙的领导人，受启蒙的人类社会的管理者的引导。这在很大程度上是卢梭之前的18世纪自由主义者的观点。伏尔泰说：“如果大众开始推理了，我们可就遇到麻烦了”；他还说：“人民就是老牛，他们需要的是一副牛轭、一根赶牛棒和饲料。”在《百科全书》中，也就是狄德罗和达朗贝尔编辑的伟大的自由主义百科全书里——当时最进步的文献，巴黎教会的审查给编者造成了极大的麻烦——在“民众”这个条目之下，有这样一段话：
21 “在思想问题上，[大众]的意见里充满了恶意、愚蠢、野蛮、任性、偏见……它无知又愚蠢……在道德问题上要对它多加小心：它做不出高尚或坚强之举……在它眼里，英雄主义就是疯狂。”对于一些凭空想象、没经过准确核实的东西，例如中国的政治制度，百科全书派却大加赞扬：在中国的政治制度下，官员本身就很明智，他们不听从群众的意见，而是通过制定法律逐渐将其引向一种更幸福、更自由和更文明的存在状态，这些法律是群众理解不了的，但是这些法律引导他们不知不觉地沿着良好的方向前进，也就是走向他们自身的幸福。

爱尔维修固守的一条原则是，教育和法律是万能的。在18世纪，人们大量探讨的，是什么因素最为有效地制约了人类。几乎所有的启蒙哲学家都把人看作自然界中的物体。他们往往认为，灵魂不灭的观念（灵魂与物质大不相同）是科学尚未占据主导地位之前的时代遗留下来的蒙昧主义残迹，当时人们凭空臆造了一些事物，来解释尚未发现真正原因的现象。灵魂便是其中的一员，它并没有告诉我们塑造人类的真正因素是什么。有人说环境是最重要的因素；有人则认为人类身体的化学组成是最重要因素。有些人像孟德斯鸠那样，认为气候是首要因素，或认为土壤的种类，或认为社会制度使然；还有些人像爱尔维修那样，宣布这些因素的作用被过分夸大，几乎可以任意改造每一个人的是教育。这成为启蒙哲学家的一个重要学说，根据这种学说，人具有无限可塑性、无限灵活性。他是制陶工人手里的一块黏土，陶工可以随心所欲去塑形；这就是为什么，让人自行发展，让无知之徒和邪恶之辈诱骗他忠顺服从，是可耻的、不负责任的
行为，事实上，这么做无法保证实现他真正的目的。 22

在爱尔维修看来，唯一支配人类的是“利益”；利益是相对的，因为统治者的利益不同于被统治者的利益，寒带居民的利益也不同于温带居民的利益。不过，作为主要制约力量的总是利益。他用了一个引人发笑的寓言阐明了这一点。他让我们去想象，高草丛中的小蚊虫和苍蝇对闯入它们世界中的其他动物的感受。它们看到了一只巨兽，在我看来，那

是一只在草地上平心静气吃草的绵羊，可它们说：

> 我们从这头贪婪和残忍的动物身边逃走吧，这个魔鬼会用他贪吃的大嘴把我们连同我们的城市全部吞掉。他的举动为什么不能像狮子和老虎那样呢？那些仁慈和蔼的动物不会毁坏我们的家园；他们可不是靠我们的血养肥的。他们出于公正来报复罪行，他们惩罚绵羊，因为绵羊对待我们残暴不仁。

这就是草丛里苍蝇眼中的世界。毫无疑问，略加改动，这就是世界上其他动物根据自己的视角所看到的世界的面貌。立法者的任务是改造人类，让他们不再受无知的折磨，让他们的利益真正与他们所认为的那种利益相一致，他们的利益——追求快乐和避免痛苦——应当向他们呈现出本来面目，简言之，他们不应将实际上没有用的东西看作对自己有用之物。实际上，他们不应臆断绵羊残酷嗜血，而老虎尊贵善良。他们应当看到真正的实质。只有当他们像科学家那样，了解世界的构成，它是怎样管理的，它在往何处走，这时才能看到事情的真正实质。

有一件事情很清楚，在爱尔维修所描述的世界里，没有
23 或几乎没有个体自由的空间。在他的世界里，人们可能变得幸福，但自由观念最终消失了。之所以说它消失了，乃是因为，作恶的自由消失了，因为现在每个人只能做善事。我们

已经像动物那样，被训练得只能寻求对我们有用的事物。在这种情况下，自由，如果它包括可以随心所欲地行事，什么都可以做的自由，甚至能够选择毁坏我们自身的自由，假如我们愿意的话——那种自由逐渐被成功的教育铲除了。

且允许我略微强调一下对这种制度——这个美好的新世界（因为那正是它要实现的）的预设。首先，所有的价值问题都是确凿有据的，答案都可以通过观察和推理来发现。伦理学和政治学属于自然科学。有些人比别人更善于发现它们的规律。道德和政治方面特定的知识和技巧是存在的，是专家们必须掌握的。这些专家应当被赋予至高无上的权力。其次，所有的终极目标彼此相通。它们不能相互冲突。这个命题经常被人类的经验所否定。例如，自由是某些人的终极目的，它时常与平等格格不入，而平等是另外一些人的终极目的；很难理解，为什么荣誉总是而且自动地与爱国主义息息相通。（古希腊戏剧家以及晚近时期戏剧家创作的）伟大悲剧，主要讲的是各种无法调和的价值观之间的重大冲突。而这正是18世纪所反对的，因为那个时代传播最广泛的信条认为自然是和谐的，说自然处于一种和谐状态就是在说，自然之中正确的或有价值的东西不可能与其他正确的或有价值的东西发生冲突。实际上，这个信条依据的是逻辑和几何学的一个虚假类比。正如在逻辑学和几何学中那样，某一真实的命题不可能与其他真实命题格格不入，同样，在道德世界里，没有哪一种价值与其他价值相冲突，如果说道德世界是

24 一种和谐状态，关于这种和谐状态存在一门科学的话，孔多塞能够非常明确地说："自然用一条无法挣断的锁链，将真理、幸福和美德绑在了一起。"由此可以得出结论，无论是谁，只要他彻底了解真理，他也就有了美德和幸福。科学家认识真理，因此，科学家具有美德，那么，既然科学家能够让我们幸福，我们就让科学家掌管一切。我们需要的是一个由科学家管理的世界，因为，成为一个好人，成为一名智者，成为一名科学家，成为一名有德行的人，最终是一回事儿。欧洲有一个伟大的传统支持这种观点，根据这种观点，科学的政府被认为是最好的政府，改良者总是像 H. G. 威尔斯那样怒气冲冲地发问，为什么不让由科学家组成的精英阶层来统治我们。这种态度可追溯到 18 世纪，在当时的人们看来，真理、幸福和美德不可能相互冲突，因为，在自然的和谐状态下，各种价值不可能发生冲突，因此，所有的悲剧一定都是过失所造成的。世界上没有与生俱来就带有悲剧性的东西；所有的悲剧和冲突都是可以根治和调解的。

还有一种预设，那就是，人与自然（正在继续）合为一体，因而有可能存在诸如人的科学这样的事物；人，就像自然界中的万物，适应性强，有可塑性，可以改变。这种预设也会受到质疑，不过，启蒙哲学家却理所当然地居之不疑。霍尔巴赫男爵告诉我们，"教育就是培育心智"：统治人就像饲养动物。所以，既然目标已经给出，而且人是可塑造的，这个问题就成为一个纯技术性的问题：如何去协调人类的关系，让他们过上和平、富足、和谐的生活。当然，人的利益并不是自动保持一致的。必须调整他们的利益，这项调整任务便是立法者的职责。正如爱尔维修所说，一个人的幸福不一定与他人的幸福相关。社会压力，还有哲学家——启蒙的哲学家——将把它们联系在一起。这就需要科学家精英集团的专制主义。

“那为什么不呢？”有人可能要这么问。伟大的重农主 25
义者里维埃尔就是像这样推断的：“欧几里得名副其实是一个霸道的人，他遗留给我们的几何公理的确是十分霸道的法则。这些法则的专制精神与立法者个人的专制作风是一回事儿。它们的力量显然是不可抗拒的。”如果说几何学家可能霸气十足，为什么哲学家不会是霸气十足？如果我们不想回避几何学的公理，那我们为什么要回避哲学家的真理呢？自然本身就教导哲学家，人的真正目的是什么。当然，自然总是以各种各样的声音来说话的。她对斯宾诺莎说，她是一个逻辑系统；可她却对莱布尼茨说，她自己是灵魂的堆积。她对狄德罗说，世界是一台带有绳索、滑轮和弹簧的机器；而她对赫尔德说，世界是一个有机的生命整体。对孟德斯鸠，她大谈多样性的无限价值；对爱尔维修，她侈论不容变更的一致性。对卢梭，她宣布，她一直被文明、科学和艺术扭曲；而对达朗贝尔，她则许诺揭示它们的秘密。孔多塞和潘恩认识到，她赋予了人类不可侵犯的权利；对边沁，她说，这只是“纸面上的大喊大叫”——“胡言呓语”。在贝克莱面前，她显现为上帝向世人述说的语言。对霍尔巴赫，她说，上帝不存在，教会即是阴谋。蒲柏、沙夫茨伯里、卢梭认为自然是一种奇妙的和谐。黑格尔认为她是几支大军夜间交锋的光荣战场。迈斯特认为她是由血泪、恐惧和自我牺牲造成的一种痛苦。

什么是自然？“自然的”是什么意思？这个问题问得好。莱斯利·斯蒂芬告诉我们，18 世纪一位在法国旅行的英国人曾评论道，除了炮兵或皇家禁卫骑兵队之外，军人穿蓝色服装是不正常的（unnatural）。显然，自然在以多种不同的声音说话，如果我们正在接受自然的教导，我们就会收到太多的、相互矛盾的教诲，得不到最终解决办法，也从来没有预示最终解决办法的先兆。爱尔维修心里很清楚自然教
26 给了他什么。他知道，自然告诉他，人们能够做到而且应该做的事情仅仅就是追求快乐和回避痛苦，以此为基础，他建立了一套功利主义观念体系，这套观念体系在世界上最佳意志的武装之下，在最纯粹的动机的启发下，反对不公正，反对蒙昧无知，反对专断的统治，反对 18 世纪社会里依然充斥的所有恐怖，直接导致了技术官僚暴政的最终出现。它利用另一种暴政，一种技术暴政、一种理性暴政，取代了无知、恐惧、迷信的教士、专断的国王的暴政以及 18 世纪启蒙运动所反对的一切妖魔鬼怪的暴政，技术暴政同样敌视自由，同样敌视如下观念，即人类生活中最珍贵的是为了选择而选择，不仅是选择善的东西，而且是选择本身。它的这种

敌视态度和方式一直受到利用，为法西斯主义张目，为几乎所有企图妨碍人类自由和把人类社会当作一个连续的、和谐的整体进行活体解剖的行为辩护，这个整体，不允许人们具有丝毫个人首创精神。它是一套非常严密而牢固的系统；要想闯进去，没门。也许它能够产生幸福；但是，这种幸福是否就是人类追求的唯一价值，尚不清楚——甚至在18世纪也没有弄清楚，当然后来也就不可能弄得更清楚。 27

卢 梭

始于不受限制的自由，终于不受限制的专制。

——希加列夫语，陀思妥耶夫斯基小说《群魔》

著名历史学家阿克顿勋爵曾评论卢梭说，他的“笔造成的影响超过亚里士多德、西塞罗、圣奥古斯丁、圣托马斯·阿奎那，以及有史以来任何一人”。虽说这一见解显然有夸张之嫌，不过也并非全然向壁虚构。我们还可以引用斯达尔夫人的话，她说：“卢梭没有说出什么新东西，不过他在各处点起了火焰。”

卢梭的伟大体现在什么地方？他何以被视为一位重要思想家？他都说过些什么？他有什么新颖的或原创性的发现？难道他真的没有说出什么新东西吗？（斯达尔夫人的话正确吗？）假如他没有什么新见的话，阿克顿的这类话又是怎样适用于他呢？

有人说，他的天才只体现在他卓绝的辩才、勾人魂魄的文风——例如《忏悔录》体现的文风，这本书让人爱不释手，它对读者的影响超过同类文学著作。可是，卢梭所言果真毫无新意吗？莫非它只是新瓶装旧酒？有人认为，他的独创性表现在，以前的思想家都注重理性，卢梭却赞美激情。
28 但这绝对是不实之词。狄德罗和爱尔维修、沙夫茨伯里和休谟，在各自的著作中，都高谈阔论激情和感情，他们总是说，不要像苦行的宗教那样压抑人的情感，另外，柏拉图和斯宾诺莎等哲学家也曾要求，千万不要抑制或伤害天性。对于情感固然需要疏通或引导，但没有理由非压制它们不可。相反，与历史上其他思想家相比，18世纪所谓的经验主义思想家这一派最强调情感、人类的自发性和人情温暖。在这个主题上，没有哪一位著作家比狄德罗更狂热，有时甚至更加感情用事。

如果我们考察卢梭的著作，就表面看来，情况正好相反。卢梭根本不赞成情感的放纵。相反，他说（而且他背后有一个伟大的哲学传统）：感情使人们分离，理性使人们统一。感情、情感是主观性的、个体性的，因人而异，因国家而异，因气候而异；只有理性才是每一个人都有的，而且只有理性才是一贯正确的。这样一来，根据他的作品提供的证据，这个著名的区分当然是靠不住的，根据这项区分，卢梭预测了情感与冷静的唯理主义之间的对立。

在卢梭看来，有关道德和政治的某些问题，例如，如何生活，该做何事，该服从谁，对于这些问题，人类长期以来积累的情感、偏见、迷信，给出了许多相互冲突的答案，找出了各种具有因果关系的（自然的）因素，导致人们在若干世纪中众说纷纭。但是，如果我们寻找这些问题的真正答案，这么做并不是办法。我们提问题的方式必须使这些问题可以回答，这只有通过理性才能做得到。就好像在科学中，一位科学家给出的正确答案，其他同样理智的科学家都能接受，伦理学和政治学当中也应如此，合理的答案便是正确的答案：真理只有一个，错误却是无穷的。 29

这种看法简直再普通不过了。哲学家大都能说出这类话，卢梭只是重复了前人的观点。他说，每一个人都有理性，理性使人们团结，而每一个人的情感则是不同的，它使人们分裂。那么，这种说法的原创性何在？当然，卢梭的名字是与《社会契约论》相提并论的，不过这本书也没有什么新意。社会中的人为了保全自己，不得不在历史上结成某种契约关系；即便这并非史实，不管怎么说，他们也得表现出结成契约关系的样子；社会中的人，由于某些人比别人强大，或比别人显得更为邪恶，他们只好建立一套制度，使占据多数的弱势群体防止强势的少数派对他们作威作福，当然，这种观念早在古希腊时代就有了。

那么，除了少量改动之外，卢梭又往这个主题里增添了什么新东西？有人可能会说，他在个体的自由与社会的权威之间进行了调和。但是，这个问题前人已经探讨无数次了。实际上，马基雅维利和博丹[1]、霍布斯和洛克等人主要关注的正是这个问题。在政治观念上，人们最熟悉和最容易想到的莫过于如下问题："怎样才能协调"人类争取自由的愿望与权威的需要？显然，在所有政治哲学家看来，个体向往自由——也就是说，他们想为所欲为，不受他人的羁绊，不愿意受别人强制去做自己不愿意做的事情——不受强制的自由

[1] 博丹（Jean Bodin，1530—1596）：法国政治哲学家，主要著作《共和六书》对17世纪的西欧产生了影响。——译注

是人们随时准备去捍卫的一个主要目的和价值，这一目的的实现，是过上大多数人想过上的那种生活所不可或缺的。

当然，在另一方面，井然有序的生存方式是很有必要的。人总是在社会中生活，无论出于什么原因或理由；正因为人是在社会中生活，个体就无法随心所欲地行事，因为这 30
样做会妨碍他人，并且使他们的目的遭受严重挫折。因此，做出某种社会安排是必然之举。

在早期思想家当中，这个关键问题已经引出各种答案。由于不同的思想家看待人类个体的观点不同，这些答案也就各不相同。霍布斯对人性的评价有点低，他认为，总的来说，人并非善类，人类是野蛮的而不是温顺的，并且，他认为，为了遏止人与生俱来的狂乱不羁、无法无天和残忍野蛮的冲动，强大的权威的存在是有必要的；因此，他在权威和自由之间划分界限的时候，倾向于权威。他认为，有必要大量使用强制力量，以防止人类互相毁灭、自相杀戮，防止给社会上大多数人造成危险、肮脏、残忍和贫困的生活状况。因而，他给个体自由留下的空间非常小。

另一方面，洛克相信人是善的而不是恶的，他认为，在划界限的时候没有必要这么倾向于权威，在他看来，人类在进入社会之前——当他们还处于“自然状态”时——所拥有的一些权利，甚至在文明社会依然保留，他坚持认为，还是有可能创造出像这样保留他们某些权利的社会；与霍布斯相比，他允许人类拥有更多个体性质的权利，他的理由是，人的天性主要是仁慈向善，没有必要像霍布斯所要求的那样严重摧毁、强制和约束他们，以便产生社会存在所需要的那种最低限度的安全。

不过，我的主要意思是，他们之间争论的只是界限划在哪里的问题，然而这个界限是变动不居的。在中世纪，当时政治观念在很大程度上还是神学性质的，这场争执表现在，在人的身上，原罪的力量是否大于自然或上帝所赋予的理性
31 的力量——原罪使人狂放不羁、作恶多端、贪得无厌和无法无天，理性使人追求善和正确目的，它是上帝灌输给他的。在比较世俗的时代，当这些概念悄无声息地变成世俗的术语之时，在哪里划界的争论却呈现出更加世俗化的历史形式或心理形式。现在的问题是：“有多少自由和多少权威？强制与个体自由占多大比例？”必须达成某种妥协：你只需找到解决办法——估计必须在什么地方划界——根据你所认为的人性的真正构成，或许依据科学数据，例如气候、环境和其他类似因素的影响，孟德斯鸠这类思想家探讨这个问题时，就使用了这类科学数据。

卢梭学说的原创性表现在，这一整套方法在他的理论中都不适用。他的自由观念，还有他的权威观念，都迥异于先前的思想家，虽说他使用的是同一类词汇，可他放进去的却是极为不同的内容。事实上，这就是他的著作雄辩有力和极富影响力的一大秘密。也就是说，虽然表面上看，他所说的与前人没有什么太大区别，他使用的句子与前人相同，他使

用的概念显然也与前人相同，然而，他改变了词汇的意义，他扭曲概念以至在读者那里产生振聋发聩的效果，读者不知不觉地被这些熟悉的表达带到一个完全陌生的国度。

卢梭字面上说的是一回事，实际表达的又是另外一回事。他似乎在沿着一条老式路线论证，不过他在读者面前所投射的景象，迥异于他似乎从前人那里借鉴的方案。我们且以自由观念、契约观念、自然观念为他学说中的核心概念，加以举例说明。

先说自由。在卢梭看来，整个妥协性的自由观念，也就 32
是说“好了，我们不可能有彻底的自由，因为那将导致无政府状态和混乱；我们也不可能有绝对的权威，因为那将彻底摧毁个体，专制和暴政将应运而生；因此，我们必须在二者之间的某个地段划一条界限，安排一场妥协”——这种观念绝对不可接受。在他看来，自由是一种绝对的价值。在他的眼里，自由就好像是一种宗教式的概念。在他眼里，自由与人类个体是等同的。说一个人成其为人，与说他是自由的，几乎是一回事儿。

卢梭是怎样看待人的呢？人是为自身行为负责的——他既可能做好事，也可能做坏事，既可能走上正确道路，也可能走上错误道路。如果他不自由，这个区分就毫无意义可言。如果一个人没有自由，如果一个人不对他的行为负责，如果一个人没有做他应当做的事情——说他应当去做，是因为他想这么干，因为这是他个人的、人性的目标，因为这样一来，他得到了自己而不是别人此时此刻想得到的东西——如果他不去做，那么他根本就不是人：因为他不负责任。整个道德责任观念，在卢梭看来，几乎超过了人的理性，是人的本质，它依靠的一个事实是，人能够做出选择，在其他可能性中进行选择，在不受强制的情况下自由地选择。

如果一个人受到强制，受到别人的强制，受到一位暴君，甚至受到物质环境的强制，那么，说他做出选择便是荒唐之言；在卢梭看来，他成了一个物，一件动产，自然界当中的一个物体，不可能指望他有责任心这样的东西。桌子和椅子，甚至动物，我们无从判断它们的对错，因为它们要么什么也不做，要么不知道自己的所作所为，如果它们不知道，就不能说它们在行动，如果它们不行动，就算不上人类。行动即是选择，选择即意味着在其他目标当中进行遴选。要是有人因为受到胁迫，不能在其他目标之间进行选
33 择，他就算不上人类。假如他是自然界决定的一个客体，正如物理学家们所教导的那样，他只是一具血肉之躯。一个原子的集合，像自然界中没有生命的物体那样，受到物质定律的支配，那么，就不能说他是人类。另外，假如他受到的决定不同于自然界中物体受到的决定，而是受到另一股力量的决定，因为他受到了暴君的威吓和强制，因为他成为别人手里的一件工具，别人利用他的恐惧、他的希望或他的虚荣心，他就像一个玩偶一样任人操纵——像这样的一件工具同样无法完全获得自由，完全不可能行动，因而他不是完整意

义上的人类。

这里没有说，在这种情况下，人（在卢梭看来，他是奴隶）不大可能感到幸福，不过，幸福不是人追求的目标：人类追求的目标是过上一种正确的生活。因此，在卢梭看来，奴隶通常可能比自由人更幸福这个命题不是对奴隶制合理性的证明，正因为这个原因，他言辞激烈和义愤填膺地反对爱尔维修等人的功利主义思想。奴隶制可能是幸福的一个来源；不过它依旧是丑恶的。因为想当奴隶就得小心谨慎，但这种做派让人厌恶、令人不齿。因为“奴隶制……有悖天理”，在受奴役状态之下没有异议，完全不同于一个真正的人的集合没有异议。卢梭宣称：“放弃自由，就是放弃人的资格，就是摒弃人的权利，甚至摒弃人的义务……这种放弃与人的天性格格不入。”

这就意味着，一个人失去了自由就失去了做人的资格，这就是人为什么不能卖身为奴，因为他一旦成为奴隶，他就不再是一个人，因此他失去了权利，也不承担义务，而且一个人不能取消自身，他不能去做出让自己无法进一步有所作为的行为。这样做就是道德自杀，而自杀可不是人应当采取的行动——“死亡可不是生命中的事情”。因此，在卢梭看来，自由是不可以调和或妥协的：不允许你失去丝毫的自
由，更别说是失去更多的自由；不许你拿这么多自由去换取 34
这么多安全，不许你用这么多自由去换取这么多幸福。你放弃“一点点”自由就等于向死亡走了一小步，丧失了“一点

点”人性；卢梭以最大的热忱所持守的信条，也就是他最为雄辩有力去捍卫的一个价值观，就是人刚正不阿这种观念，人类最严重的罪行，不是人天生就有的罪恶，而是丧失人性、贬低人格和剥削人。他用了大量充满激情的言辞去抨击那些利用他人的人——不仅因为他们给那些人造成了痛苦，还因为，他们损坏了那些人的形体，使他们失去了人类的外观，在他看来，这就是反对圣灵（the Holy Ghost）的罪恶。简言之，在卢梭看来，人类的自由——独立自主地进行选择的能力——是一种绝对的价值。说一种价值是绝对的，就是在说，根本不能在它身上进行妥协。

到目前为止，一切顺利。卢梭已经表明，他对人类的态度必然将自由视为人类最神圣的属性——事实上根本不是一种属性，而是人的本性。不过还存在别的价值。完全不可以这样宣布：自由，个体的自由，允许人们为所欲为、任何人想干什么就干什么的境况，会是人的理想状态。原因有两点。首先，存在经验的或历史的原因。出于某种原因，人确实是在社会中生活，这种情况产生的根源是什么，卢梭从未给予清楚的解释，也许是由于人的资质不平等的缘故，有些人比其他人强，从而使他们恃强凌弱，奴役他人。或许也是由于某种不可避免的社会进化规律的缘故，或许是由于某种自然的社交本能，使人们生活在一起。另外，还可能出于百科全书派提到的原因：为了过上一种能够满足大多数人愿望的生活而出现的劳动分工和合作，这些愿

望是更多的个体的愿望，是野蛮人离群索居的生活无法满 35
足的。

有时候，卢梭谈到野蛮人，就好像他们很幸福、天真和善良似的；而在别的时候，好像他们又头脑简单和野蛮。不过，即使如此，人的确在社会中生活，这样一来他们必然制定出人类必须奉行的规则，彼此不要过多地妨碍，不要过分互相阻挠，不要利用他们的权力过多地阻挡彼此的目的和目标。所以现在我们面临这样一个问题：人类如何才能保持绝对的自由（因为，假如他没有自由，他就算不上人类），同时又不允许他绝对地为所欲为？然而，如果他受到阻拦，怎样才能算是自由的呢？因为，如果自由不是去做他想做的事情，而且做的时候不受任何阻拦，那么自由该是什么呢？

其次，在卢梭看来，强制的存在还有进一步的和更加深刻的原因。说到底，卢梭是日内瓦公民，深受加尔文教的影响；因此，在他看来，有关生活规则的看法是永远存在的。他深切关注对与错，公正与不公正。有些生活方式是正确的，有些生活方式是错误的。与18世纪的其他人一样，他相信，“我应当怎样生活”这个问题是一个实实在在的问题；因此，不管我们是怎样遇到这个问题的，通过理性，或通过其他途径，总会找到这个问题的答案。

假如我已经得到这个答案，或者说，假如我自认为已经获得了这个答案——它将体现出生活规则的形式，事实上，这些生活的规则会说：“应该这样做；不应该这样做。”或者陈述说：“这是错的；这是对的。这是公正的；这是不公正的。这是好的；这是坏的。这是美的；这是丑的。”但是一旦我们有了规则，一旦我们有了律令、原则、准则，一旦我们有了某种规约行为的规定，自由该会怎样呢？自由怎么能
36 与规则相一致呢？毕竟，规则是用来限制人的，防备他绝对地为所欲为，告诉他应当做什么和不应当做什么，禁止他做某些事情，在一定程度上对他加以控制。

卢梭对此极为热衷。他说，这些律令，这些生活的规则，绝不是成规（conventions）；它们不是人发明出来的，只是为了达到某种短期或者长期主观目的的功利性手段。根本不是这样的。允许我再引用他的一句话。他说起“自然的法则、向人们的心灵和理性言说的神圣不可侵犯的法则”，而且他还说道，它“在人们的心灵中比在《查士丁尼法典》中留下的印记更深刻”。他声称，向往或选择正确道路的力量，不是任何机械法则所能解释得了的。它是内在于人的心灵的东西，而不是自然科学研究的问题。人们奉行的道德法则是绝对的，人们知道自己离不开它。在这方面，卢梭的观点是一种世俗的加尔文主义，因为他一直坚持认为，法则不是一成不变的惯例，不是实用性的工具，它完全是根据非人为的，因而是永恒的、普适性的、绝对的神圣真理和神圣规则，去制定适合于特定时间、地点和人物的规则的过程。

这样一来我们就遇到一个悖论。我们面临两种绝对的价值：绝对的自由价值和绝对的正确规则价值。而且不容我们

在它们中间进行妥协。不允许我们去做霍布斯认为可能去做的事情，即建立一个实际政权，容纳许多自由、许多权威、许多控制、许多个人的首创精神。无论哪一种价值都不应违背：违背自由就是扼杀人的不朽灵魂；违背规则就是允许某些绝对错误、绝对糟糕、绝对邪恶的东西去反对规则的神圣来源，这个来源有时被称为自然，有时被称为良知，有时被称为上帝，但不管怎么说，它都是绝对的。这就是卢梭所陷
入的困境，他面临的问题与以前的思想家大不相同，那些人 37
相信，通过协调、妥协、经验性的手段，可以发现问题的解决办法，这个办法当然不是理想的，却是能够胜任的；它既非完全良善也非全然邪恶，而是善多于恶；它使人们继续前行，不至于太糟糕；它依据的是常识和应有的尊敬，是对彼此的主要愿望适中的、得体的尊重，这样一来，在总体上，人们虽然得不到他们想要的一切，却保障了他们最低限度的“权利”，超出他们在其他制度下获得的权益。这是霍布斯与洛克、爱尔维修与密尔的典型看法，可在卢梭看来，这种看法全然不可接受。一种绝对价值意味着，你不能妥协，你不能去加以修正；而且他以一种非常生动的形式表述出来。他说，这个问题对他来说，就是“去发现一种社团形式……在这个社团里，每个人与所有人团结一致，与此同时，他还可以自行其是而且像以前一样自由”。

这无疑是以恰如其分的悖论形式表述出这一矛盾。我们一边与他人团结一致，从而建立起必须行使一定程度的权

威、一定程度强制力量的社团形式——它与自然状态之中的完全自由或孤独大不相同；一边却保持自由，也就是说不必服从上面所说的那些人。这怎么可能做得到呢？

卢梭在《社会契约论》中给出了举世闻名的答案，即每个人“既然是向全体奉献出自己，他就没有向任何人奉献出自己”。[1] 这条名闻遐迩的公式，虽然现在还能够引起人们的感情共鸣，但仍然像过去那样隐晦不明和神秘莫测。卢梭喜欢悖论，不过作为一名思想家，他的怪异之处可不只是悖论，而是要深刻得多。显然，自由与道德权威的对立造成的困境深深地困扰着他，令他进退维谷。突然他想出了美妙的解决办法。在致马尔塞布的一封信中[2]，他生动记述了他是如何突发灵感，产生这一发现的。他正走在路上，准备探视
38 坐牢的狄德罗，这时候，灵光一闪，他发现了有关人类罪恶和美德问题的答案。他感觉自己就像一位突然解决了一个长期存在而且令人困惑的问题的数学家，就像一位突然产生丰富想象的艺术家，就像一位突然见到真理——超凡脱俗、圣洁无邪的真理——的神秘主义者。他告诉我们，他是如何在路边坐下，感极而泣，神态失常，以及这如何成为他一生

[1] 中译文见卢梭：《社会契约论》，何兆武译，商务印书馆，1980 年第 2 版，第 24 页。——译注

[2] 马尔塞布（Chretien Guillaume de Lamoigon de Malesherbes，1721—1794）：法国律师和行政官。他试图在法王路易十五和路易十六统治期间对法国的专制政治进行改革，但收效不大。——译注

中最主要的事件。无论是在《社会契约论》还是在其他著作中，他在传达古老谜语的答案时所使用的口气，完全是一个执着一念者的口气，一个躁狂者的口气，他突然看到了上帝仅赐给他一人的宇宙答案，他在历史上首次突然发现了困扰整个人类好多个世纪的不解之谜，以前的许多大思想家，或许包括柏拉图，或许包括基督教的创始人，在某种程度上都曾预见过这一不解之谜，但只有他最终找到了全部答案，这样一来，就无须人们再去费力寻找解决办法了。

在这个时候，他就像一位发了疯的数学家，他发现的答案不仅正确无误，而且可以通过这样一种铁定的逻辑加以证明，以至于一劳永逸地解决了这个问题。这个答案是什么？卢梭就像一位几何学家那样，用两条在某一点上相交叉的直线来继续论证，他心中暗想："这一条是自由，这一条是权威，很难——在逻辑上不可能——让它们达成妥协。我们如何去调和它们呢？"他的答案具有疯子通常具有的那种简单和精神错乱。不存在妥协的问题。如果换一个角度来观察这个问题，就会突然发现，这两种相互对立的价值非但不是格格不入的，而且它们之间根本不存在对立，它们不是两种价值，而是一种。自由和权威不可能发生冲突，因为它们是一回事儿；它们是同一块奖章的两面。与权威相一致的自由是存在着的，很可能存在着与权威的彻底控制相一致的个体自
由。你拥有的自由越多，你拥有的权威也就越多，你服从的 39
程度也就越高；自由越多，控制就越多。

如何找到这个神秘的交点呢？卢梭的答案是，说到底，自由表现在人想得到某些事物，而且不想受到阻拦。那么，他们想得到什么呢？我想得到的一定是对我有利的东西——它本身就会满足我的天性。当然了，如果我不知道什么东西对我有利，那么当我得到了我想得到的东西时，我就会很难受，因为它根本不是我真正想要的东西。因此，只有那些不仅想要某些事物，而且知道什么东西会满足自己的人才是自由的。

如果一个人知道什么东西可以满足自己，那么他就具有了理性；理性帮助人们解决如下问题："要让我——也就是我的天性——完全得到满足，我应当去寻求什么？"在一位有理性的人看来是正确的东西，在另一位有理性的人看来也是正确的，正像在自然科学领域发生的情形一样，一位科学家发现是正确的事物，同样被其他科学家接受；所以说，如果你从正确的前提出发，使用正确的规则，通过行之有效的方法，得出你的结论，你就会确定，如果其他人有理性的话，也会得出同样的结论；或者，换一个角度来思考，如果你深信自己的理性，而别人却得出了某种完全不同的结论，这本身即表明，他们可能是非理性的，你完全可以忽视他们的结论。

卢梭知道，既然自然是一种和谐状态（这是大前提，是几乎整个 18 世纪思想大的而且含糊的前提），那么，我真正想要的不可能与别人真正想要的发生矛盾。因为，善能够真正满足任何人的合理要求：假如我真正想要的东西与别人真正想要的东西（换句话说，合乎理性的要求）不一致的话，那么，两个真正问题的两个正确答案彼此不相吻合；这在逻 40
辑上是行不通的。因为这意味着自然并不是一种和谐状态，悲剧是不可避免的，冲突是躲不掉的。在事物的核心部位，有某种非理性的东西，我可以为所欲为，假如我不够明智的话，无论我使用什么样的理性武器，无论我是多么善良，无论我是多么正直，无论我的头脑是多么清晰和理智、深刻和明智，然而，我所要求的，可能与一位同样明智、同样善良和同样高尚的人所要求的正好相反。在我们二者之间没有可选择的余地：没有道德的标准，没有公正的原则，无论它是神性的还是人性的。因此，最后证明，悲剧的出现不是人类的错误，不是人类的愚鲁或人类失误的结果，而是宇宙的缺陷；也许除了萨德侯爵之外，无论是卢梭还是随便哪一位18世纪著名思想家，都不会接受这一结论。不过，萨德是一个臭名昭著、道德败坏的疯子，当伏尔泰和休谟约略露出这类结论的思想苗头时，它被归因于伏尔泰的犬儒主义和休谟的怀疑主义，都不能太当真；实际上，无论是伏尔泰，还是休谟，都没有急于强调他们思想中的这一面。

结果，假如说自然是一种和谐状态，那么，让一个有理性的人得到满足的任何事物，不管怎么说，都与一切能够满足其他有理性的人的事物相一致。卢梭认为，人不应当去寻求与他人的目的相矛盾的目的，这一点对人来说是很必要的。他们现在为什么倾向于追求这类目的呢？因为他们是堕落的，因为他们缺乏理性，因为他们不是自然的；卢梭的这种自然观念，虽说在某些方面类似于其他思想家的自然观，不过，它还是有他自己的风格的。卢梭相信他自己知道，成为一名自然人应具备什么条件：在他看来，自然的必然是善的，如果所有的人都是自然的，他们就都是善的，那么，他们所寻求的东西，会使所有人感到满足，将所有人聚集在一
41 起，形成一个和谐的整体。因为有理性的人类的一致意见是一件非常独一无二的事件，有理性的人类愿意取得合理的目的，按照假设，这些合理的目的属于一个目的，尽管它是许多个体的意志所向往的。允许我再引用它一次："只要议会中的几个人认为他们自成一体，那么他们就只有一种单独的意志。国家所有成员恒常不变的意愿是普遍的意愿。"这种"公意""深入人的内心世界，对人的意志的注重不下于对人的行动的关注"。

这时候，我们很容易产生疑问，这种公意为何物。议会里面产生的可被称为单一意志的、将议员牢牢控制住的东西是什么？卢梭的答案是，正因为所有以理性论证的人能够获得的有关事实的真相是相同的（政治和道德撇开不说），这些真相必然总是相吻合的，所以，处在相同自然条件下的人——也就是说，正常的、没有堕落的、不为自私自利驱使的、不受地方或集团利益所左右的人，不受恐惧或毫无价值的希望所役使的人，不受胁迫的人，没有被其他人的邪恶扭

曲正常本性的人——在这种情况下，人们想要的东西，一定会同样有利于其他与他们一样善良的人（假如这种东西能够得到的话）。因此，不管怎样，只要我们能够重新获得、重新捕捉人类原初纯真的自然状态，那么自然的和谐、幸福和仁慈将再次成为人类社会的命运，在这种自然状态之下，人们还未受到许多强烈情感、还未受到许多卑鄙和邪恶冲动的折磨，这些强烈的情感、卑鄙和邪恶的冲动都是文明孕育在人们胸中的。

当然，卢梭的自然人观念受到他个人特征的影响。卢梭出身日内瓦小资产阶级，早年生活漂泊不定，与当时的社会格格不入，深受我们今天所说的许多自卑情结之害。这样一来，他的自然人观念与他尤为厌恶和痛恨的那种人形成了理 42
想化的对立。他不光谴责富人和权贵——绝大部分道德家都把这两个阶层当作社会的天敌，可以说，他是第一个谴责完全不同的一个群体的人，通过这种方式，他影响了一个世纪人的意识。虽说他是作曲家和音乐理论家，但他厌恶文艺和科学；他不喜欢任何一种复杂的形式、任何一种精致的形式、任何一种过分讲究的形式。他第一个直言不讳地说，好人不仅仅是质朴的人或穷人——这是许多基督教思想家特有的情感。他进一步认为，粗糙胜过精细，野蛮胜过驯服，骚动胜过平静。卢梭切齿痛恨一些小集团、小圈子和小帮派；他最痛恨知识分子，他们以自己的聪明为骄傲，他痛恨专家，他们自视高人一等。19 世纪所有激烈地反对知识分子、在某种意义上反对文化的思想家，事实上 19 和 20 世纪的那些咄咄逼人的庸人们（尼采称他们为 Kulturphilister），包括尼采本人在内，都是卢梭的嫡传。

卢梭饱受磨难和苦恼的性格使他带着憎恨的眼光去看待巴黎的狄德罗、达朗贝尔和爱尔维修等人，在他眼里，这些人都是一些过分讲究、老练世故和矫揉造作之徒，他们无法理解在脱离故土的真正自然人心灵中肆虐的那些阴暗的情感、那些深刻和令人苦恼的感觉。在他看来，自然人带有一种深刻的本能智慧，完全不同于城里人的腐败世故。卢梭是历史上最伟大而好斗的低俗之士，是一种天才型的弃儿；像卡莱尔，还有在某种意义上的尼采，当然还有 D. H. 劳伦斯和邓南遮等人物，以及诸如希特勒和墨索里尼这类以造反起家的小资产阶级，都是他的思想继承人。

43 很难把这归为一种右翼或左翼现象，事实上也没有必要。它主要是一种小资产阶级反叛社会的现象，这些落魄之士感觉自己受到社会的排斥。卢梭把社会弃儿、造反派、狂放不羁的艺术家引为事业的同道。这就是他成为浪漫主义和无法无天的个人主义创立者的原因，这也是在《社会契约论》出版后的两个世纪里，卢梭何以成为 19 世纪其他许多运动创立者的原因——社会主义和共产主义、独裁主义和民族主义、民主自由主义和无政府主义等几乎所有的思潮，除了对文化情有独钟的所谓自由主义的文明之外。

卢梭憎恨知识分子，憎恨那些脱离生活的人，憎恨专家、憎恨将自己禁锢在某个特殊小圈子里的人，因为他感觉到，心灵应该是开放的，这样一来人们就可以产生情感上的接触；坐在古老橡树下的质朴农民，与城里的那些衣冠楚楚、自命不凡、过分考究、老于世故的高雅之士（highbrow）相比，对生活以及自然的理解更深刻。因为他感受到了这一切，他发现了一个传统，完全不同于浪漫派反叛者的传统，这个传统在欧洲传播开来，然后传到美国，成为所谓美国生活方式那个著名概念的基础，根据这一观念，与大学教授相比，与城里的政治家相比，与其他丧失人性的人相比，社会上质朴的人们对现实的认识更深刻，他们身上的美德更深厚，他们对道德价值观的理解更为深刻，前面那些人在某种程度上自动脱离了心灵的激流，而心灵的激流既是真正的生命，也是人与社会的真正道德和智慧。

这就是卢梭在谈论自然时给人们的那种印象，虽说有人告诉我们，在18世纪“自然”这个词至少有六种意义，但卢梭的用法是独一无二的。他不仅仅把自然等同于质朴，而且等同于真正厌恶文雅、精致、复杂和艺术或科学价值观的 44
东西。无论艺术家还是科学家，都不能指导社会——这就是他极端厌恶爱尔维修和百科全书派的原因。社会必须由接触真理的人来领导，接触真理的人就是允许这种天恩眷顾、允许自然本身具有的真理注入心中的人。这只有在自然的胸怀之中，只有过上质朴的生活才能做到。在卢梭笔下，质朴生活只是对赐予真正答案的条件的描述。对于那些渴望质朴生活的人而言，它逐渐成为真理本身：无论在《爱弥儿》之中，还是在《新爱洛伊丝》之中，很难将获取这个答案的条件与答案本身区别开来。在卢梭看来，答案存在于某一类人之中，在于将人心摆在正确位置。获取某种知识——这是所有问题的关键。

在理论上，卢梭的言论与18世纪其他启蒙哲学家相似，他说："我们必须运用理性。"他用的是演绎推理的方法，在获得结论的时候，这种推理方法有时很有说服力，明晰易懂，表达极为得体。现实中情况却是，这种演绎性推理方法就像一种逻辑紧身衣，他用这种严密的逻辑来支持人的内心当中固有的、如火的、几乎是疯狂的幻想；正是这种疯狂的内心幻想与一种冷静严密、极具约束力的加尔文主义逻辑的非凡结合，赋予了他的文字以极大的蛊惑力和感染力。你似乎在读逻辑论证，它辨析概念，有效地从前提得出结论，而在这一过程中，它向你灌输的却是一些激烈的东西。有人在给你施加幻想；他试图利用一种非常严密，虽说通常是非常混乱的生活幻想来支配你，他是在念咒语，而不是论证，虽
45 说他似乎在以平心静气和泰然镇定的口气谈话。

这种内在的幻想是对权威与自由相一致的神秘推测。这种一致源于以下事实，即为了使人保持自由的同时，能够与社会上其他人和平相处、能够遵守道德律令，你想得到的便是，人只能向往道德律令实际上责令的东西。简言之，这个问题可展开如下。你想赋予人们无限的自由，因为舍此之

外，他们就不再成其为人类；然而，与此同时，你还想让他们按照原则来生活。如果能够促使他们遵守规则，那么他们将会向往规则，这不光是因为规则本身的缘故，而是因为他们喜欢规则。假如你发出疑问，一个人怎么既是自由的，同时又戴着枷锁，你会说："假如枷锁不是强加给他的，那会怎样？假如束缚他的枷锁不是来自某种外力，那会怎样？假如这副枷锁是他本人自动选择的，因为这种选择是他天性的表现，作为一种他内在的理想，由内心当中生发出来的，那又会怎样？假如这是他在这个世界上的首选之物，那么这副枷锁就不再是枷锁了。"一个自我禁锢的人不是囚徒。

所以卢梭说："人天生是自由的，然而他处处受枷锁的束缚。"什么样的枷锁？如果它们是习俗的枷锁，如果它们是暴君的枷锁，如果它们是那些想利用你达到他们自己目的的人的枷锁，那么这些枷锁的确是枷锁，那么，你必须抗争，你必须奋斗，在争取个人自主和自由的道路上清除任何障碍。不过，假如这副枷锁是你自己制造的，假如这副枷锁只是你自己用内在的理性制定的规则，或者在你过简朴的生活之时，因天恩眷顾而产生，或者由于良知的声音，或者由于上帝的声音，或者由于自然的声音（这些都被卢梭当成一回事儿）而产生；假如这副枷锁只是应当遵守的规则，是你
内在的天性最自由、最有力、最有自发性的表现，那么，这 46
副枷锁就不再束缚你了——因为自我控制并不是控制。自我控制是自由。就这样，卢梭逐渐向这样一种独特观念靠拢，

即人们想要达到的目的是，人们要以国家用暴力将他们联系在一起的方式将彼此联系起来。

最早的枷锁是暴君过去用来强迫你按照他的意志行事的某种强制形式，诗人们怀着恶意用他们的花环去打扮的正是这种东西；这正是那些谄媚、寡廉鲜耻的作家们向纯粹的暴力、纯粹的权威献媚取宠来加以掩饰的东西。但是人们向往的东西与此大不相同。人们向往的东西是——我再次引用卢梭的话——“使每一个个体及其所有权利服从于整个社会”。如果是你让你自己服从于整个社会的，那么怎么能说你没有自由呢？因为有谁强迫你这样做了？不是X也不是Y，不是这种制度，也不是那种制度，强制你的正是国家。但国家是什么东西？国家就是你以及和你相似的其他人，你们都在寻求你们共同的福祉。在卢梭看来，确实存在一种共同的福祉，因为，如果不存在与个体的福祉没有矛盾的全社会共同福祉之类的东西，那么，提出这类问题：我们应该怎样生活？作为一个紧密的群体，我们该怎么办？这些提问毫无意义，而且显然是荒谬的。

结果，卢梭发展了公意这种观念。这种观念始于无害的契约观念，说到底，契约是一种半商业性行为，完全是一种自愿达成的许诺，最后也是可以废除的，它是团结一致、致力于共同幸福的人类发出的行为；但它依旧只是一种权宜之计，如果它要给人们带来共同的苦难，就可能被放弃。这就是它的起源；个体们想保持个体性和追求自身福祉，社会契约是他们完全自愿发出的行为，从这种社会契约观念，卢梭逐渐转向公意这一观念，公意差不多是一个庞大的、超个人的实体的拟人化意愿，这个实体被称为“国家”，它现在不 47
再是霍布斯笔下的那个压倒一切的利维坦，而更像一个团队，一个教会，多样性中的统一性，比“我”更大的东西，我将自己的个性沉浸其中，只是为了再次发现它。

卢梭神秘莫测地从一种观念（个体们自愿汇集成群、自由结成关系、每个人都追求自己的福祉）过渡到另一种观念（个体屈从相当于自身然而又比自身大的东西——整体，社会）。这是一个不可思议的转折。他经过的各个步骤是独特的，值得我们简短地考察。

我对自己说，有一些东西是我想得到的，如果不让我得到，那我就没有自由；而且这可能是降临到我头上最糟糕的事情。我就会对自己说，“我向往的那个东西是什么？”我只想让我的天性获得满足。如果我是明智的人，如果我具有理性、见闻广博、眼光犀利，那么我就会发现这种满足的所在。任何一个人所获得的真正满足不能与其他人的真正满足发生冲突，因为，如果发生冲突，自然就不再是和谐的了，一种真理就会与另一种真理发生冲突，这在逻辑上是行不通的。我可能发现其他人试图阻挠我。他们为什么这样做呢？如果我知道自己是正确的，如果我知道自己寻求的东西是真正的善，那么，反对我的人一定找错了目标。毫无疑问，他们也认为自己在寻求善，他们坚持自己的自由来捍卫它，但是他们找错了地方。因此我有权利阻止他们。我凭什么有这种权利阻止他们？这不是因为我想得到他们不想要的东西，不是因为我比他们优秀，不是因为我比他们强大，甚至也不是因为我比他们明智，须知他们是灵魂不朽的人类，是与我平等的——卢梭是强烈信奉平等的。真正的原因是，如果他们知道自己真正想得到的是什么，他们就会寻求我所寻求的
48 东西。事实是，他们并没有去寻求，这就意味着他们确实不知道——“真正”和“确实”，通常都是不可靠的词语。

卢梭真正想表达的是，每一个人都有善的潜能——任何人不可能完全是坏的。如果人们任由天生的美德流溢而出，那么，他们就会只想得到正确的东西了；他们不想得到它这一事实仅仅表明，他们不理解自己的本性。虽说如此，但本性就在那里。在卢梭看来，说一个人想作恶，虽说他有向善的潜能，就好像是在说，他身上有一种隐秘的东西，那个东西就是他现实的“自我”；假如他就是他的本色，假如他就是他应当表现的样子，假如他是他真正的自我，那么他就会寻求善。从这一点，到说他在某种意义上已经寻求善、只不过自己还不知道，只是一小步。如果你问他，他想要的东西是什么，他可能宣布某种非常邪恶的意图，而情况确实如此。但是他内心中的真正自我会寻求别的东西，只有当他允许自然穿透他的胸膛，只有当他过上那种正当的生活，如实地看待自己，把自己当作真正的自我来看待，他内心的自我，不朽的灵魂才会大胆发言。

我知道人的真正自我寻求的东西是什么，因为它一定寻求我本人的自我寻求的东西，只要我知道现在的我就是我自己真正的自我，而不是别的虚幻的自我。两个自我的这种观念的确在卢梭的思想中发挥作用。当我阻止一个人追求邪恶目的时，甚至当我为了防止他给别的好人造成伤害而将他投入监狱之时，即使我将他当作寡廉鲜耻的罪犯而执行惩罚之时，我这么做不是出于功利主义理由——给别人带来幸福，甚至不是出于因果报应的理由——因他作恶而惩罚他。我这么做是因为，这是他内心里更优秀的、更现实的自我会做出的行为，假如他允许它说话的话。我不仅把我自己当成了主宰自身行动的权威，也当成了主宰别人行动的权威。这就是卢梭有名的警句——社会有权强迫人们获取自由——的含义。

强迫一个人获得自由就是强迫他以理性的方式行事。一 49
个得到自己想得到的东西的人是自由的；他真正想要的东西是一种合理的目的。如果他想得到的不是一种合理的目的，他就不是真正想得到什么东西；假如他并不想得到一个合理的目的，那么他想得到的不是真正的自由，而是虚假的自由。我强迫他去做某些将会让他高兴的事情。假如他发现了自己的真正自我，他就会对我心存感激：这就是他著名学说的思想核心，在卢梭之后，西方的独裁者们无不利用这一恐怖悖论来证实自身行为的合理性。雅各宾派、罗伯斯庇尔、希特勒、墨索里尼等，用的都是这种相同的论证方法，他们说，人们不知道自己真正想要什么，因此我们替代他们、代表他们争取那种东西，从而送给他们那种对于他们来说有些神秘，他们自己还不知道，然而他们又“真正”想要的东西。当我处决罪犯的时候，当我强迫人类屈从于我的意志的时候，甚至当我组织审讯的时候，当我用酷刑折磨人并杀死他们的时候，我不仅是在做有利于他们的事情——虽说这种行为相当可疑——而且是在做他们真正想做的事情，虽说他们对此百般抵赖。假如他们抵赖，那是因为他们不了解自己，不了解自己想要得到什么，不了解这个世界的情况。因此由我来代表他们，替他们说话。

这就是卢梭的核心学说，正是这种学说导致真正的奴役，沿着这条路径，从绝对自由观念的神化，我们逐渐看到绝对专制主义的观念。只有一种选择是正确的，这时候没有理由为人类提供多种选择。当然，他们必须做出选择，因为他们如果不去选择，就不具有自发性，就不是自由的，就算不上人类；可是，如果他们没有做出正确的选择，如果他们做出的是错误的选择，这是因为他们的真正自我没有发挥作用。他们不知道自己的真正自我为何物，而我，明智、有理
50 性，作为伟大的仁慈的立法者，却知道它是什么。卢梭是具有民主本能的；他对个体立法者的依赖程度，远不及他对议会的依赖，不过，只有当议会决定去做所有议员的内在理性——他们真正的自我——确实想做的事情之时，议会才是正确的。

正是因为这种学说，卢梭才成为一名政治思想家。这种

学说既有利又有弊。有利之处在于，他强调，一个社会如果没有自由、没有自发性，就不可取。在18世纪功利主义者设想的社会里，极少数专家以平和的方式去组织生活，从而赋予社会上最大多数的人以最大的幸福。对于一个更喜欢狂放不羁、无法无天、自发性的自由的人来说，这样的社会是令人讨厌的，除非做出行动的是他本人；他喜欢这种自由的程度可能超过最大限度的幸福，假如那种幸福产生于这一事实：不是根据他本人的意志，而是根据高高在上的某位专家的意志，某位管理者、以固定模式组织社会的筹划者的意志，将他整合到一个人为的制度之中。

弊端体现在，卢梭的确参与制造了真正的自我这个神话，打着真正的自我这个旗号，我就可以去强制别人。毫无疑问，所有审判人员、所有大的宗教机构，都试图证实他们强制行为的正确性，而他们的强制行为，在某些人看来，不管怎么说，都是残酷的和不公正的；不过他们至少运用了超自然的支持力量去捍卫自身。至少他们动用了不容理性质疑的约束力。不过，卢梭相信，通过纯粹自由自在的人类理性，通过直接观察真实存在的三维的自然、作为空间里的客体这个意义上的自然，可以发现一切事物——人类、动物和无生命的物体。由于没有超自然权威的帮助，他只好求助于这一恐怖的悖论，正是由于这个悖论的缘故，自由最终被证明是一种奴隶制，想得到某物就是根本不想得到它，除非你想以一种特殊方式得到它，这样一来，你很可能对一个

51 人说，“你可能认为自己是自由的，你可能认为自己是幸福的，你可能认为你想要这想要那，但我比你更了解你，更了解你想要什么，更了解什么东西会使你得到解放”，如此等等。这是一个用心险恶的悖论，根据这个悖论，一个人在失去了他的政治自由和经济自由的同时，却在一个更高级的、更深刻的、更加理性的、更加自然的意义上获得了解放，对此，只有独裁者或国家，只有议会，只有最高的权威才能认识到，这样一来，最不受约束的自由与最严苛和最有奴役性的权威发生了重合。

在有史以来所有思想家中，卢梭是这个大倒错的罪魁祸首。这个大倒错在 19 和 20 世纪造成的种种后果无须详说，这些后果如今还与我们同在。在这个意义上，如下说法一点也不矛盾：卢梭自称是有史以来最激越和最强烈地热爱人类自由的人，他试图摆脱一切束缚，摆脱教育、世故、文化、传统、科学、艺术以及其他一切事物的限制，因为这些东西不管怎么说都冒犯了他，这些东西在某些方面限制了他作为人所应有的自然权利——尽管如此，在整个现代观念史上，
52 卢梭是自由最险恶和最可怕的一个敌人。

费希特

在我看来，约翰·戈特列布·费希特的自由观念与西方思想家通常持有的自由观念大相径庭，在所有德国思想家当中，他最应当为发起这种自由观念负责。这里所说的西方思想家主要指 18 世纪末和 19 世纪英国、法国和美国的思想家。

假如你在 1800 至 1820 年之间，到欧洲各地旅行，就会惊奇地发现，虽说从东到西，到处都在谈论“自由”——虽说德国人和奥地利人谈论自由比英国人和法国人更有激情、更加雄辩——然而，在欧洲的东部和西部，这个词的意义却截然不同。它在德国的意义迥异于沉浸在伟大的英法传统中的思想家所赋予它的意义。

对于这一时期西方主要政论家而言，例如，孔多塞、托马斯·潘恩、本雅明·贡斯当（这三位有代表性的思想家都对这个题目情有独钟），以及那些对同时代人和后世人的思想产生相当影响的作家，“自由”这个词的含义是什么？让我从贡斯当的著作中引证一段典型文字。贡斯当是一位非常温和、非常明智的自由主义者，他的政论属于 19 世纪初，他是当时大部分自由派民主人士的代言人。在 1819 年的一
53 篇演讲中，他把他所谓的现代人的自由观念和古代人的自由观念进行了一番比较，他向同时代人提出疑问：“自由”的意义是什么？以下就是他给自由下的定义：

> 它是个体只需遵守法律的权利——他有权不会因为某一个或几个人的专断意志遭到逮捕、拘押、处死或任

> 何虐待。它是每个人表达自己的意见、选择并且从事自己的职业、处置自己财产的权利——假如他愿意的话，他甚至可以挥霍自己的财产；它是不必经过允许就可以来来往往而无须说明理由或动机的权利。它是人们自愿结社的权利——无论是为了讨论自己感兴趣的东西，还是为了与志同道合者信奉宗教，或只是根据自己的意向或爱好打发时光。最后，它是每一个人都拥有的、影响政府行为的权利——要么通过任命某些或全部公务员来进行，要么通过代表、请愿、合法的要求来进行，对于这些行为，当局多少都得予以考虑。

接下来，他又补充说，古代世界则不是这个样子；在古代世界，虽说个体在某种意义上主宰着公共事务，但在个人的私生活中，他受到更多的控制和限制；而在现代国家，甚至在民主国家，相对而言，个体似乎无力影响政府当局的决策；他们争取的正是这种权利。

这个例子恰当地说明“自由”这个词在其 19 世纪初的温和捍卫者那里的含义。不过，你会发现，在这一时期的德国，它的意义却很不相同。

费希特总是在说，自由是他唯一倾心关注的主题。“我的体系，从头到尾，只是对自由这个概念的分析……中间没有掺进任何其他成分。”接着，他坚持说，他的学说非常晦涩，他所使用的语言普通人理解不了，他借此警告读者（非 54

常明确地警告)，理解他在灵感迸发之际发表的言论，需要经过一种特殊的转换、变形或阐释。

> [费希特宣称] 由于人们受教育的程度很一般，他们绝对理解不了我们的哲学理论，因为它谈论的对象不是为他们而存在；他们不具备一种特殊能力，让这个对象本身为这种能力而存在，因这种能力而存在。这就好像跟先天性的盲人谈话；这些盲人只能通过触觉来了解事物及其关系，可你却跟他们说颜色以及颜色之间的关系。

一般人理解不了它的原因在于，他们不具备那种特殊的、深刻的形而上的思辨能力，来参透这些宝贵的真理，在每一代人当中，只有极少数人能够掌握这些真理。费希特自认为是其中的一员。他对自由的本质的把握，得力于他对宇宙本质的这种特殊的深入探索。让我进一步对此进行解释。

许多西欧思想家主要关注的是，他们捍卫个体的自由以防其他个体的侵害。在他们看来，自由意味着不受干涉——这在本质上是一个消极概念。这样一来，它就成了那部伟大的经典论著——约翰·斯图尔特·密尔论自由的著作——的主题，直到今天，密尔的著作依然是对个体自由最诚挚、最雄辩和最有说服力的诉求。

这也是孔多塞所认为的自由。这就是那些提出革命标准以便解放个体的大部分法国反叛者心目中的自由，他们派出

军队，横扫欧洲，解放其他民族。他们有一个揣测：每一个个体都有某些爱好、某些愿望、某些癖好，他想按照某种方 55
式生活。当然，不可能完全让他这么干，因为，如果这样的话，人就会过多地干预其他人类相似的目的。但是必须给他营造出某种真空环境，他可以在这个空间之内实践他所谓合情合理的愿望。人们不应当批评这些愿望。每个人的目的都是他自身的目的；国家的任务就是防止冲突，充当某种交通警察和守夜人的角色，就像德国社会民主党人拉萨尔在19世纪末带着轻蔑的口气评论的那样；国家只是为了保证，人们在实现这些个人目的的过程中不发生太多的冲突，对于那些个人目的，他们本人是最高权威。自由意味着不受侵害，因此自由指的是人们互不侵犯。

卢梭把这一点说得很清楚，他说："事物的本性没有激怒我们，只有恶意才会激怒我们。"奴隶制意味着成为某一个人的奴隶，而不是为事物的本性所役使。当然，我们在使用"自由"这个词的时候，也使用了它的各种隐喻意义。我们说人们是奴隶时，不仅用的是这个词的字面意思，即《汤姆叔叔的小屋》中的汤姆叔叔是西蒙·莱格里的奴隶这种意义，而且还指一个人受他的嗜好的左右，沉溺于杯中之物，受到某种东西的迷惑。这种奴隶的意义，虽说应用广泛，然而只是一种比喻；显而易见，"奴隶"这个词，有一种更真实和更具体的意义，假如一个人被捆在树上或投进监牢，不管怎么颠倒黑白替他狡辩，都不能说他是自由的；然而，假如一个人对于许多事情只是无能为力，一般不能说他是奴隶。有许多事情我可能做不到，可我并没有因此而成为奴隶。我不可能长着翅膀飞上天，我计数计不到500万以上，我看不懂黑格尔的著作。有各种各样的事情我说自己做不到。但是，不能因为我看不懂黑格尔的著作，不能超过一
56 定的速度飞过天空，就说自己是奴隶。成为奴隶与无法做到某事是两回事：成为奴隶就是被阻止做某事，阻止他的不是事物的本性而是其他人。甚至社会主义论著中经常提到的经济奴隶制，也只是意味着，给那些不能使用权利的人提供权利是徒劳的；给那些一贫如洗和饿倒待毙的人提供购买食品和衣物的权利是徒劳的，他们没有钱买这些东西。这种观点通常被表述为，没有经济自由、只有政治自由是没有用的；不过，它背后却隐藏着这样一个假设：他们不能买这些东西，不是他们天生缺乏能力——正如一个残疾人因为残疾而无法长途跋涉一样——而是因为有人在阻挡他们。只要他人阻挡这种观念不存在，自由观念就不会出现。自由便是不受他人的介入，不受其他人的干涉。当他们偶然干涉的时候，缺乏自由可归因于运气不佳或管理不当；当他们故意干涉之时，它就被称为压迫。

这一切都可适用于西欧的思想家，在那里，最主要的问题是结束某些个体的专断统治，这些人自命为大多数人命运的主宰。不过，还有一种自由观念，这种自由观念在德国人当中盛极一时，现在我们必须将注意力转向这种观念。

显而易见，德国人对卢梭强调的恶意不那么担心，他们主要担心的是卢梭认为无关紧要的事物的本性。对于他们而言，自由似乎意味着不受宇宙的铁定的必然性的束缚——自由主要指不受外在世界严格规律的束缚，而不是不受邪恶或愚蠢之徒的束缚。

在某种程度上，这归因于德国人在 19 世纪面临的政治形势。在这一时期，德国人正蒙受法国黎塞留和路易十四在 17 世纪的胜利给他们造成的奇耻大辱；在三十年战争之后的 18 世纪，他们饱受政治分裂、经济衰败之苦，普通德国市民普遍蒙昧落后。还有一个真正重要的因素，那就是，德 57
国人绝对依赖君主的专断意志，这就让他们感觉到，无论与趾高气扬的法国人相比，还是与自由和骄傲的英国人相比，自己是宇宙当中一个比较卑微的公民。

对于这样的人来说，自由意味着什么？如果你生活在一个可悲的环境下，你首先想到的就是，你能做的事情几乎不存在。要么你没有物质手段；要么统治者不公正、残暴或愚蠢；要么有太多的天灾降临你头上；要么你在别的方面受到了局限：你落入了英雄无用武之地。自由这种想法一方面成了在实践上不可能实现的东西；另一方面成了一种强烈和受到热切追求的理想。

对于这种环境的一种特定反应在人类历史上经常出现，那就是说，“如果我得不到我想得到的东西，那么，也许抛弃这种想得到某种东西的想法本身，就可以让我的生活更加幸福。显而易见，苦思冥想该如何得到权贵或不利环境阻碍我得到的东西，是不会让我感到幸福的。不过，通过消除内心当中对这些事物的欲望，我就会心平气和，这种心境取代了对我想得到的事物的占有，它不逊于我可能在这条血泪谷中发现的东西”。

这正是斯多葛派和伊壁鸠鲁派为之做出论证的、古希腊城邦在其中衰落的那种精神状态。这正是公元 1 世纪的思想状态，是当时罗马的斯多葛派，实际上还有早期的基督徒，在鼓吹的大道理。事实上，这种思想状态在 18 世纪的德国人身上显得尤其生动。有许多东西是我想要的，但环境不允许我得到。那好，我必须保护自己以对抗这个外在的世界，
58 在某种程度上，我必须收缩容易受到这些灾祸侵袭的领域。我不会奋力向前积极争取自己得不到的东西，那只会招致失败和毁灭，我必须实行战略性撤退。我必须躲到暴君和厄运够不到的地方。如果我没有过多暴露自己，没有受这些不利因素的严重影响，或许我会更安全。

在一定程度上，这是不受侵扰的内心生活的学说得以产生的部分心理以及实际的社会原因。我试图将自我收缩到私人世界当中。我心中暗想：“暴君想剥夺我一切进步的机会，暴君想毁掉我的物质力量；那好，就让他们这么干吧——这些东西并不重要。他能拿什么，且让他拿好了；我要把这些东西从我身边抛开，因为它们对我来说没有价值。假如我不想保留它们，它们被拿走了，我也不会舍不得。”这就是向

内心堡垒的一次奇怪的和策略性的撤退。我心里想："如果我保持自己的精神，我内心的宁静；如果我使自己专注于内心的思想，如果我培育了内在理想，暴君的势力就达不到那片领地。如果我的身体处在他的权势之下，且让他去支配好了；如果他可能没收我的财产，那就由他去没收。我要看重他控制不到的东西——我内在的精神，我内在的自我。"这就是两个自我学说重新兴起的根源，这一学说植根于基督教和犹太教：精神的、内在的、非物质的永恒的灵魂，经验的、外在的、肉体的、物质性的自我。后者容易遭受各种厄运之害，它受制于人们无法逃避的物质世界的固定规律。

在 17 和 18 世纪的自然科学家以及 18 世纪的启蒙哲学家看来（按照他们的说法，人只不过是分子的集合，这些分子与自然界中其他物体相似），反抗自然是愚蠢之举，因为 59
我们无法改变宇宙的物质规律和物理特性，无论我们发现它多么具有压迫性。而且这样做也是没有出路的。

有两个敌人我必须避开。一个敌人是支配事物的无情的物质规律，另一个是邪恶小人的专断的意志力量（will power）、命运的无常变幻以及不幸的环境。我躲避它们的办法是，利用一种酸葡萄原理，我愿意把它说成是一种非常崇高的、非常宏大的酸葡萄原理。我说，假如我得不到这些东西，那我就不想得到它们。如果我泯灭我内心的欲望，那么即使没有得到满足，也不会让我感到恼恨。简言之，这种原理说的是，一个得到满足的欲望和一个被泯灭的欲望，结果竟是一回事。但这必然会产生许多悖论。如果一个人有40种欲望，而只有10种得到满足，或者说假如他只有两种欲望，而且都得到了满足，那么他在哪种情况下感到更幸福？如果自由意味着从心所欲，那么，一个想得少因而做得也少的人，与一个想得较多，然而做到的比想到的少得多的人相比，难道不更幸福，也就更自由吗？

卢梭还认为，一个真正自由的人“向往他能够做到的，做他所向往的事情”。如果我向往的东西很少，相应地，我从中受挫折的空间也较小。如果这种观点被推向极端，它几乎可以导致自杀性的结论——不折不扣的自杀式的结论。我的大腿疼痛。有两种治疗办法：一种是求医，另一种是截肢。暴君压迫我。有两种办法对付他：杀死暴君；或者是，使自己免受他的打击，不要去想他，他要什么就给什么，他肆意妄为的时候，可能从我手里抢走的东西，由它去好了，我根本不想保留。这基本上就是内在自我的原理，它不受外在自我可能招致的攻击或入侵——这个外在自我，我不再在
60 意，事实上它很可能掠过由物理定律和邪恶意志或无常命运所支配的空间。

在康德那里，这导致了某些非常重要的后果，这些后果对费希特以及所有德国浪漫派哲学家产生了深刻影响，从而在总体上对欧洲思想意识产生了深刻影响。这些思想意识中包含这样一种学说：世界上唯一有价值的东西，就是这种真正的内在的精神性自我的某种状态。幸福是我可能得到，也

可能得不到的东西：它不是由我说了算。它过多地取决于物质环境。因此，说人类的目标是幸福，注定使人永远遭受挫折和自我毁灭。真正的理想不能依靠受制于外在环境的东西；它必须依赖一种内在的理想，以及奉行这种内在的理想；它必须完成我真正的自我要求我去做的东西。真正的理想将遵守道德律令。如果这些律令是由某种外在的力量颁布的，那么我就不是自由的，因此我就是奴隶。但是，如果是我命令自己做这些事情的，那么，正如卢梭所言，我就不再是奴隶，因为我控制了自己；我的行为是自己做出的，这就是自由。康德的深刻观念体现在，重要的是，唯一对我们最有价值的东西是（有人用价值来指为了目的本身而追求的目的，而不是追求其他事物的手段），证明其他事物合理而不需要证明自身合理的目标，正是由于达到目标的缘故，我们做我们现在所做的事情，摒弃现在所摒弃的东西，正是为了达到目标的缘故，我们做出现在的行为，如果需要的话，我们会去死——这样一种神圣的、至高无上的原则，支配了我们的行为，它是我们给自己规定的。这就是为什么我们是自由的。因而，康德说，宇宙中最神圣的东西，唯一完全是善的东西，便是善良意志，也就是说自由的、道德的、精神的内在自我。

它本身就是神圣的，还有什么其他原因使它成为神圣的、有价值的东西？我的所作所为是为了实施我强加给自己的律令。功利主义者说，正确的行动目的是给许多人尽可能

多地带来幸福，当然，如果这就是目标的话，就很可能让人
61 类付出牺牲，甚至让无辜的人付出牺牲，以成全其余人的幸福。有人还会说，我必须做《圣经》或宗教或上帝命令我去做的，或是去做国王命令我去做的，或者做我自己渴望做的，或我的道德体系（我继承或习得而来，并对它居之不疑）所允许的、所放行的事情。

在康德看来，这是一种亵渎。在他看来，宇宙之中唯一具有终极价值的东西便是作为个体的人类。说某一件事物是有价值的，就是说它是人类的一个理想，康德补充说，它是有理性的造物——人类——命令自己去做的事情。人类能够为什么东西而做出牺牲？只会为比人类更高级、更有权威性、更有价值的东西。但是最有价值的莫过于人类信仰的原则，说一个东西有价值，就是说，它要么是某些人为了它自身的缘故而寻求、渴望的东西（他们是作为有理性的造物而产生渴望的），要么是为了得到这种东西而使用的手段。

康德的确大谈重视理性因素是如何重要（虽说他到底用理性来指什么，一直不太清楚，至少他的一些学生是这么认为的）；他认为，这样一来，所有有理性的人必然想做出同样普遍的行为。我在此不想追究他是对还是错：那样做会使我们离题太远。根据这种学说，说一个事物有价值就等于说它是内在自我的一个理想，这一内在自我绝不应当受到任何外力的影响，不应当受到任何外力的蹂躏、奴役、利用或毁灭。因此，康德为个体本身热情辩护。在他看来，正如在卢

梭看来（虽说康德在这个题目上比卢梭更加直白和激烈），最大的错误在于，取消了人类选择的可能性。最大的罪过是贬低或羞辱同属人类的其他人，对待其他人就好像他们不是 62
价值的创造者似的；因为宇宙中有价值的正是人们为了它们自身的缘故而尊崇的那些东西。欺骗某人，奴役他，利用别人作为实现自身目的的手段——这就是说，别人的目的不像我的目的那样有理性、那样神圣；这是虚假的，因为，说某事物是有价值的，就等于说，它是一种目的，任何有理性的人的目的。因此，根据这条充满激情的原理，我必须尊敬其他人，人类是宇宙当中唯一需要我绝对尊重的存在物，因为唯有他们才能创造价值，实现价值，唯有他们的活动的缘故，其他事情才值得去做，生命才值得存在，或者说，如果需要的话，才值得为之牺牲。

由此可进一步引申，道德与道德规则，不是像我在发现实际事物状态中所能发现的东西。整个 18 世纪——不仅 18 世纪，几乎整部哲学史，除了犹太人和基督徒的神学之外，都坚持认为，道德问题可以按照回答其他实际问题的方式来回答。事实上，我早就试图解释爱尔维修和他的朋友们到底是怎样鼓吹这一观点的。在康德看来，这并非完全正确，在他的继承人看来，这种观点越来越不正确。

为了发现我应当做什么，我只好倾听内在的声音。这个声音发出指令、训谕，鼓吹我必须遵守的理想。它指挥、命令并告诉我如何行事，如何发布康德所谓的绝对律令，这并不是说某件事情是实情。在外部世界寻找道德目标是徒劳无用的。道德目标不是事物；道德目标不是事物的状态，就像一棵正在成长的树一样；它们不是尤利乌斯·恺撒越过鲁比孔河这样的事实[1]。它们是命令或指令，而指令无所谓真假，不是凭观察就能发现的东西。指令可能有对有错，可能
63 有深有浅，可能是邪恶的也可能是正义的，它们可能容易理解也可能不易理解，但它们不描述任何实物。它们命令，它们吩咐，它们刺激。

这是欧洲意识史上一个重要阶段。道德不再被看作利用发现道德事实的特殊才能可以发现的事实的集合，就像从柏拉图以来直到当代许多哲学家所信以为真的那样；相反，道德是命令的结果，因而是不可能被发现的。它是被发明出来的，而不是被发现的；它是人为制造的，而不是找到的。在这方面，它接近于艺术创作。康德谈到客观的、普遍的，在某种意义上通过正确利用理性可以发现的准则，他当然没有得出那个准美学的结论，但他将我们引向那个方向。他信奉适用于所有人的普遍理性标准，但是他的论点——内在声音的语言——可能指向别的地方。当我们读到18、19世纪之交德国浪漫派时，这就变得更加明确了。当艺术家创作了一件艺术品，他做了什么？他顺从某种内在的冲动，他在表现

[1] 鲁比孔河（Rubicon），罗马共和国时代为山南高卢和意大利的界河。公元49年恺撒冲破不得越出所驻行省的法律，渡河宣告与罗马执政庞培决战。——译注

自己。他创作是为了回应内在的要求，他投射出自己的思想，他主要是在做事：以某种方式行事，按照某种模式来表现、制作某种东西。他不是在学习、发现、演绎、计算、思考。

就以前的思想家而言，你可以说，发现某些事物的真实性（例如，发现幸福是人的真正目标，或者发现幸福并不是值得人们追求的目标，生活具有物质特征或精神特征，或者其他什么东西），所采取的方式类似于牛顿发现宇宙遵循的物理学定律所使用的方式。但是，当艺术家创作某些作品的时候，他是在发现吗？一首歌曲，演唱之前，它在哪里？谱写之前，又在哪里？一幅图，画出来之前在哪里？尤其是，假如这幅画是非再现性的，正如音乐是非再现性的一样，艺术家在创作之前，他的创作意象又在哪里？艺术行为是一种 64
延续性活动，它是一个行为过程，证明它正确的依据是，它服从某种内在的冲动。这种服从是一种理想的实现，他正是为这种理想而活着，他为之献身，将其视为使命和天职。

记住下面这一点很重要：虽说康德没有得出这个结论，却为这种涉及伦理学的信条奠定了基础。它有两个核心因素。第一个因素是，道德是一种活动。法国的百科全书派和德国启蒙运动的重要人物都主张，我们首先在这类事情中发现真理，然后有效地利用我们的知识。不过，根据这种新观点，道德并非先理论后实践，它本身就是一种活动。第二种因素是，这就是人类自律的意义。人类的自律、人类的独立意味着，你并不是自己无法控制的某种力量的俘虏。我已经引用过卢梭的论断："事物的本性没有激怒我们，只有恶意才会激怒我们。"但是这些人对物的力量的恐惧超过对人的力量的恐惧。与自律相反的他律（heteronomy），意味着我不是独立的。我之所以不是独立的，乃是因为，我受制于激情，我受制于欲望、恐惧或希望，它们强迫我去做的事情，要是经过深思熟虑我可能不大想去做；做这类事情，我会后悔，我会忏悔，我说，假如我处于最佳状态，假如我是真正的我，我就不会做。他律意味着，你在某些方面屈从、受制于你无法控制的一些因素。自律正相反。自律意味着你只管做你现在做的事情，因为这是你的意志；你在行动，在主动行动，而不是被动受影响。

这个正在行动的"你"当然不是躯体，躯体受到各种可能出现的物理性病变和物理定律的影响；在自由领域里运动
65 的是别的东西。自律意味着成功地自动脱离敌对力量或盲目力量，或无论怎样我本人也无法负责的力量活动的领域，例如物理定律或暴君的奇思怪想活动的领域。自律，即真正的自由，向我本人发布命令，随心所欲行事的我服从这些命令。自由便是服从自己给自己下的指令。这就是卢梭的道德自由概念，而且它也是康德的自由概念。每一个人都是这样一种价值的来源，正因为这个原因，他应该得到其他人的尊敬。这就是为什么禁止收买别人、"贿赂"他们、塑造他们、改变他们，以客观原则的名义（即外在于——有效地独立于——人类意志的原则）向他们施加影响，像爱尔维修那样

以幸福的名义向他们施加影响。这就是为什么动机最重要。这项计划的实施不需要我负责，因为那是需要物理定律加以干预的事情。我不能去做自己无力控制的事情。“应该”暗示“能够”，假如你不能做，就不会有人告诉你应当做。因此，如果我有义务，如果存在道德，如果存在目的，如果存在我应当做的事以及我应当避免的事，它们一定存在于完全不受外界干预的某个领域。这就是为什么追求幸福不是我的义务，因为幸福不属于我的控制范围。我的义务只能是自己完全控制得了的东西，它不是成就而是企图——激励自己去做自认为正确的事情。只有在固守自己的内在自我方面，我才是自由的。

这种观点造成的某些后果，产生了很大的政治影响。第一个直接影响是一种清静无为的思想。如果一个人应当推动的只是他自身内在的、合乎道德的自我保护，如果唯一重要的是动机，如果一个人只需为他个人的人格正直负责，即，他应当诚实不欺，不管怎样他都不应当去欺诈，无论外部世界（经济和政治领域，易受外界因素干扰的、空间中物质性物体所在领域）发生什么事情，这些事情都不应侵犯道德活 66
动的领地。事实上，这就是费希特的早期想法。[1]

[1] 但是另一种思想逐渐笼罩了这原初的想法：人不是一个孤立的存在，人之为人乃是受到社会塑造的缘故。在这个地方，或许德国哲学家赫尔德对他产生了相当大的影响，关于赫尔德，我过会儿还会谈到。

费希特坚持认为，个体必须是绝对自由的，“我完全是自己的创造物”，他如是说：“我不因为我不得不接受而去接受自然为我提供的法则，我之所以相信它，是因为我愿意。”他说，重要的不是 das Gegebene［给定之物］（被给出的东西），而是 das Aufgegebene［受托之物］（强加给我的东西，我的义务，规定的东西，我的部分使命）。费希特宣布，这条规律不是来自事实领域，而是来自我们自身，来自纯粹、原初的自我，他说，它正在根据我的思想和目的，创造、塑造和形成外部世界中的事物，因为只有在那时候，我才是它们的主人，而它们必须为我服务。* 这样一来，就出现了浪漫主义观念：世界上最重要的东西是正直和奉献。

这种观念非常重要，因此我还要在它上面多花一点时间。在以前的各个时期——至少从柏拉图开始——受崇拜的、受仰慕的人是哲人。哲人就是知道如何去生活的人。有些人认为，哲人接触上帝，上帝告诉他该怎么做，告诉他真理为何物。有些人则认为，哲人就是那些搞科学实验的人——帕拉塞尔苏斯或浮士德博士，还有借助于非经验性调查手段、借助某种直觉式把握、借助一种特殊的洞察力发现这些事物的人。道德类似于其他知识形式，它是一个发现某
67 些真理的过程；最重要的是力争知晓这些真理。如果你本人无法参透这些真理，你可以请教专家；成为专家是一件让

* “*”号在本章的意义，请参见下文第 275 页。

人羡慕的事。先知、预言家、科学家、哲学家或随便什么专家，是令人景仰的人，因为他属于那种知道如何行事的人，因为他知道世界的真实面目。化学家有一天可能会点铁成金，或者发现长生不老药。政治专家懂得治国，因为他懂得人类和社会的心理和生理机能，他对于宇宙的整个构成有着充分的认识，因此他能够朝这个方向调整他的技艺。受人羡慕和景仰的是那种能够正确地理解事物的人、能够发现正确答案的人、有知识的人。

经常出现这样的情况：根据你掌握的知识，为了达到你想达到的目标，你不仅必须为它们而生，而且必须为它们而死。基督教的圣徒们死了，但他们为真理而死。他们之所以死，乃是因为，他们想以自身为榜样和证据，证明上帝赐给他们本人或他们所信任的人的那些真理、知识和智慧。但是，纯粹的自我牺牲行为、为自己的信念而死的行为本身，纯粹为了某种内心理想而牺牲自己的行为（因为它是你的而不是别人的理想）却不值得羡慕。如果有一个穆斯林，他非常勇敢，为自己的信仰而死，你不会向他的尸体吐口水，你不会嘲笑他。你敬佩他的勇敢和决心；你会认为，这么勇敢的一个人，也许他天生就是这么好的人，却为这么荒唐的一套信念而死去，真是莫大的遗憾。但是，你不会因为他献身于那些信仰而敬佩他。

到了 19 世纪初，这一切都已发生改变。我们发现，受敬佩的是理想主义本身。不过，理想主义意味着什么？理想

主义者就是摒弃了一切可能吸引卑劣天性的东西——财富、权力、成功、名誉——的人，他这么做是为了内心的理想，
68 是为了创造出他的内在自我规定的东西。这就是德国浪漫主义的理想英雄，也是它的追随者（卡莱尔、米什莱还有俄国青年激进分子）的理想英雄。19 世纪的伟大艺术家贝多芬，对欧洲人的想象力产生了难以磨灭的影响。贝多芬被想象为穷困潦倒、不修边幅、不被看重、粗鲁无礼、面貌丑陋的人；他已经摒弃了这个世界，他不会拥有这个世界一丁点儿的财富，虽说报酬就摆在他面前，还是被他拒绝了。他拒绝是为了实现自己的抱负，是为了服务内心的幻想，是为了表现那些需要表现的东西。一个人最大的败笔是“出卖”、背叛理想。这种行为本身就是可鄙的，因为，唯一能够使生活有意义（回到康德）的东西，唯一能够让价值成其为价值的东西，唯一能够判断对错的东西，唯一能够证明行为正确的东西，就是这种内心的幻想。

这种态度在 19 世纪初达到顶峰，与这种态度相关的是，询问这些人所追求的是真的还是假的，已经不再具有重要意义。[1] 你敬佩的是那些与生活抗争的人，他们不顾艰难险阻，奋力反抗，也不问一问自己，这样做的结果会是胜利还是死亡；他们属于那种执着一念、勇往直前的人。备受青睐

[1] 康德谈到了理性，还提供某些标准，以确定假的道德律令和真的道德律令之间的区别。但是，到了 19 世纪，这种区分已不再有效。

的形象是路德的形象：他站在那里，一动不动，因为他在躬行自己的内在理想。这就是正直、忠诚、自我实现、自我指导的意义之所在，这就是作为一名艺术家、一名英雄、一名哲人甚至一个好人的意义之所在。

这种看法很新鲜。假如莫扎特和海顿得知，他们之所以受重视，乃是因为他们的内在精神冲动，他们会大为震惊； 69
他们是创作出美妙音乐作品的艺术家，这些作品之所以受主顾约请和听众景仰，是因为乐曲美妙。他们是创制事物的能工巧匠：他们不是传教士，他们不是先知，他们是供应者。有人提供桌子，有人供应交响乐；如果交响乐是优秀作品，假如它们还是天才之作，那么它们的作者就会受到景仰，而且应当受到景仰。

到了19世纪，艺术家成了英雄人物，反抗成为他生活中的主要行动。反抗权贵、富人、奸邪之辈、市侩庸人（如果需要的话——卢梭早年猛烈抨击的就是这些人，步他后尘的卡莱尔、尼采和D. H. 劳伦斯也是如此），还反抗枯燥乏味、吹毛求疵和心胸狭窄的知识分子。你反抗是为了坚持自己的意见，说出自己的话，保持一份自主，以免受到并非由你本人的内在自我产生的事物或环境的支配、引导和限制。

只要在艺术家的圈子里，这便是一个高贵的理想，至今没有人公然唾弃它；事实上，当前的道德意识在很大程度上受到了这些浪漫派观念的塑造，根据这些观念，我们敬佩理想主义者和正直之士，无论我们赞同他们的理想与否，有时我们甚至认为他们很愚蠢，按照 18 世纪以及从前的标准，他们不会受到景仰，会被认为可爱但很傻。不过，它还有比较消极的一面。现在道德成了人为的发明，而不是发现；道德不再是一套命题，对应于我们在自然中发现的某些事实。实际上，自然与它毫无关系；对于康德而言，对于费希特而言，自然只是一堆死物，你可以在上面强加自己的意志。实际上，我们已经背离了模仿自然、顺应自然（naturam sequi——师法自然）的观念。相反，现在你可以塑造自然，
70 你可以改变自然；自然是一种挑战，自然干脆是一堆原材料。假如出现了这种情况，假如道德包括你的自我投射，就会出现这样的结果，政治活动也是一种自我投射。拿破仑把自己的个性投向整个欧洲的版图，他塑造了法国人、德国人、意大利人、俄国人的观念，就像作曲家调节音响、画家调和颜色一样——拿破仑是道德的最高表现。[1] 因为他在表现自己的个性，他在坚持自己的主张，他正在实施那种不断地驱动自己的内在理想。

在这一点上，费希特的观念出现了重大飞跃——从孤立的个体飞跃到作为真正的主体或自我的群体。这一切究竟是怎样发生的呢？

我想做事而没有人能够阻止我，只有在这时候，我才是

[1] 虽说费希特并不这么认为，他尤其痛恨拿破仑，因为此人是伪艺术家，与精神价值格格不入。

自由的，而且只有当发挥作用的是我的内在自我，而我不受别的东西影响的时候，我才这么做。* 自我是一种精神，但它不是孤立的精神，正是在这里，费希特开始走上引向这类独特结论的道路，这条道路导致如下观念：自我根本不是个体的人类，个体与社会有关，或许自我，即人类的自我，的确不仅是历史和传统的产物，而且通过柏克所说的千丝万缕、牢不可破的精神环节与其他人密切联系起来，自我只是作为整体模式的组成部分而存在，它是这个整体模式的构成元素。如此一来，假如说自我是在某年出生、过着某种生活、处于某种物质环境之下、在某一日期死于某地的一个经验性的个体，这是欺人之谈。费希特开始倾向一种神学式的自我观；他说，真正的、自由的自我不是包裹在身体之内而且处在一定的时间和地点之内的经验性自我，* 它是所有人共有的一个自我，它是一个超级自我，它是一个较大的、神圣的自我，费希特现在逐渐开始把它与自然、上帝、历史、 71
民族相等同。[1]

费希特从孤立的个体观念出发，孤立的个体实现自然或暴君无法企及的某种内在的理想，费希特逐渐采取了这样一

[1] 有一个独特的、特殊的形而上的洞察过程，在每一代人中间，只有得到上帝垂青的人（尤其是费希特本人）才能利用它发现人的义务、我心中的自由自我、暴君所够不到的自我、本身是自由的自我。在费希特看来，经历这一过程与古代神秘主义者、先知和预言家所经历的过程相似，他们本人感觉，有某种比他们本人还要强大的东西，比他们的肉体自我远为强大，比他们的经验自我远为强大，他们相信存在某种无比强大的力量：上帝、自然、真正的自我。

种思想，即，个体本身什么也不是，人离开社会什么也不是，人离开群体什么也不是，人几乎不存在。他开始怀疑，个体不存在，个体一定消失了。只有群体（Gattung）存在，只有它才是真实的。

它在一开始是非常幼稚的。个体的人必须尽力回报社会，他必须在人群中就位，他必须在某一方面力求促进其他人的地位，他们已经替他做了很多了。费希特说：“人只有在其他人中间才能成其为人。”他还说：“人注定要在社会中生活；如果他离群索居，他就不是一个完整的人，他就会与自己的天性发生矛盾。”*

费希特逐渐相信这类看法。不过他更进了一步。费希特完全成熟时期的哲学中的真正自我，不是你，不是我，也不是任何特定的个体，也不是由个体组成的任何特定群体。它是所有人共有的东西；它是一个拟人化的体现原则，这个原则就像泛神论的神性一样，通过明确的中心、通过我、通过你、通过其他人来表现自己。它在世界上体现为真正的社会，社会通常被视为一些人的集合，有一股超自然的力量将人们紧密联系起来，就像一个大火源散发出许多小火苗一
72 样。在意识到道德命令的过程中，每一个小火苗都以大火源为中心，那些道德命令是它内在自我的驱动、如火的奋斗。这是一种神学性质的学说，显然，费希特在这种意义上是一名神学家，黑格尔也是，假如说他们是世俗思想家，这绝非善意。他们深受基督教传统的影响，在有些人看来，他们是

这个传统中的异端。即使他们不是神学家，他们也要比当前所谓的哲学更有神学味道。

就这样，费希特逐渐从群体转向如下观念，即，真正的人、真正的个体，他的自主行为是历史上道德行进的过程——将道德命令强加给柔韧、灵活的天性——即使在自我意识最强的时候，这个个体也不能算作单个人的存在，而是一种集体性：种族、民族、人类。这就是他于1807至1808年间在柏林向德意志民族发表的一系列著名演讲的主要内容，当时拿破仑的部队占领该城，他在演讲中呼吁德国人起来反抗。我从他的演讲中引用一段话，以证明他头脑中的看法以及他究竟走了多远，费希特正在谈德国的特性，他说世界上有两种特性：

> 你是信仰人本身的绝对第一位的和本原的东西，信仰自由，信仰我们类族的无限改善和永恒进步呢，还是对这一切都不信仰，而以为自己的确能清楚地认识和理解到发生了与这一切恰好相反的东西？所有那些在生活中富于创造性的精神和能产生新东西的人，或者所有那些即便不能如此，也至少坚决不做无意义的事情，而留意本原生活之流是否会在什么地方感召自己的人，或者所有那些即使没有达到如此高的程度，也至少猜想到自由，不憎恨或不害怕自由，而喜爱它的人——所有这些人都是具有本原精神的人，当他们被视为一个民族的时

73 候，他们就是一个本原民族，一个单纯的民族，即德意志人。而所有致力于成为第二位的、派生的东西的人，所有清楚地知道和理解自己是这种东西的人，事实上都是第二位的和派生的，而且由于他们的这种信仰将变得愈来愈如此，他们也就是这样一种生活的附属物，这种生活受自己的冲动的驱使，在他们面前或他们身旁振奋起来；他们是一个已经沉寂的声音从岩石发出的反响，当他们被当作一个民族看待时，他们就处在本原民族之外，对后者来说他们是异族人、外国人。但在迄今依然称自己为纯粹民族或德意志人的那种民族里，本原东西在现代，至少一直到现在，都袒露出来，表现出创造新事物的力量。如今在这个民族面前，终于借助一种自身变得清晰的哲学，摆放了一面镜子，在这面镜子里它可以用清楚的概念认识到，它迄今在没有清醒意识的情况下，通过自然力量变成了什么，它为何是由自然力量规定的；于是它就受到请求，要它按照这种清晰的概念，采取审慎、自由的方式，完整地使自己成为它应当成为的东西，复兴它的纽带，封锁它的范围。它必须封锁它的范围的原理已摆在它的面前，这就是：谁信仰精神东西，信仰这种精神东西的自由，并希望靠自由使这种精神东西永远得到发展，谁不论生在何方，说何种语言，都是我们的类族，他属于我们，并将站在我们这边。

谁信仰停滞不前，信仰倒退，信仰那种轮回，或是

> 把一种僵死的自然力量提升为统治世界的舵手，谁不管生在何方，说何种语言，都是非德意志的，是与我们格格不入的；可以期望，他会完全与我们分离。[1]

大赞歌开始了，大民族沙文主义开始狂呼乱叫，个体的自决（self-determination）现在变成集体的自我实现，民族变成了由统一的意志组成的共同体，它在追逐道德的真理。但是，假如这个民族没有准神似的强人的领导，得不到他的启迪，这个集体的前进队伍就会失去方向。费希特说："我们 74
需要的是一位领袖；我们需要的是一位塑造我们的人。""到这里来！"他突然大声呼喊，"Zwingherr zur Deutschheit [强迫我们信奉德意志精神的人]。我们当然希望我们的君主将行使这一职事，可是，无论他是谁，我们都必须等待，直到他到来塑造我们，直到他到来造就我们。"

简言之，我们兜了一圈又回到原处。一开始我们持有自主的个人这种观念，急于不受别人的影响，向往一种绝对自由的生活，只服从它内在意识的内在活动，只服从它内在良知的内在活动。现在我们说了，生活是艺术，生活是一个塑造过程，生活是一个所谓"有机"过程的创造 *——自我创

[1] 中译文见费希特：《对德意志民族的演讲》，梁志学、沈真、李理译，辽宁教育出版社，2003 年版，第 104 页。正如本书编者在参考文献中所说，伯林的引文与费希特原文略有出入。——译注

造。有优等的存在物，也有低等的存在物，正如在我的内部既有高尚的天性也有低俗的天性一样，在危急关头，我能够上升到很高的高度，粉碎我的激情和欲望，以提高我自己的原则的名义，做出自我牺牲的英雄行为；正如他所说，这就会使我们卷入生活的洪流之中。如果我能够抑制住我心中低俗的东西。那么，领袖或整个种族就能抑制住他们心中低俗的东西，正如精神抑制邪恶的肉体一样。

最后，这里就有了个体与民族之间那个著名的和重大的类比，这个摆脱了神学意象，而且被柏克和卢梭世俗化的有机暗喻，在费希特的观念中很有势力。费希特将合成与整体做了一番对比，前者是纯粹的人为组合，后者是整个的民族，它是有机的、单一的、整体性的，更高级的原则从中发挥支配作用，这个更高级的原则可能表现为一个伟大的民族或历史。* 这股力量最伟大的代表是一位神性十足的征服者或领导人，他的任务是利用他的民族，就像艺术家演奏乐器一样，把它调弄成一个单一的有机整体，就像画家、雕塑家
75 调理他的材料一样，就像作曲家创作出音响的模式一样。

至于自由、个体的自由和个体的良知，对与错，无论它们是客观的发现，还是人为的发明，现在变成什么样子了？我们先前提到的、英法作家所捍卫的个体自由现在变成什么样子了？至少在一定的限度之内，每一种随心所欲去生活的自由、随心所欲浪费时间的自由、以自己的做法上床睡觉的自由、仅仅因为自由本身是一种神圣价值从而为所欲为的自

由，现在变成什么样子了？康德在个体的自由中发现了一种神圣的价值，在费希特看来，个体的自由已成为超个人的东西所做的某种选择。它选择了我，我并没有选择它，默认它是一种特权、一种义务、一种自我提高，是一种自我超越式地提高到更高层次上的行为。自由，还有广义上的道德，自动地顺从超级自我（动态的和谐宇宙）。我们回过头来支持自由是服从这种观点。

费希特本人的思考主要根据的是某种超验的、理想主义的意志力量，相对而言，这种意志力量与实际尘世生活几乎没有关系，只是在他行将就木之际，他才看到按照这些超验的愿望塑造世俗生活的可能性。但是他的追随者们将它变成了世俗色彩更浓厚的说法。从强调理性转移到强调意志，产生了如下自由观念：它不是不干涉的观念，不是允许每一个人自由选择的观念，而是自我表现的观念，将你自身强加于介质之上的观念，清除你自己的障碍的观念。只有通过征服障碍才能清除障碍：在数学中，通过理解；在物质生活中，通过攫取；在政治中，通过征服。这就是以下观念的核心，这种观念认为，一个自由的民族是一个获胜的民族，自由即是力量，征服和自由是一回事儿。

为了说明这种观念所指引的方向，请允许我引用一个非常敏锐的观察者、德国诗人海因里希·海涅的话，当时他正在巴黎。他在 1834 年写过一些东西，试图警告法国人，不要轻视观念的力量： 76

> 观念试图变为行动，词语想变为有血有肉的现实，哦，人……只好表达他的观念，也借以形成自身……这个世界只是词语的外在显现。
>
> 注意到这一点，你们这些骄傲的行动家只不过是思想家的不自觉的工具而已，那些不动声色的思想家通常已经给你们制订好大部分固定的行动计划。马克西米利安·罗伯斯庇尔只不过是让-雅克·卢梭的手，这只沾满鲜血的手从时间的子宫中拽出了卢梭早已设计好的灵魂的躯体……康德的著作《纯粹理性批判》……是斩断自然神论头颅的一把利剑……

美国哲学家乔塞亚·罗伊斯曾经非常精彩地诠释了费希特的观念："世界是……内在的生活所梦想出来的诗歌。"所以说，如果我们的精神不相同，我们的世界也确实不相同。作曲家、银行家、抢劫者的确创造了他们各自的世界。不管他想到这一点与否，海涅在这种态度面前真正感到了恐怖，他真正看到了即将到来的劫数："康德主义者将要露面，在这个纯粹现象的世界里，他们从不认为有什么东西是神圣的，他们手持快刀利斧，残忍地砍断我们欧洲生活的根基，将过去连根拔掉。全副武装的费希特主义者将会回来，他们身上的那股疯狂的意志没有沾上丝毫的恐惧或自私自利。"这些人，这些泛神论者将毫无顾虑地为他们的原则去战斗，因为这些原则是绝对的，他们所遇到的危险在他们看来纯粹是幻觉。自然哲学家将自己等同于自然力的力量，这些力量总是破坏性的。雷神托尔将挥动他的大锤子，砸碎哥特大教堂。基督教是唯一能够遏制住使用赤裸裸暴力的古代日耳曼野蛮行径的力量；一旦那个护身符坏了，可怕的大灾难就要降临。[他对法国人说：]“不要试图压制或彻底熄灭这团火焰，这样做只会烧伤你的手指。”总之，不要嘲笑多梦的诗 77
人和他对革命的种种设计。

> 观念先于行动，正如闪电先于雷鸣。德国的雷鸣是德国式的，它不是匆忙而至，它在低沉的轰隆声中缓慢到来；但它最终会到来，一旦你听到它轰轰的响声，在世界历史上还从未有什么东西这样响过，你就应该知道，德国的雷电已经击中目标。这个声音一响，老鹰的尸体就会从天而降，最遥远的非洲沙漠里的狮子……去找最安全的地方藏身。一场大戏将在德国上演，相形之下，法国大革命只不过是一首平和宁静的田园诗。

他警告法国人不要为这场即将在德国开始的大型角斗表演鼓掌。他说：“对于你们来说，被解放的德国人要比率领哥萨克骑兵和克罗地亚骑兵的整个神圣同盟危险得多。因为我们德国人什么也没有忘。”战争的借口一定找得到。法国人得到警告，首先不要解除武装。记住，他对他们说，在奥林匹斯山上，“在那些欣享琼浆玉液、仙果珍馐的裸体诸神当中，唯有一位女神在这种欢乐平和的气氛中顶盔挂甲，手执长矛，她，便是智慧女神”。

这个预言注定会应验。因为历史上的许多行动而责备某一位思想家，某一位哲学家，是没有道理的。不过，要去回顾康德的极端自由主义和费希特的自由观念之间有一条直接的界限，而且是一条非常令人奇怪的界限，似乎有些多余。康德尊重人性以及它的神圣权利，费希特把自由等同于自我肯定（self-assertion），等同于将你的意志强加给他人，等同于消除你愿望的障碍，最后等同于一个获胜的民族阔步前行去实现它的命运，以回应超验理性向它提出的内在要求，在超验理性面前，所有物质性的东西一定瓦解。实际上我们
78 已经与英法的自由观念相距甚远，英法的自由观念允许每一个人都可以有他的圈子，在那个小小的，但必不可少的空间内，他可以为所欲为，作恶或者行善，为了选择而选择，在这个空间里，选择的价值本身被认为是神圣的。

在 19 世纪之初，有两种自由观念遍布欧洲；问哪一个是真的，哪一个是假的，是一个浅薄的、无法回答的问题。它们体现了两种不可调和的生活观，自由的和专制的，开放的和封闭的；在这两种生活观里，“自由”这个词已经成为一个货真价实的核心象征。这一事实既引人注目，同时也是
79 不祥之兆。

黑格尔

在我探讨的这个时期萌生的各种观念当中，黑格尔的体系或许对当代观念影响最大。它是一套庞杂的神学体系，同其他许多神学一样，它具有巨大的启迪力量，还有巨大的、遮蔽它所接触的东西的力量。它既倾泻光明，又倾泻黑暗——也许它倾泻的黑暗多于光明，不过在这一点上，不会有共识。不管怎么说，它就像一片黑森林，偶尔步入其中的人，很少回来告诉我们在那的所见所闻。或者，即使他们告诉我们，就像迷恋瓦格纳音乐的那些人，他们的耳朵愿意听见的声音，完全不同于他们过去常常谛听的比较古旧、质朴和高贵的和声。结果，通过这个体系在他们中间生发的新术语，并不总是能够轻松地理解他们真正看到的东西。

有一件事是肯定的。黑格尔的追随者们宣称，先前他们从外部看待事物，而现在他们从内部看待事物。他们先前看到的只是外表、外壳，而现在看到的是内在本质、内在目的；事物趋向的本质性目的。他们具有一种对立于“外部”视域的“内部”视域，这种内外差异是理解整个黑格尔体系的关键。

当我们观察物质对象——桌子、椅子、树木、石头——之时，我们看到的只是形形色色的客体以及这些客体之间的
80 运动，我们能够描述它们，给它们分门别类，并且把我们的分类简练地归结为一般的公式，我们可以运用这些公式来描述和预言它们的运动，也许还可以讲述它们的过去。当有人问，为什么事情会像这个样子，“为什么”这个词有两种意

义。在一种意义上，自然科学确实回答了这个问题。假如我说："为什么桌子不往天上飞，而是大都停留在地上？"别人就会给我讲述有关分子及其关系的许多物理事实，我就会了解作用于这些分子的物理学定律的一些知识。然而，这等于是向我提供相似物体特征的一般定律。牛顿和伽利略的天才表现在，在他们的手里，我给物体行为归类所依据的公式的数量被减少到最低限度，这样一来，我就尽可能地简便行事。

不过，假如我问的是一个完全不同的问题，那该会怎样。假如我说："我完全理解你对我说的话；你描述的是这张桌子的运动；例如，你告诉我它不往天上飞，只待在地上，因为它是基本符合重力定律的一类实体。但我想知道的是别的东西：我想知道它为什么这样做，就像我问它的行为的意义，或者它的行为目的。为什么要像这样安排这个世界：桌子不往天上飞，为什么树可以生长，而桌子则不可以？"这几个"为什么"，无法通过描述事物发生过程来回答，甚至也不能通过我借以确定分子的位置和运动的确凿有力的定律来回答。我想知道事物为什么发生，这个为什么就像以下问题中的"为什么"一样："为什么这个人去打另一个人？"在这种情况下，你不能只回答，"因为某些分子按照一定的方式运动，影响到他的血流，逐渐作用于他的肌肉，他就能够举起胳膊"，如此等等。在某种意义上，这么 81
说是正确的，你也可以这么说，然而，它并不是我提出的那个问题的答案。假如你这样回答，可能会更切题：他之所以打人，是因为发怒，或者是为了达到某种目的。他这么干是为了报仇，他打人是为了给对方制造痛苦，从而获得满足。显然，虽说我们可以就人来提出那种问题，却不太可能就动物来提问，更不太可能（例如）就树来提问，就物质性客体或宇宙中无生命的实体提出那种问题，毫无意义可言。

按照伟大的德国浪漫派哲学家的说法，18 世纪科学、在某种程度上还有 17 世纪的科学或者它们的哲学阐释者，其罪过在于将这两种解释混为一谈；他们说只有一种解释，也就是说只有那种适用于物质性客体的解释；在提出“为什么”这个问题时，我们只想询问事实。我们问的是：“发生了什么？为什么会发生？发生之后会引起什么反应？发生的前后情况如何？”我们问的不是：“它追求什么目的？什么目标？它为什么这么做？”就像我问“为什么某人做某事”这个问题一样。这就是笛卡尔说历史不是一门科学的原因——因为不存在适用于历史的普遍规律。整个历史过程纷繁多变，差异远远多于相似，将这么不稳定的题材集合起来，是做不到的，这些题材鲜为人知，里面很难说有重复现象，几乎不存在能够用少数有效的公式来解释的一致性。因此，他最终只认为历史是小道消息、游记的集合，不配享有
82 科学的称号。17 世纪科学家的普遍理想确实不是过于关注那些无法利用简明和系统的方法处理的东西，而系统的方法就是自然科学的方法。

18世纪末19世纪初取得的一个重大进步就是修正这一观念。或许这还不是最终结论，或许“为什么”这个问题本身比它的答案更有意思。例如，当维柯（18世纪初的意大利思想家，虽说此人是一位很有胆识和原创性的天才人物，却遭到不应有的忽视）开始论述历史的时候，他说，像看待桌子、椅子和树木这类物体那样去看待人，是很荒唐的；他说，在某种意义上，我们对人的了解比对自然物体的了解更多；他还说，自然科学的全部声誉建立在一个错误的基础上。就桌子和石头而言，我们只能说一说它们给我们的印象，以及它们的构成成分，它们以前的情况以及它们未来的状态，与它们直接相关的事物——我们只需把它们放在一个由时间、空间和数量构成的宇宙物质清单里。可是对待历史比这复杂得多。如果有人问我们，尤利乌斯·恺撒的所作所为出于何因，我们不能只从外形上描述他的身体和动作。我们往往谈论他的动机。我们无法探讨桌子和椅子的动机，即便假设我们认为它们很可能有这类动机，因为我们不知道桌子椅子的内在属性，只了解它们的外观。可是，按照维柯的说法，借助于一种想象洞察力，我们对恺撒的了解要比这多得多。通过与我们自己相比较，我们知道，他具有意志、情感、感受，简言之，他是人。我们可以谈论历史人物，就像我们谈论自己一样，不光解释他们的所作所为，还解释他们的目的，他们的目标，他们的“内在感受”。正是这种内外差别变得十分重要。 83

同样，18 世纪德国的形而上学家赫尔德认为，如果我们去描述一个民族的生活，自然要问："属于这个民族应该有什么特点？"接下来自然要问："'属于'这个词到底是什么意思？"如果我说"某某是德国人"，不仅要说他出生于某个国家、某一气候带、他的出生日期，以及他与其他也被称为德国人的那些人所具有的某些生理上或体质上的共同点。当我说他"属于"他们中的一员，甚至当我说他"感觉他属于"他们中的一员之时，即他"感觉自己是一名德国人"时，这就意味着，他至少喜欢别的德国人喜欢的东西，喜欢德国歌曲，喜欢德国人的饮食，喜欢他们的生活方式，喜欢他们制定法律的方式，以及他们系鞋带的方法。感觉自己是德国人就是与别的德国人有某种关系，对于外在行为进行的纯粹物质性或有形的描写，就像行为主义者对它的记录那样，是说不清这种关系的。我说某人是德国人，他一听到德国歌曲就精神振奋，一看到德国国旗飘扬就心潮澎湃，这时候，对"德国歌曲"这个词就不可以单纯以物质的或科学的、物理的方式加以分析。一首德国歌曲之所以成为德国歌曲，乃是因为，它是由带有一定目的的某些人按照某种方式谱写的；我不会说，歌曲本身就一定"具有某种风味"，但我会说，它肯定具有某种表现力；它一定源于或表现了某种特征、观点、生活态度。一首歌曲表现出的这种生活态度，这种特定的特征，也将在更大的和更经久的制度中表现出来——通过德国的立法制度、政治制度，他们的待人接物、他们的语音、他们书法的形态以及他们的所作所为和所感表现出来。

是什么样的共同属性使一个民族成为德国人？按照赫尔德的观点，它属于某一单个的群体。“单个的”是什么意 84
思？赫尔德的主要观点是，当你探讨目的之时，你不需要而且不应该限于探讨个体的目的。当你询问，为什么某人要做这或做那之时，你通常在心理学意义上给出了答案——“因为他想这么做”，“因为他打算这么去做”。但你也可能就某些非个人的实体发问。你可能说：“为什么德国人用哥特体书写，而法国人不用？”对于这种“为什么”的回答很像我对如下问题的回答：“为什么有人吃饭用勺子，而有人用手指？”这种回答不同于我对以下这个问题的反应：“为什么这些分子具有这种效果，而其他分子的效果完全不同？”

这意味着我们开始触及非个人的或超个人的或集体的目的观念。当然这就是一个神话的开始，不过它是一种出于权宜之计的神话，因为除此之外，我们不知道该如何谈论群体和社会。当我们说一个民族自有其天才的时候——葡萄牙人的天才完全不同于中国人的天才——我们的意思不是说，每一个普通葡萄牙人都是天才人物，他不同于特定的中国天才人物。我们是想说，葡萄牙人造船的方式、表达观点的方式，有一些共同的东西，有一种贯穿万事万物的家族相似性或家族面貌，这种东西不同于中国人之间的那种相似性；这种家族面貌，对其内容进行分析，我们称其为历史的解释。

当有人说："为什么有人这么写？"我们认为答案是，因为他属于葡萄牙语家族，因为他是住在巴西或葡萄牙或果阿地区的特定群体中的一员，这些人具有特定的看法，具有某些价值观，他们感觉自己对于某些体验很熟悉，但觉得其他体验完全陌生。这就是对"为什么"这个问题的答案，它完
85 全不同于科学提供的答案，这就是维柯和赫尔德所处理的问题。这正是黑格尔试图概括的，他的看法是，宇宙所有的问题都可以根据"为什么"这个"比较深刻的"意义来回答。

他系统地阐述了这个观点，宇宙实际上是世界精神的自我发展。世界精神类似于个体的精神，只不过它涵盖和等同于整个宇宙。如果你能够将宇宙想象成一种有灵魂的实体，在具有灵魂方面，它大致与拥有灵魂、意图、目的、意志的个体相同，只不过它的意义无疑要更大一些，那么，你就可以问："事情为什么会这样发生？"它们这样发生，乃是因为，它们是一个具有目的、意图和方向的庞大精神运动的一部分，就像人类具有目的、意图和方向一样。我们是怎么认识那个方向的呢？因为我们是它的一部分。因为每一个个体都是一个无限整体的有限元素，而无限的整体，就集体而言，具有某种目的和某种方向性。

但是，你可能要问，这么说证据何在？当然，黑格尔并没有提供所谓经验的或科学的证据。最终它成为一个形而上学的洞见或一种信仰行为。黑格尔声称，如果他所说的并非如此，那么，就会有太多的"残酷"事实。你会问，石头为

什么会是石头，植物何以成为植物，答案将是："按照你对'为什么'这个词的理解，即，如果你在问是谁想让它们成为这个样子的，那我们就无法回答这个问题。"维柯已经说过，只有事物的制造者才能真正理解事物的本质。小说家理解他笔下人物的一切；没有他不知道的东西，因为他制造了它们。就这种理解的意义而言，只有上帝能够理解宇宙，因为他创造了宇宙，我们只能理解我们创造的那些有限的事物。钟表制造人理解钟表，就像小说家理解他的人物一样。 86

但现在你可能会问："其他人怎么样？难道我们理解不了他们吗？"显然有这样一种认识，当他们与我们交谈，或者当他们表现出喜怒哀乐，当他们看似忧郁或沮丧或高兴或愉快或凶猛时，我们能够理解他们的心理状态，这与我们对石头和桌子的理解不同。我们不会去探究桌子的想法或目的。简言之，我们并不认为桌子"处于"什么心理状态；桌子就是桌子。"桌子处于什么（心理）状态？"这个问题似乎有些荒谬，因为它似乎将桌子看作一个有生命的实体；这么说似乎赋予它以感觉力，事实上我们怀疑它没有感觉力。但是我们能够就人类的感觉力提问。黑格尔，还有浪漫派，一般都认为，这是因为，在某种意义上，我们参与了这种普遍的"精神"过程，所有人都是这个"精神"过程确定的中心，而且我们对人的本质具有一种形而上的领悟——这是准通灵术的洞察力，因为我们本身就是人。因此，历史只不过是人类经验的记录。桌子和椅子没有历史，因为它们没有经验。历史讲述的是人类创造、人类想象、人类意志和意图、情感、目的、人类的一切行为和感觉，而不是施加给人类的东西。人类历史是我们通过感觉、思考，以某种方式活动而创造出来的，通过创造历史，我们能够理解历史，这就是为什么，理解历史是一种“内部”观点，而我们理解桌子和椅子则是一种“外部”观点。[1]

既然如此，黑格尔就可以说，由于整个宇宙是一个巨大的、有感觉的整体，我们能够理解它的每一个部分正在做什
87 么，只要我们有足够明晰的形而上的洞察力，例如，头脑最聪明、才智最敏锐的那些人所具有的洞察力。假如情况不是这样的话，那么，只存在根本无法解释的“纯粹”事实。假如我问：“为什么这块石头躺在地上，而那块石头从天而降？”我只能回答说，就石头提出那种“为什么”，是得不到答案的；情况就是这样，这是一个残酷事实。不过，在黑格尔以及思路与他相同的所有形而上学家看来，这个残酷事实是对理性的冒犯。我们不能“接受”残酷的事实，因为它们无法解释，它们的存在是对我们理解力的一个挑战。除非我们将它们与一个有目的性的系统联系起来，除非它们合乎一种模式，否则它们无从解释。但是，什么是模式？模式就是计划所拥有的东西。绘画有模式，因为有人按照那种方式去设计。交响乐有模式，因为那种模式使交响乐的各个部分

[1] 在这里，我不打算评判这种区分公正与否，因为那样做离题太远。

为听众所“理解”；因为有一个总的目的需要交响乐加以促动实现，无论在作曲者的脑海里，在演奏交响乐的音乐家那里，还是在听众那里，交响乐的诸种要素，即各种音响，根据这一目的，根据一种模式共同发挥作用。除非我们能够掌握这个模式，否则我们就无从“理解”。

感知模式的正是这种特殊的理解力。正是在这种意义上，我们理解德国人何以成其为德国人，法国人何以成其为法国人。成为一名德国人，就是成为一个普遍的德国模式的组成部分，这一模式包括体会德国人的经验、德国人的希望和恐惧、德国人走路的方式、德国人起床的方式、德国人挺胸抬头的方式——有关德国人的一切。如果我们接下来问：“那好吧，他在整个宇宙所构成的较大模式中扮演什么角色？”答案是，只有看到整体的人才能发现这一点。但只有整体——如果它意识到了自身——才能把自己当作一个整体。我们只能看到局部。有些人看得多一些，有些人看得少 88
一些，但正因为把某些事物当作较大事物的组成部分来感知，才能取得一定程度的理解。

这里出现了一个更为深入的问题：“精神到底是怎样发挥作用的？其机制是什么？其模式是什么？”黑格尔认为他已经发现了答案。他说，精神根据他所说的辩证法发挥作用。在他看来，只有从思想或艺术创造角度才能理解辩证法；他将它应用于宇宙，因为，他认为，宇宙之中存在的是一种思想行动，或是一种自我创造的行动，它是自我创造，因为不存在别的东西。[1] 辩证法是怎样发挥作用的？它发挥作用的方式很像人们试图思考问题答案的方式。首先，一个观念出现在我的脑海中，接下来这个观念被其他观念修正，没有原样保持下来。别的观念与它发生冲突，由于一种观念和对它的各种修正发生冲突和矛盾——这种观念和对这种观念的批评，这种观念和其他攻击它、影响它的观念之间的冲突和矛盾，产生了其他事物，这种事物既不是那个初始的观念，也不是与它对立的观念；相反，它保留二者的因素，但正如黑格尔所说，它又高于它们，即超越它们——它是一种合题。第一个观念被称为正题，第二个观念被称为反题，第三个被称为合题。所以说，例如（虽然黑格尔没有使用这个特定的比喻），在欣赏一部交响乐的时候，你听到由一个音乐短句，也就是一个旋律构成的主题，然后又听到在一定程度上与之对立的一个旋律，结果，既不能说第二个主题取消了第一个主题，也不能说第一个主题继续存在于第二个主题之中，而是产生了某种混合。这种混合破坏了前两种观念，产生了令人感到既熟悉又陌生的东西，因为这种东西在某些方面源于前两种观念的矛盾和冲突，然而还是新的东西。在
89 黑格尔看来，宇宙就是这样运行的。何以如此，是因为，模式就是这样在思想中以及在我们认识事物的每一种有意识的

[1] 在他看来，不存在个人化的神祇。如果说他是一名基督徒的话，那也是一名非常狂热的基督徒，因为他相信创世原则（也就是上帝）与整个宇宙的同一性。

活动中发挥作用的——他将宇宙的构成分为三种：有意识的成分、自我意识的成分和无意识的成分。

植物和动物是有意识的；也就是说，它们具有某种目的，它们具有低级的意志——或许是低级的思想。人类本身是有自我意识的，因为他们不仅有思想，而且能够在自身当中看到这个辩证过程。他们能够看到这种发展、这种观念的冲突、他们的生活所遵循的不规则线路；他们先是如何做一件事，然后未能真正做完，接下来作为（doing）与不作为（not-doing）混合，形成一种新的作为。他们本人就遵循这条曲折的、螺旋式的过程。黑格尔试图用这些术语来解释整个文明。他的主要意思是，在 18 世纪，人们能够解释差异，却不能解释变化。例如，孟德斯鸠对于气候影响人类的解释细致入微，很有说服力；爱尔维修解释教育或环境对人的影响，很有洞察力；18 世纪其他思想家，通过详尽类比人类和无情感的实体，解释了人类何以呈现目前的状态，在某种程度上，当然也解释了他们的身体何以处于目前的状态，或许是由于他们神经系统，或许由于其他方面的缘故。但是我们何以解释变化呢？罗马时代的意大利与当代意大利，就自然状况而言大致相同。冲刷意大利的海水对它的影响依然如故，意大利的气候没有发生巨变。它的植物也没有发生巨变。然而现代意大利人已经迥异于古罗马人。

典型的 18 世纪思想家认为，这可归因于人类的发展。它是教育和管理的结果。正是因为（像爱尔维修这样的人认

90 为）人类受到管理，或者说对他们管理不善——一大堆骗子，或许是一大堆傻子，对另一大堆傻子管理不善，才导致灾难发生，直到人类步入理性时期，整个历史上一直灾难不断。在黑格尔看来，18 世纪的成就还远远不够。如果人类像 18 世纪的科学那样受到外部原因的严重影响，如果人类一定坚持需要唯物主义的话，那么，种种巨大的差异、成长和发展就无从得以解释。这只能由辩证法来解释，即通过某个运动过程得以解释，通过某种物活论来解释。正题与反题的这种冲突，各种力量之间的这种不断冲突，是进步的原因。这些力量不仅是人们头脑中的观念；它们还“具体体现”在机构、教会、政治制度之中，或许体现在庞大的人类事业当中，例如民族迁移、革命或观念大发展之中，在这个过程中，一直处于紧张状态的正题和反题逐渐达到冲突的高潮。爆发出现了，合题开始产生，它就像凤凰一样，从正题和反题的灰烬中获得重生。

这不需要呈现出具体的物质形式。它不需要呈现血迹斑斑的革命的形式。它可能只会呈现一个文化大觉醒的形式，像文艺复兴那样，或某一种艺术、观念或精神的大发现。但它总是呈现出一种向前飞跃的形式。这个过程不是持续性的，而是跳跃式运动。首先，这股力量与它的对立面关系趋于紧张，然后就出现了高潮和跳跃，人类思维——不仅仅是人类思维，而是整个宇宙——的巨大跨越到达了一个新水平，登上了一个新台阶。接下来整个过程重新开始；新的创造被它自身内在的反对力量蚕食，直到这种紧张关系再次发展到顶峰，产生下一次飞跃。在黑格尔看来，这就是历史，这就是对断裂（discontinuities）和悲剧的解释。生活的悲剧就处在这个不可避免的冲突之中，不过，除非存在以下冲突：国家与国家之间的冲突、制度与制度之间的冲突、一
种艺术形式与另一种艺术形式之间的冲突、一场文化运动与 91
另一场文化运动之间的冲突，否则就不存在运动；除非存在摩擦和冲突，否则只有死亡。这就是为什么 18 世纪人对邪恶、悲伤、苦难和悲剧的解释是浅薄的和不充分的，他们把造成这些现象的原因仅仅归结为人们的错误、安排不善、没有效率，而在有效的世界中，这一切都会被扫除干净，达到彻底的和谐。但是，在黑格尔看来，冲突正是发展、成长和事物发生的症候，生活的激流冲刷先前体验的外壳，矛盾从中迸发而出，从而将外壳降格为零星的经验、零星的历史堆积而成的渣滓堆，现在这些点点滴滴的历史已经结束，被打发到已逝的过去。

有时候，这种发展是以国家活动的形式出现的；有时候，某些个体的英雄人物作为这些跨越的化身而出现——亚历山大大帝、恺撒、拿破仑。当然，这些个体产生了很大的破坏作用；当然，他们给世人带来了极大的苦难。这是任何进步所不可避免的后果。除非有矛盾冲突，否则就不可能有进步。在黑格尔之前，康德，还有康德之前的曼德维尔，以及维柯在某种程度上，早就说过这类话。

现在出现了这样一个问题：“说历史是一个理性的过程，这句话是什么意思？”在黑格尔看来，说一个过程是理性的，那就是说，如果你掌握这个过程的本质，使用的是你理解万物所能使用的唯一方法，即通过他所谓的理性这种能力，那么，你就会把这个过程看作是不可避免的。它不可能以别的方式发生。黑格尔的思路与以下情况比较相像。我们怎样学会某一条真理的，例如：二乘以二等于四。首先，这条真理像一条铁定的事实摆在我们面前。小学生一开始就得背诵乘法口诀；他并不知道二乘以二为什么等于四。因此，这是压在他理智和记忆上的一个负担，是他必须学会和记住
92 的一个教条。只有当他学过一些算术公理和规则，他才认识到，二乘以二不仅等于四，而且只能等于四。他不需要死记硬背就可以重复：它已经成为他的加法或乘法自然技巧的一部分。

所以，当我们研究历史的时候，黑格尔猜想，我们达到了一个充分理性的水平，我们提升到一个很受启发的阶段，根据这种启发，我们开始理解，历史事件不仅像它所发生的那样发生，而且必然像那样发生；这不是在物理学的机械因果论意义上，而是在我们遵循数学证明步骤这个意义上，在数学证明过程中，存在严密的规则；或者说，这就好像我们在听交响乐的各个部分时的感受，交响乐演奏中没有像这样固定不变的规则，但我们可以说，每一个后继的部分在一定程度上都是不可避免的，或者正如黑格尔可能说的那样，是

先前部分的一个“合理的后继者”，所以，我们说，除非由后一步骤完成前一步骤，否则先前的步骤就“无法理解”，这就像追溯地毯图案的由来那样。当我们以这种方式了解了算术和音乐之后，我们就可以在数学或音乐世界里自由翱翔了。那个图案开始等同于我们自己的思考、感觉和行动的模式。我们不再感觉它是外在于我们的东西，或对我们而言是压迫性的，或者有严格的、事实上的定律在限制我们，迫使我们必须调整自身来适应它们，不过，它们不是我们目前状态、我们需要的一部分——我们自身生活的一部分。

按照黑格尔的说法，通常，人们接触外部世界的办法是，将你想得到的东西——你的意图、你的策略、你所追逐的事物——与外在事物（实际存在的、妨碍你个性完整和自由发展的人或事）区分开来。但是，当你发现万事万物为什么呈现当前的面目——一定是这样——的时候，你就不想让它呈现出别的样子。当你不仅知道了二乘二等于四，你还知道你不想让这种乘法有别的结果。你不想让二乘以二等于五。二乘以二不只等于四，可你就想让它等于四；它是你思 93
考的理性模式的组成部分。算术规则被吸收到推理的普遍规则之中，被吸收到我们思考和行为的方式之中。

这种吸收观念在黑格尔那里非常重要，因为他对规律的看法不同于科学和常识对规律的看法；科学和常识都认为，规律是对已发生事件的概括，黑格尔则把规律当成了规则、模式、形式，类似于算术、建筑或音乐所遵循的规则或逻辑。把一条普遍规律只当成规律，就是把它当成了你本人所支持的一条规则，当成了你自然而然从它的角度进行思考的方法，或自然而然加以应用的方法，而不是当成在你身外发现的、正在运行的一条铁定的规律，一个任你徒劳击打然而坚不可破、无法逃避的障碍。不过规则和方法是以它们的使用者——人——为前提的。你使用规则或应用规则，或者依规则来生活；假如宇宙遵守规则，这就相当于把宇宙当作一场大戏，其中的各个人物都要完成分配给他们的角色。可是，一定得有戏剧家才成；如果你现在得到了那位剧作家的信任，能够想象其中的人物所作所为，理解剧作家的意图，你就会得到与黑格尔式的、世界发挥作用的方式相类似的结果。

有一种古老的或形而上学或神学的信念，即，最初似乎是障碍、你似乎无法克服的规律，逐步进入你的自我，一旦你理解了它们的目的，你就开始轻松和自由地利用它们。这样一来，当你成为一名数学家的时候，你就几乎是无意识地从数学角度思考问题；同样，在你吸收了语法规则之后，你就可以正确地书写，感觉不到强加于你的硬性规则和规定所带来的可怕的外在束缚。如果你能够与自然协调一致，有意识地认同她的作用，以至于她的规律与你自己的推理、意
94 愿、感觉的规则和模式相吻合，那么，你就得到了内在的看法。可以说，就自然的目的、自然的意图而言，你与自然

“同一”。这种同一，这种与宇宙同一的现象，一直是所有伟大的神秘主义者和形而上学家所追求的目标。黑格尔以生硬的、晦涩的和偶尔庄重的语言阐述了这种观念。他从中得出了那有名的悖论：自由就是对必然的认可。

政治学一个最古老的问题，正如生活中、形而上学和道德以及其他一切事物之中一个最古老的问题是：如果我彻底被决定，如果一个全知全能的旁观者能够预见到我的每一个行动，那怎么能说我是自由的呢？如果我在过去、现在和将来的所作所为，都能够由某一个了解所有事实和了解支配它们的一切规律的人做出解释，那么，说我能够为所欲为还有什么意义？难道我不是大宇宙之中完全、严格被决定的一个元素吗？黑格尔认为，他已经解决了这个长期存在的问题。按照他的观点，正如我们所看到的那样，这个世界的发展，现在以渐进和累积的形式进行，有时候又是以突变的形式进行。诸种力量之间的矛盾产生了运动，它们的最终冲突以剧变的方式飞跃进入下一阶段，有时这些力量呈现出机构的形式——教会、国家、文化、司法制度，有时候呈现出伟大的发明、发现和艺术杰作的形式，有的时候呈现出个体、群体、政党、个人关系的形式。这就是辩证运动。

可是，假如我理解它，我又怎么能反对它？假如我理解一门艺术或科学——逻辑或音乐或数学，我又怎么能想得到与之背道而驰的东西？理解不仅仅是接受，而且还是积极地争取被理解的东西，因为被理解就是即将成为理解人的一部分，成为他的目的、他的目标以及他朝着目标发展的一部分。当然，这不是一种经验上的假设，也不是一种科学理论；没有哪一种事实能够证明这个黑格尔式的模式是错误的。它是一个庞大无边的形而上学看法，根据这种看法，每
95 一件东西，作为命题，要么作为反命题，都会得到接纳。万事万物都可能被容纳，没有什么东西可能被排除在外，因为世界上的每一事件、每一个人和每一个因素，要么与其他事件、其他人或其他因素相协调，要么不相一致，无论它做了什么，这要么因为与某事相一致而适应，要么因为与某事不协调而适应。没有证据反对这种看法，因为任何可能看似矛盾的事物都可能作为必要的矛盾因素而被吸收。[1] 由于这个原因，它不是一种科学的或理性的解释，例如牛顿或达尔文体系意义上的理性，因为人们可能构思反对他们体系的证据；它们是可以检验的，而辩证法则不能；它是事物的一个总体框架。

根据这种形而上学的观点，怎么看待人类自由？在这一点上，黑格尔非常得意。做我想做的事情，得到我想得到的东西，在生活中获得我正在追求的东西，除此之外还有什么东西称得上自由？只有在不违反支配这个世界规律的情况下，我才能做到这一点。如果我不顾这些规律，我注定失

[1] 正如有些人曾经谈论的那样，不符合黑格尔假设的事实总是可以放到不符合条件事物这个范畴里，它是为不符合条件的事物准备的一个特殊的废纸篓。

败。想有所作为是理性的首要原则。想遭受毁灭、没有更多的愿望、没有更进一步的目标，这种状态是非理性的。如果我做数学题的时候，假若让二乘以二不等于四，就是自我拆台。如果想造一架飞机，假若无视空气动力学定律，那就是自杀行为。如果我想在历史上发挥作用，我就绝不能违反支配人类制度的规律。这种服从不是我在无可奈何情况下有意识地采取的一种默认态度，虽说我宁愿自由。理解事物不可能是别的样子，就是不想让它们变成别的样子，因为，理解事物就是理解它们存在的理由。想让事情改变它们在理性面
前必须呈现的样子，属于疯狂之举。想让宇宙改变它的本来 96
面目，在黑格尔看来，就好像让二乘以二等于十七。

如果历史的规律被吸收到我本人的基本思想之中，就像算术规则那样，那么，想让这些规律呈现出别的样子，就好像既让我成其为我又不同于当下之我一样，让我既受到规则的制约而又不要这些规则，既让我思考而又不让我思考一样矛盾。如果你理解莎士比亚，你就不可能让哈姆雷特具有福斯塔夫的特征，因为这样做说明你没有理解莎士比亚的意图，没有理解他为什么在剧中创造哈姆雷特和福斯塔夫的特征。想让查理曼大帝生活在路易十四之后，认为克伦威尔本可能生活在 19 世纪，俾斯麦可能生活在 17 世纪，这都是不理解世界的形成过程——就是想制造矛盾、做出非理性之举。因此，我总是想处在我不得已而处在的状态，而得到自己想得到的一切便是自由。因为凡事都像你想象的那样进

行，没有什么东西阻碍你，这是绝对的自由，唯一享有绝对自由的东西是绝对的精神——万事万物身上都有这种绝对的精神。世界在总体上完全是自由的，如果我们将自己等同于世界的理性原则，那么我们就是自由的。一位自由的数学家是一位自然而然地按照数学的思路去思考的人，历史上的自由人就是自然而然地依据支配人类生活、支配历史的理性规律而开始行事的。

要想幸福、要想自由，就是理解一个人在什么位置以及在什么时代；他在地图的什么地方；然后相应地做出行动。如果你不想行动，你就会很被动，你就成为历史的废物，正如塞涅卡所言，你就会成为受命运驱使的奴隶，而不是受命运引导的明智之士。在黑格尔那里，我们的确是透过胜利者的眼光来看待历史的，当然不是透过受害者的眼光。我们以理解历史的人看待历史的方式来看待历史，正是在这种意义上，那些人是理解历史的；罗马人是胜利者，他们获胜了，
97 获胜即意味着处在历史长河正确的那一边。或许被罗马人打败的卡帕多西亚人思考事情的方式有所不同[1]，他们对宇宙的理解不同，但是，假如他们理解正确，他们就不会被打败，因为他们被打败了，他们一定是误解了宇宙。

因此，正确地理解事物，想要胜利、生存，想要现实一

[1] 卡帕多西亚人（Cappadocians）：古波斯领地的居民，该地处在哈吕斯河与幼发拉底河之间。——译注

些（按照黑格尔对这个词的理解），在某种程度上就是要得到认同。当然，从特定一代人的视角来看，历史上到处是累累罪行、悲剧不断。这就是辩证法的方式。黑格尔说，历史不是平稳的上升，不是幸福的场地，不是卢梭笔下自然的汩汩溪流——这是一个非常虚假的观念。历史是“屠宰案板”，正如他所言，“各民族的幸福、各国的智慧和个人的美德摆放在上面，成为牺牲品”；“历史不是幸福的乐园；在历史上，幸福的时期一片空白”。历史是怎样形成的？当然它是少数人创造的，这些人的理性程度最高。不过，历史不一定是他们有意识的意愿和愿望形成的。

历史上的伟大英雄人物，在紧要关头，在关键时刻出现的人物，都是自认为只是在追求自身目的的人物。恺撒、亚历山大大帝都是雄心勃勃的人物，他们的主要愿望是扩大自己的权势或击败对手，但历史比他们更明智；历史利用他们，有意或无意地以他们为工具。黑格尔称其为“理性的狡计”。他说，历史“煽动激情为自己服务，而利用这股冲动发展自身的东西，受到了惩罚而且蒙受了损失”。简言之，有一个庞大的、单一的、无所不包的理性，他称其为精神，凡事都是精神发展的结果。它就是精神的发展，因为不存在别的什么东西；它是一种自我发展，因为没有什么别的东西能够发展它。如果我们理解它，我们就是它想利用的工具。如果我们不理解它，我们就会奋力反对它而且会失败。

不喜欢你认为是由理性所决定的东西，进而抵制它，这

98 纯粹是自杀式的疯狂，最愚蠢的行径，一种不成熟的表现，孩子气十足。“主观的”这个词在黑格尔看来具有极端轻蔑的含义。有谁在意一个小学生对欧几里得的理论或对牛顿或爱因斯坦命题的看法？憎恶这个宇宙，摒弃它，抵制它，发现它不合乎你的胃口，抱怨它，说这些事实于你不利，说你遭受到了无法破解的无情抵制，你因此而受挫，因跌落在生活的荆棘上而流血。在黑格尔看来，这就是卑下、盲目、没有理解力的表现，是愚蠢的表现，最终是罪恶的表现。

让我解释得更清楚一些。在黑格尔看来，理解历史实际上就是从总体上理解事物的本质，正因为这个原因，理解历史必然会有意识地与事物的模式进行自我认同，所以说，自由与理性是一回事；有理性就是去理解；理解就是被自身存在同化；不自由就意味着受到外部障碍的抵制。当你攻下障碍之后，它就成为你的东西了，这就好像有一份产业本来不属你，你通过购买或侵占，把它变成你的财产，受你的控制，你就可以随心所欲了。

在黑格尔看来，赞美或诋毁解释万事万物所依据的那个庞大的过程多少有些荒唐和疯狂。认识到历史的整个客观行进过程，然后去赞美它的某些内容；因为我们喜欢它们，然后去诋毁某些内容，因为它们似乎包含残酷或不公正或浪费，这么做纯粹是放纵自己的主观情绪。这样一来，“市民社会”就无法超越了；这个社会是由人们的经济欲望构成的，也就是常见的，人们对财源发达、舒适幸福生活的私有

欲望，像洛克这样的浅薄思想家还停留在这个水准上。看到
人类的大动荡，然后指责它，因为它残酷，或者因为它对无
辜者不公平，在黑格尔看来，这种行径傻气十足而且十分可
笑。这就好像指责 3 这个数字没有有理数平方根。有谁想知 99
道这个人或那个人对宇宙重大事件的感受？这些不满表现的
是某人琐碎的短暂情感。真正需要的是达到宇宙的高度，意
识到重大和关键的事情正在发生，产生一种历史感，这时
候，人类或许达到一个新的水平，自动转变了他们对事实和
价值体系的审视。

在黑格尔那里，有一个重大区分，这个区分贯穿他的全部著作，一方面是主观的、情感的、个人的、功利主义的、中产阶级的、个人主义的东西，这可能是人类发展的一个必要阶段，但它是转瞬即逝的，早在 19 世纪之初就已经被取代；另一方面是客观的，被证明属于理性的、有力的、不容变更的、决定性的、具体的东西——他所说的“世界历史”。他对于伟人这个概念深感兴趣，伟人既是社会的创造者又是破坏者，在他的身上，历史暂时集中了自己威力无边和不可遏抑的力量，伟人既是历史永无休止阔步行进的一件工具，又是它的一个目标。在黑格尔看来，伟人，惊天动地的人物，是好、是正直还是公正，这类问题毫无意义而且实际上无足轻重，因为这些话暗含的价值观本身就是伟人促动的变革所创造和取代的。在他看来，这样一个人公正与否，这个问题属于特定的价值体系，属于特定的行动领域，属于历

史上特定的时期内所出现的特定阶段。这都是伟人自己在过去创造的价值观；不过一代人中的殉道者常常是下一代人的立法者。因此，在某一特定时代说某事是糟糕的、讨厌的、错误的、骇人听闻的，就等于说，它就处在伟大的理性过程在特定的阶段所达到的那个水平上。可是，通过某一个威力无边的英雄行为，通过一场革命、一场战争，通过改变人类
100 思想和行动的大英雄出世来改造那个过程，先前时代的价值观就会自动被取代，一代人认为是可憎的东西，在下一代人看来却是公正的。所以，且让我们去等待，因为只有历史所实现的东西才是有价值的。说到底，一种价值观，如果你想让它是现实的，它就必须是客观的，“客观的”就意味着它是世界（理性、世界模式）的意图，是世界在不可阻挡的发展过程中的下一步所提供的，这是画轴逐渐展开的过程，是不可避免的行进过程，是黑格尔所说的“上帝穿越宇宙的远征”，在他看来，它最终是国家的活动。

模式比个体更重要。个体是什么？单独把个体拿出来，就像单独的一小块颜色、单个的声音、脱离了句子的单词一样，都是不可理喻的，因为只有当单词组成句子，才有意义，颜色和音响，无论在自然界还是在艺术中，只有放在它们实际出现的特定背景下，才有意义。这与人类的情况有什么不同？没有哪一条规律适用于单个的人。我之为我，乃是因为我独特地处在由我所在的时代和地点构成的社会背景中。有无数根隐形的线将我和我的同类，我的家庭成员和所

在城市的居民，我的种族、宗教和国家，生者、死者还有未出生的婴儿联系在一起。我是一个波节点，数不清有多少股波状物以此为中心，从我这里以及其他与我一同组合起来构成群体的人们那里向四周辐射，我们的群体有大有小，有松有紧——也就是柏克所说过的，由生者和死者组成的大社会。要了解一个人，你必须了解他周围环境，他的朋友和亲戚，他的上级和下级，他的所作所为以及别人对他的影响——什么样的影响以及由谁产生的影响，不仅因为这是在了解他，还因为，除了作为这个总体模式的组成部分，他实际上并不存在，就像乐曲中的音调无法单独存在一样（除非作为一个纯粹的物理事件，那样就毫无趣味可言了），只 101
有作为特定乐曲的特定组成部分，在音乐演奏的特定语境下由特定乐器演奏出来，它才是存在的。因此，黑格尔赞成把个体还原为一个“具体的”社会模式的抽象组成因素；他否认，这类模式只是社会的安排，他否认，国家和法律是人为的手段，出于某些个体的便利而设计的；他坚持认为，它们是个体构成的网络，个体无论愿意与否，都是这个网络的有机组成部分。因此，与某个市民或臣民的奇思异想或个别倾向相对，国家的权威、力量和伟大就得到了称颂。

黑格尔的同时代人，那些历史学派的法学家们提出的一个看法无疑很有道理，他们说，在司法制度中，国王或议会的武断命令没有那么多，刻意被制造出来以实现某个人或阶级的某种利益的功利性工具也没有那么多，相反，它们只是社会无意识或有意无意发展的构成部分，表达了人们对待生活的态度，人们没有明确表达出来的思想和愿望，人们没有明确表达出来的理想、恐惧、希望、信仰以及兴趣，既是人们实际状况和感受的象征，又是人们实际状况和感受的内容。然而，这种观点最终被黑格尔推向极端之后，变成了一个阴险邪恶的神话，它授权无限地牺牲个体以成全以下这类抽象之物——他称其为“具体的”——例如国家、传统或民族（种族）的意志或命运。说到底，世界是由人和事构成的，而不是由别的东西所构成的。社会或国家既不是事也不是人，而是编排人或事的方式；社会模式没有喜好，没有意志，没有需求，没有命运。但是，依据黑格尔的说法，诸如国家或教会等模式，比人或事更加真实；就好像不是因房屋而铺设街道，而是因街道而建造房屋——安徒生一篇著名的
102 童话就是这么说的。

在所有模式当中，国家是最重要的。在所有模式当中，它是最高级的，这是因为，正像费希特所说的铁环一样，它综合了所有模式；因为它是人类最有自我意识、最为训练有素和最为秩序井然的状态。而且，如果我们相信宇宙就是一次行军的话，我们肯定相信它在沿着一个可知的方向行进，我们肯定相信它是一种依方案而设计的秩序；国家是最有秩序的事物。无论抵制它的是什么东西，都注定了要消亡。确实如此，因为正确的东西和错误的东西正是历史所提倡或反对的。正确的唯一客观源泉是事实本身所在的方向，而不

是个体的判断；不是任何特定的法典，不是哪一套道德原则，而是历史本身必须履行的责任，是历史的需要。黑格尔一直谈论历史所需之物以及历史所谴责之物，我们今天谈论某个国家或某个个体如何受历史的谴责，这种方式是一种典型的黑格尔式的现实主义。这是权力的意象，也是对权力的崇拜，是为了自身缘故而运动不已的力量的想象，也是对它的崇拜。在他看来，这股力量是神圣的过程本身，它摧毁了它想去摧毁的一切，扶植适时占有支配地位的事物。在黑格尔看来，这就是这个过程的本质。这就是卡莱尔的英雄或尼采的超人的来源，是公开崇尚权力的运动的来源……它是黑格尔一直在追踪的大对比的起源，这就是伟人与普通人的对比，披荆斩棘把人类提高到一个新水平的战士，与只顾完成任务而未能有效质疑是否有必要承担这种负担的蚁民之间的对比。它依然存在于我们自己所做的（我们所说的）现实的和非现实的区分之中。“现实的”通常意味着严厉和无情，103
它并不回避通常被视为不道德的东西，不受温情感伤的道德思考的改变。

黑格尔非常赞同暴力行为的必要性，而历史上比较拘谨的道德家对暴力行为持有谴责态度。黑格尔说：“用薰衣草香水治不好坏疽。”进步是英雄们的工作；他们都是超越传统道德的英雄，因为他们体现了人类的最高精神，他们占据的水准是如此之高，落脚处是如此伟岸，普通人很难看到这么高的地方发生的事情。他说，他们利用的“不是平静的、长期以来神圣不可侵犯的传统……而是水流隐蔽的一泓泉水……而是依然潜藏在表层之下的一股内在精神”。因此，常见的美德在此并不适用。有时候，他对英雄人物多有感慨：亚历山大大帝英年早逝，恺撒遭暗杀，拿破仑流放圣赫勒拿岛。有时候，他赞美他们无情的力量。他谈论英雄时所说的东西，也出现在他对于各个民族的讨论中。各个民族总是要完成历史赋予它们的艰巨任务，当历史利用完它们之后，就一脚把它们踢开。各个民族就像这个伟大的世界历史进程一会儿穿上、一会儿脱下的服装一样，给任意扔来扔去。一个民族在狂饮完它们无限渴求的、世界历史提供的一杯苦水之后，领会了它的目的，然后就死掉了。一个在完成自己的角色之后、依然生存下来的民族，在政治上无足轻重，令人厌烦。

历史是一场大灾大难的客观行进过程，不服从者被彻底消灭。可是我们为什么要原谅这些残酷行径呢？事情会按照自动证明自己正确的方式发生，为什么会出现这种现象？我们会这么强烈地反对失败者，反对历史的受难者——反对堂吉诃德吗？反对被进步的车轮碾碎的人们吗？堂吉诃德反抗庸俗、渺小、不道德、卑鄙的现实，转而愚蠢地树立一个比
104 较高尚的理想，难道我们的确认为这是邪恶的吗？黑格尔没有避开这个问题。在他看来，殉难者的看法不仅可怜、软弱、不值一顾；在他看来，在某种意义上它们也是邪恶的。唯一不好的事情是阻挡世界的前进。因为世界的前进是理性

的化身——当他说化身的时候，他指的是它的字面意义——反对它是不道德的行径。因此，他鄙视功利主义者，鄙视感伤主义者，鄙视那些头脑混沌、一片好心的慈善家，那些想要人们幸福的人，那些看到巨大的悲剧、革命、毒气室、人类所经历的骇人听闻的苦难而痛心疾首的人。在他眼里，这些人不仅非常可耻地无视历史的运动，而且肯定是不道德的，因为他们反对客观上的善，他们用主观的善去反对客观的善；主观的善就像主观的数学，它是荒谬毫无意义的。它可能一时阻碍历史的前进，但它终将被消灭干净，而且被碾成粉末。

权力本身就是黑格尔用他那晦暗不明、带有诗意的文体加以赞美的东西。有一段文字尤其清楚说明了这一点。1806年，黑格尔审校他的第一部大作《精神现象学》的结尾部分。当时他住在耶拿，在耶拿战役前夕，他看到了法军的营火。他脑海里突然闪现一个念头：眼前的就是客观的历史。几天之后，他亲眼看到拿破仑骑马穿过耶拿城，他就更相信这种看法了。他说："皇帝——那个世界灵魂——我看见他骑马穿过市里……看到这样一个人物端坐在马鞍上，他的身体外形凝缩为空间中的一点，而他傲慢的思想却散布和辐射整个世界，一股奇怪的感觉油然而生。"——一股漫无边际的思绪，一股不可遏抑的力量，一股用它强有力的拳头碾碎人和事的霸气。这就是黑格尔的客观历史观念。

人们对此有何评说？人们只能说，这种莫名其妙地将善 105

和成功相等同的行为正是普通人所反对的。它不是我们所说的善和正确。没有人会跟我们说，以卵击石本身就是不道德的。如果你最终获胜，如果今天的殉道者是明天的英雄、立法者和独裁者，黑格尔就不会认为这是不道德的；不过，他认为，在终极的、广义的、世界历史的意义上，善与成功是等同的。这种政治实用主义，这种对成功的崇拜，违背了我们通常持有的道德情感；在黑格尔那里，没有一条真正的理由，可以切实有效地遏制那股反感情绪。在黑格尔的眼里，有一场宏大的、首尾一贯的历史奇观，他可以用它来识别他本人对他眼中的真正价值的崇拜。在他看来，真正的价值即是那些行之有效的事物；历史是一支大部队，沿着广阔大路向前行进，一切未实现的可能，所有殉道者和空想家，都被彻底消灭；道德实际上是向事实低头的一种特定形式。

这种将有用等同于善，将正当等同于成功、等同于粉碎抵抗、等同于应该粉碎抵抗的做法——无论什么时候，只要用在政治学上，便是黑格尔体系的真正标志。一场不成功的造反终究是坏事。这就是为什么，毫不奇怪，他会认可梅特涅为了控制德意志大学的言论自由而发布审查，他可能会应普鲁士国王之召而前往柏林，在那个时代、在那个位置上，普鲁士国王当然不想征召自由主义者。

然而，我们必须公平对待黑格尔。他对于文明的演进的确做出了巨大贡献。他几乎是赤手空拳地创设了制度史。虽说赫尔德乃至维柯已经勾画出制度史的轮廓，但正是黑格尔

将下面这条真理生动地铭刻在他那一代人的想象之中：人类的历史是制度的历史，至少相当于王侯将相、探险家、征服 106
者、立法者的历史。此外，他表明，人们在历史中寻找的是个体和独特性，而不是共性事物，在这方面，历史与自然科学迥然不同。黑格尔论述自然科学的一些话经常让人忍俊不禁——既无知又教条得荒唐。不过，他在表述如下观念之时，确实体现出不凡的洞见，这一观念是，自然科学总是去寻找被观察对象的共性，所以通过发现许多不同的事物（原子、桌子、大象、地震）的相同之处，他们就可以推演出适用于无限多的，与原子、桌子以及其他事物相似的事物的规律。历史则不然。

当我读讲述罗伯斯庇尔或拿破仑的历史书时，我不想让作者告诉我，拿破仑与别的冒险家或别的皇帝有什么共同之处；我不想准确地了解罗伯斯庇尔与别的律师和革命者如何相似。我想发现的是，有关这两个人独到的重要性和特征。我想让罗伯斯庇尔及其生活特征和行为，以其独特的个性“栩栩如生”地表现在我面前。当我阅读法国大革命或文艺复兴的史书时，我的兴趣点很少放在人类文明的这些伟大事件与巴比伦或阿兹特克文明的共同之处，这是社会学家的兴趣所在，它在本质上的确可能具有启发意义，但历史学家的职责在于传达差异而非相似，在于描绘一幅有关一系列独特的、绝对特殊的事件和人物的画面——是一幅画面而不是一张 X 光片。

黑格尔将这种观念应用于制度，也应用于个体。当然，在19世纪之前，没有人认为能够写出一支军队、公务员制度以及宗教发展的兴衰史。黑格尔对历史的处理方式是，就当它是一个庞大和无限的世界精神的自我发展，这种处理方
107 式虽说带有神话色彩而且晦涩难懂，却有利于开创一门新史学，这是一门关注一切事物之间相互联系的史学。黑格尔最有原创性的成就或许在于，他发明了观念史这一观念：因为，在他之前肯定没有人写过或构思过哲学或其他观念的历史，这种历史不是以松散的、先后承递的形式出现的——先讲一位大哲及其观念体系，再讲另一位大哲及其观念体系——它表现的形式是，思想观念从一代思想家到另一代思想家的持续性发展，将思想观念的发展与一个社会或文化的经济或社会或其他变化联系在一起。现在这一切都被视为理所当然，以至于黑格尔的原创性很难被人们认识到。

此外，黑格尔似乎极为强调历史以及历史的价值，强调历史中的每一种事物都很重要，而其他事物不重要。他说起话来，仿佛无法明确地区分哪些事实与历史有关，哪些与历史无关，他比赫尔德更加强调这一点；因为人们穿衣或吃饭、航海或唱歌，他们的字迹，他们的口音，可能比他们许多更正式的行动——战争、和约、宪法——更有启迪性。没有哪一样东西对于解释历史的总体过程是无用的，在历史发展的整个过程中，这个或那个民族发挥了它的作用，在应当上场的时候到舞台上露面，在表演结束后适时离开了舞台。

黑格尔攻击了老式的、讲求道德的历史，那种历史回顾过去主要是为了了解失误和缺点，他对于责备和赞扬行为持有谴责态度，他呼吁有理性的人主动认同伟大的运动力量自身，虽说它们很可能导致人们崇拜权力，导致一种尤为残酷的政治现实主义，但它们也有助于让所有的历史事实显得具有同样的和不可估算的价值。因为现在解决所有问题的答案似乎存在于历史之中——先验的历史，它是真正的和精神的历史，但依然是历史。现在，在指导人们如何生活方面，历史与过去的神学同样重要。它是新的神正论——解释上帝给世人指引的路途。而且，在这方面，它让 18 世纪史学声誉扫地，18 世纪史学给事实分类根据的是某种主观的善恶标 108
准，它在衡量轻重的时候侧重于那种坚守道德原则的信史，它将所有事实都放在同一水平线上，而且准备到它们最不可能出现的角落里去寻找它们。历史极端重要；其中的每一件事都值得注意，因为它通过揭示那个独特网络、那个形成个体人格的系列关联因素、（就这种情形而言）人作为其组成要素和羽翼的宇宙的本质，能够产生洞隐烛幽的作用。

此外，黑格尔注意到了历史中的无意识因素：那些隐秘的力量，巨大的非个人的驱策力，他所谓的理性为实现自己的存在而做出的半意识的努力，不过我们倒愿意只称其为半意识的力量，难以理喻的心理原因，现在我们认为，这些难以理喻的心理原因，至少与帝王将相或激进的革命人士有意识的意图同样重要。这也有助于将历史非个人化和非道德化

（如果我可以这么说的话）。

黑格尔方法的价值还表现在另外一个方面，即，它适用于艺术作品，适用于理解艺术的伟大和美，以及适用于整个美学领域。他认为，他正在把浪漫派的混乱语言简化为井井有条和严密周正的东西。这是一种幻想。形式获得了某种貌似有理的技术性，但是内容依旧晦暗不明。尽管他努力不懈，这些概念依旧不够严密。他和这一时期其他德国形而上学家和诗人运用的所有浪漫派术语——超越和综合观念；内在冲突观念；既相互毁灭同时又彼此融合和互惠的各种力量的观念；目的与原则相统一，模式与目标相统一的观念；本质既是实体也是过程，既是存在也是生成的观念——所有这一切，已经产生了这样模糊不清的效果，当它们应用于逻辑学、历史或科学的时候，经常是无意义的，它们在描述那些无法描述之物（美的客体、心理过程、艺术作品）之时，倒
109 是发挥了独特作用。

总的来说，浪漫派术语最适合描述无法用经验精确分析的东西。因为它们让人产生感情共鸣，它们模糊不清、意义不明，能够引起丰富的模糊联想，使用大量的意象和隐喻。我们应该怎样去描述一首诗、一部交响乐，以及对于任何事物的审美体验？或许最好是什么也别说。可是，假如我们想说话，休谟和伏尔泰甚至爱尔维修等真正文字清晰优雅的思想家所使用的明白晓畅、人人都读得懂的语言，在这里几乎无用武之地。有的时候，它的确产生了某种意义，例如在音

乐之中，说到辩证的发展过程——某一曲调与其他乐句发生冲突，而且渗入其他乐句，这足以使它们共同消亡，然而它们未能消亡，反倒超越了自身，让相互冲突的力量综合成为更加丰富的东西，更高的，比原来的成分更完美的东西。在这里人们可能说起突然迸发出灿烂光芒的各种力量朦朦胧胧、有意无意地成长。黑格尔，还有其他浪漫派哲学家、谢林以及施莱格尔兄弟、诺瓦利斯，实际上还包括柯勒律治，就某种程度而言，还有卡莱尔，他们使用的意义模糊、内涵无限丰富的语言，的确经常通过运用音乐的或生物的意象深入创作过程的核心。

这类语言确实有助于表现交响乐、歌剧或弥撒曲的模式化发展的本质，音响和情感之间隐晦难懂然而确实存在的相互依存关系——甚至有助于表现道德目的；这种半诗化的评论方式虽说有掩盖关键问题的巨大风险，但是它能够比较生动地体现一个文化的轮廓、一个艺术家流派或哲学家流派的理想、一代人的态度——无法用更精确、逻辑更严密、更讲求实际的术语所分析的事物，而更精确、逻辑更严密、更讲求实际的术语本身，以完整性和学术性为标准，在易于精确处理的领域内，保证了真实性和明晰性。在文学批评和艺术
史中，在观念史和文明分析之中，在触及诗歌和散文的各门 110
学科当中，黑格尔式的规定，即正题—反题的方法，将一切事物说成永远转向其反面的做法，将一切事物说成相互冲突的力量形成的一种不稳定平衡的做法，真正改造了欧洲人的

感受力和表现模式。

黑格尔的实际错误在于，他认定整个宇宙——万事万物——都是一种自我创造的艺术品，因此这种半生物性的、半音乐性的术语适合描述它。结果，他强加给人类许许多多错误的观点，例如，价值等同于事实，成功的就是善的。所有道德敏感的人，无论早于他很长时间的前人还是后人，都反对这些观点，而且他们的反对是正确的。他犯下的一桩大罪是，他制造了一个硕大无朋的神话，根据这个神话，国家是一个人，历史是一个人，而且存在着单凭形而上学的洞见就能够查明的单一模式。他创建了一个先验的历史学派，这个历史学派不大看重普通事实，因为哲学家都具备高超的眼力，他借助于一种理性的双重眼光，能够推导出所发生的事情，这种洞察力使他得以用某种精确的方法辨明已发生的事件，它与一般历史学家不得已而采取的那种令人遗憾的经验式的、有缺陷的、过分注重细节的方法正好相反。

尽管黑格尔的观念存在种种缺点，但他创建了一个庞大的观念体系，在过去很长一段时间里，这个体系一直支配人类的心灵。至于说自由，它在一个控制严格的模式里是不可能存在的。只要服从模式是唯一正确的自我表现，只要你所说的自由不可能在某种真空中行动——不管这个真空的空间有多么小，它都是供你从中做个人选择用的，你在里面不受他人干扰——自由就不可能存在。黑格尔式的自由完全是由征服或占有阻挠你的事物构成的，直到你征服和占有了一

切，你就是世界的主人。在你做到这一步之前，你最好把你 111
不得已而为之的原因理解成义务，不要去抗议、哀悼和抱怨压在你身上的那些可怕的负担，而要满心欢喜地欢迎它们。不过满心欢喜地欢迎负担可不是自由。

总有一些人想在某个严格控制的机制中寻求安全，想在某项严格的制度中找到他们合适的安全位置，而不是想获取自由。对于这类人，黑格尔说了几句安慰的话。不过，从根子上讲，这是一场大混乱，历史命定了自由（根据我们对它的理解）等同于安全——归属于某一独特位置的意识，在这个位置上，你受到保护，躲避了种种障碍，因为你能够预见所有的这些障碍。但那不是我们说的自由：也许它是一种智慧、理解、忠诚、神圣的形式。自由的本质一直在于人从心所欲去选择的能力，因为你愿意像这样进行选择，不受强制，不受胁迫，没有被一个庞大的制度所吞噬；为了你的信念而正确地抵制、不怕得罪人、挺身而出，做这一切只因为它们是你的信念。这才是真正的自由，没有它，就没有任何
种类的自由，甚至没有对自由的幻想。 112

圣西门

在所有预测20世纪的人当中，亨利·德·圣西门伯爵是最伟大的。他的著述与生平矛盾百出甚至乱成一团。他生前就被当作受过神启的疯子。他的文风很糟——时时闪现的灵感与大量幼稚和荒诞的想象混在一起。他死后声名鹊起。从他那里借鉴颇多的卡尔·马克思，将他贬低为所谓空想社会主义者之流的人物，这在很大程度上给人一种印象：圣西门虽然很有天分，但过于幼稚、愚蠢、偏执，不值得仔细研究。然而，假如将各种预言放在一起，将马克思的预测与圣西门的做一番比较，就会发现，结果竟然是圣西门胜出。

终其一生，圣西门怀有这样一个念头：他就是那个最终降临世上拯救众生的伟大的新弥赛亚；在他生活的那个时代，许多人都有那种独特的感念。在18世纪末19世纪初，妄自尊大、以弥赛亚自许的人物层出不穷，历史上还没有哪一时期能够与之相提并论。在这一时期，每个人似乎都自认为上天最终赋予了他独有的洞察力和想象力，注定用它们来解决人类的一切不幸。如果读一读卢梭的著作，你就会产生这样一种印象：虽说他认为已经有人先他一步，但只有他被赐予了终极的认识能力。读费希特，你也会有类似印象：你
113 感觉他是在说，路德自然重要，基督自然重要，伟大的古希腊哲学家自然重要，然而，最终的启迪只能来自他本人——向人类打开那一扇扇已经被先前的思想家撬开一半或四分之一的大门，是他的使命，他为此而献身，一劳永逸地猛然推开这些大门，是他的特权。

读黑格尔，你也会有完全相同的印象，黑格尔感觉到，他对前人的所有观念进行了总结和彻底综合，最后综合在一个庞大和谐的结构中，这个结构最终是人类一切智慧、一切知识的总和，这样一来，在他之后，他的门徒也好，所有的人类也好，他们只需算出结果然后加以应用。同样，在法国，在所谓的空想社会主义者圣西门、傅立叶甚至他们的继承人巴扎尔和勒鲁那里，你会得到这样的印象，他们在说："当然了，先行者还是有的；摩西是有的，苏格拉底是有的，基督是有的，牛顿或笛卡尔是有的，其他重要思想家，甚至天才人物也是有的。但这些人只是勾画出轮廓，他们只不过略加显示而已；他们得到的只是真理的一角。最终的启迪就是我现在必须对你说的。"虽说如此，圣西门依然不失为一位重要的而且实际上非凡的思想家。

让我列举一下他和其他思想家提出的具有同样原创性的学说。在人文科学这类不精确的学科里，很难将某种学说或观念归功于一个人。然而，如果与德国人相比，圣西门更像历史主义之父；圣西门真正批判了18世纪非历史的方法，提出了自己对历史的解释，而这正是19世纪初伟大的法国历史学派的渊源所在，他真正提供了书写具体的历史所使用的武器，而不是同一时期德国唯心主义者所提供的比较模糊
的意识形态图式，这么说，问题不是太大。 114

他不仅是历史著述的先驱——至少在法国，在西欧可能也算先驱人物，而且他还开启了我们所谓从科技角度阐释历

史这种做法的先河。这与通常和马克思的名字联系在一起的唯物主义历史阐释不尽相同，但它确实是后者的根源所在，而且在某些方面，它是一种更有原创性、更站得住阵脚的看法。圣西门最早在现代意义上将阶级界定为经济社会实体，阶级取决于科技的进步——机器的进步，人类获取、分配和消费产品的方式的进步。简言之，他是历史上严肃关注经济因素的第一人。此外，只要谈到有计划的社会，谈到计划经济，谈到技术专家治国论，谈到法国人所说的统制经济（dirigisme），反自由放任；只要有新政；只要有倾向于某种理性的工业组织方式和商业，倾向于用科学为社会谋福利，总的来说，倾向于我们现已逐渐与有计划的国家而不是自由放任的国家联系起来的一切事实——只要有这类言论，这些随便散播的观念，最早都可以在圣西门未完全出版的手稿中看到启示。

还有，是圣西门而不是别人发明了精英治理社会这种观念，他采用了双重道德标准。当然这种观念在柏拉图以及其他思想家那里就露出端倪，但圣西门差不多是第一位站出来发表如下见解的思想家，他认为，让那些了解当前科技需要和种种科技潜能的精英人物来管理社会，而不是由民主来管理社会，这是很重要的；由于人类当中大部分人蠢不堪言，由于他们主要受情感的支配，因此，启蒙精英的任务是，对自己奉行一套道德，而用另一套道德去反哺他们治下
115 的臣属。这样一来，我们听到许多双重道德观念，例如阿道

斯·赫胥黎或奥威尔笔下的邪恶乌托邦，其根源在于圣西门的那种闪着金光的、乐观的看法，圣西门本人可不认为这种双重标准不道德或很危险，他倒是认为，这是唯一的一条进步途径，唯一的将人类导向天堂大门的途径，与18世纪的思想家一样，他认为这么做最值得，而且即将到达天堂的大门——如果听从他的看法的话。

他是18世纪诸如公民自由、人权、自然权利、民主、自由放任、个人主义、民族主义等口号最有力的攻击者之一。他之所以攻击它们，是因为他最先看到了（因为18世纪的思想家从未很清楚地看到），由一群本身就知道向什么目标努力以及如何让人类朝这个目标努力的明智之士所领导的社会，与最好自行管理而不是被管理这种观念是不相容的。当然他的选择是倾向于优秀政府的，但是他非常清醒地认识到，这就意味着自律政府行不通。他是第一位阐明这一点的人，这就是为什么他对18世纪（实际上还有19、20世纪）所有自由主义观念的攻击不仅具有现代的光环，而且的确有些新意。他好像是最先感觉到，在18世纪法国和德国大思想家非常浅薄和外表非常明晰的观念里，与对立面安然相处的信仰所产生的必然后果。

最后，圣西门是所谓世俗宗教的创始人，也就是说，他第一次看到，人不能单凭科技智慧生存；他必须想办法去激发感情与情感，激发人类的宗教本能。他是第一个（不是 116
带着那种冷漠态度，而带着极大的狂热和热情，他天性如此）发明宗教替代物的人，所谓宗教替代物，就是那种世俗化的、人性化的、消除神学色彩的基督教的变种，在19世纪及其后，它的许多变种四处流行——它有点像康德的人性的宗教；有点像所有的伪宗教，略带宗教味道的所有道德规范，是为有理性的人所提供的，取代了过去盲目教条和反科学的黑暗神学的替代品。单凭这一点，就足以使圣西门成为对我们这个时代最有开创性、最有新见和最有影响力的思想家之一——即便不是最有影响力的思想家；同我在演讲中探讨的其他思想家一样，他与我们这个世纪的关系，与19世纪相比更为直接，这一点我还要证明。

让我们从历史主义这个观念入手，正如我在前面所说，他对这个观念的形成贡献极大。困扰圣西门及其同时代人的问题是法国大革命的失败。圣西门生于1760年，卒于1825年，为了说明他的观点的形成过程，我应当讲一讲他的生平。他出身于圣西门这个望族，大约一百年前，这个家族出过大名鼎鼎的圣西门公爵，此人著有《回忆录》，圣西门本人颇以家族为自豪。他甚至将自家的谱系追溯到查理曼大帝。让我们引述一段他就这个问题写过的文字：

> 我写作乃是因为我有新思想。我利用它们在我脑海中已经呈现的形式把它们表达出来。我把它们交给职业作家去修饰。我是作为一名绅士、作为圣西门公爵的文学后人、作为韦芒伯爵的后代而写作的。所有做过和说

> 过的大事都是绅士们做过和说过的，哥白尼、伽利略、笛卡尔、牛顿、莱布尼茨，他们都属于绅士阶层。拿破仑要不是偶然发现那个空出的王位，他也会写下自己的 117
> 所有思想，而不是将其付诸实践。

这个例子很能说明圣西门夸大其词的作派。据说，每天早晨他让男仆唤醒自己的话是："起来吧，伯爵先生——您还有大事要做呢。"

年轻的时候，他喜动不喜静，耽于想象，生就一副热心肠。他跑到美国，加入大陆军，在华盛顿将军麾下参加了围攻约克镇的战役。在美国解放战争之后，他南下墨西哥，此前他已经萌生了这种思想：必须通过大规模的科技规划来改造社会，他试图劝说西班牙驻墨西哥的总督开凿巴拿马地峡，挖一条运河，他认为，这样可以大大促进那片水域的贸易。当时这一想法还很不成熟，引不起人们的丝毫注意。从墨西哥他又去了荷兰，他鼓动荷兰人向英国殖民地开战；他又从那里去了西班牙，在西班牙，他呼吁开凿一条运河沟通马德里和大西洋。他满脑子都是利用自然为人类服务的想法，不费什么代价而有所得——开凿运河，让河水，让自然本身，去完成人类要如此劳身费力去完成的工作。这些想法都没有实现；事实上，快要完工的西班牙运河，因法国大革命的爆发而功亏一篑。

在法国大革命当中，他当然最同情改良者。他曾是大数学家和论说文作家、百科全书的编者达朗贝尔的学生。他与18世纪末百科全书派的一些人物有良好的个人关系，当时他正决心成为18世纪启蒙人士的殿军。他需要放弃伯爵称号，自称“好人先生”。他参加了大革命，站在叛乱分子吉
118 伦特派这一边。不久革命发展到了恐怖阶段，由于出身贵族（他的名字便是依据），圣西门几乎招致逮捕。别人被误当成他给抓了起来，得知这个消息后，圣西门以他惯有的做派，立即去自首，以开释那个遭监禁的无辜者。他神奇般地活过了恐怖时期，当他重新露面的时候，热情不减当初，他重新置身于生活的洪流之中，他的大理论便是他想改良人类。如果具有如此高尚的品格和高超的能力，如此精湛的才智和深刻的智力，如此一丝不苟地关注真理的人士所构想出的这些令人心仪的想法，其结局竟然是断头台上的屠杀，那么，显然是世间人事出了严重错误。可是，为了改良人类，人们必须去了解，去学习，去研究一切科学和艺术，不仅如此，人们必须饱尝生活经验的甘苦，人们必须理解美德和罪恶的真正本质，为了做到这一步，人们必须拥有尽可能多的生活经验。人们必须尽可能地接触生活。简言之，人必须活着。要活着，就得有钱。但圣西门的产业已经因发生革命而被没收。结果，他致力于金融投机，参与销售被没收的贵族的财产，赚了一大笔钱，这笔钱却被他的德国合伙人雷登男爵给骗走，结果，他又回到了革命之初的状态：一贫如洗。

到这时为止，他已经经历了富有意义的生活。他曾大摆

宴席款待他认为是当时最有趣的人物——物理学家、化学
家、生理学家、数学家，希望从他们那里学到那些行当的奥
秘。他已经从达朗贝尔门下了解了一些数学知识。他在晚年
抱怨说，这些科学家吃了他的饭，天下之事无所不说，可就
不谈他想请教的科技问题。不过，他还是从各处得到了一些
零碎的知识，成了一个典型的、富有想象力的自学成才者。
他的脑子里永远乱成一团。在他的著述中，最有深度和最为 119
精彩照人的思想与绝对无意义的东西交替出现。例如，你
开始读他早年写的一篇有关海洋自由的文章——他在这方
面提出过政治理论，可是突然之间，你还不知道是怎么回事
儿，就发现他在探讨重力，而且他不仅谈的是牛顿所说的那
种重力，而且是一种相当神秘的重力现象，它既能够影响
观念领域，又能够影响物质领域。当你还以为自己在读中世
纪的历史掌故的时候，突然被告知，整个人类与个人很相像
(这种观念也见于帕斯卡的著作)，当前人类的年龄是四十左
右——介于三十五与四十五岁之间，他又说，法国人的年龄
大约二十一岁。最有趣的是他对人类从古典阶段发展到基督
教中世纪阶段的见解，你正在读这个地方的时候，突然被告
知，发明多神信仰的荷马，也发明了民主，因为奥林匹斯山
上有民主，民主就是这样出现在人间的。

不过，且让我们抛开圣西门思想中这些荒诞、天真和可笑的方面。他对于法国大革命失败原因的假说，或许是当时最有创见的。每个人都根据自己的观念解释这场灾难。这场

革命为什么会失败？自由主义者说，是因为恐怖，换句话说，因为革命者还不够自由，他们没有充分尊重人权。正统派、宗教界还有保守派人士则说，是因为人们打破了传统，或不信上帝的话，而上帝的幽灵天使去光顾那些更喜欢运用自己的独立理性而非依赖神圣信仰的人。社会主义的狂热信徒（像巴贝夫这样的人）说，因为革命还不彻底，因为本应
120 平等分配财产，因为，简言之，虽说应当有自由，可是没有经济上的平等，自由是没有意义的。还有其他许多解释。圣西门的解释在某种意义上与黑格尔的解释相似，可是他的解释远比黑格尔的具体，他主要着手处理的是实际发生的、活生生的人类和现实的历史，这与黑格尔处理的那些庞杂模糊的形而上学观念形成鲜明对比，那些形而上学观念很像哥特大教堂的阴影，而黑格尔似乎永远居住在这样一座教堂里。圣西门说，这是因为别人没有读懂他，在早期著述中，他就开始提出自己的历史观。正如我在前面所说，他的确是准唯物主义解释之父。在他看来，历史是活人尽可能丰富多彩和全方位发展自己能力的一段故事。为了做到这一点，他们利用自然；为了利用自然，他们必须拥有工具或武器。结果，他们的想象力，他们的发明能力，他们用于思考和选择的一切能力，都用于发现最佳的武器，来征服自然和满足他们欲望、迎合他们意图以及他所谓众人利益。

这样一来，武器发明本身创造了所谓科技进步。而科技进步本身又创造出阶级。它之所以创造出阶级，乃是因为拥

有武器的人能够支配那些没有武器的人。马克思就是从圣西门那里借鉴了这个非常简单、基本的观念，即便它不完全来自圣西门，也不是来自别人。一旦那些有本事、有天分、高高在上的人联合成为一个阶级，他们发明了工具和武器，他们借此能够攫取更多的东西，与别人相比，他们从自然那里获利更多，而其他人逐渐受到这个高高在上的精英阶层的支配。他们受支配的时间并不会很长，因为他们最后会造反，他们开始不满，他们认为，只要允许他们发挥想象和理性的作用，他们就能发明新东西，借助这些新东西，他们不仅能 121
够从自然那里得到比现在多得多的东西，而且他们也许还能推翻这个精英阶层的统治。同所有精英人物一样，这个精英阶层会逐渐过时，他们的观念变得僵化，他们意识不到下层阶级暗中的发明和发现；而且，由于他们长期依附生产武器（如果有人可以这样说的话），或者说过度依附不再适应新武器的经济生活形式，不再适应桀骜不驯、义愤填膺、积极主动、想象丰富、雄心勃勃的奴隶们正在完善的新的科技进步，到时候他们将被这个底层阶级推翻，这个底层阶级会逐渐掌权，只不过他们剥削、利用的人逐渐也会让他们下台和过时。

就某些方面而言，这与马克思主义的唯物主义历史观几乎同出一辙，可是，圣西门并没有说马克思所说的话，即，一切思想观念都受分配或生产状况，受经济因素的支配。他的确认为，只有当观念能够满足某种利益的时候，它们才会产生。就这种意义而言，人们做出发明和发现，进行思考，创建数学或创作诗歌或随便什么东西，只是对他们所在时代一般状况的一种反映——只有这时候，这种事情满足他们特有的冲动，这些特有的冲动在一定程度上受经济环境以及人们生活方式的限制。不过，他认为，这些观念产生的独立性影响，要比马克思主义者赋予它们的多得多，因此他认为，发明，尤其是阶级，既是观念的产物，也是科技进化本身的产物。例如，他认为，奴隶制这一观念产生于这样一个时期：当时人们意识到，如果他们能够利用奴隶替他们工作，他们就会有更多的闲暇时间；类似地，废除奴隶制也不完全是经济环境造成压力的结果——因为使用奴隶已经很不
122 划算，这是马克思主义的典型解释——而是因为基督教的兴起。基督教本身可能与它从中诞生的经济世界有一些关系；然而，实际废除奴隶制的，正是基督教观念——主要是宗教的、精神的、道德的观念，当时要不是产生这些观念，奴隶制就不可能废除。因此，圣西门极力强调天才人物在历史上的作用，他强调如下事实，即，要是没有天才人物，要是不赋予他们发挥作用的机会，简言之，那些以其犀利的见解、丰富的想象力渗透和理解他们那个时代的环境的大人物，如果不给他们的观念以用武之地，进步就会延迟。进步绝不是自动发生的，它绝不取决于阶级冲突或科技进步的某种必然机制。

从这一点出发，他发展出这样一种观念：必须将历史理解成人类为满足各种需要而进行的一种进化过程，正因为这

个原因，需要不同，满足也就不同。因此，18 世纪愿意给中世纪或更早时期做出教条式的判断，称它们为黑暗、无知、偏见、迷信充斥的时代，空无一物的时代，与 18 世纪降临的理性主义曙光相比的确不足称道和令人生厌——这彻头彻尾是一种无视历史和毫无根据的看法。

凡事必须根据其历史背景做出判断。这个观念，我们今天耳熟能详，简单得很，可在 19 世纪初，它却鲜为人知。凡事必须根据其历史背景进行判断：这一点圣西门说得比赫尔德清楚。我们所谓的黑暗的中世纪，在他们自己看来并不黑暗。在中世纪，人们的需要与我们不相同，对于一个时代是应当肯定还是否定，它应当受赞扬还是责备，认为它伟大还是渺小，进步还是反动，要根据它是否满足当时的需要这 123
条标准来判断，而不应根据与那个时代大相径庭的、后世的需要来判断。圣西门说：我们总听到这种进步观念，但我们知道的进步是什么？使 18 世纪胜过 17 世纪，17 世纪胜过 16 世纪，16 世纪胜过 15 世纪的这种势不可挡的进步是什么？有人告诉我们，这是因为人们从自然中学到了东西，因为人们使用了理性，还有，为了共同的善做了一些更重要的事情——但他说，这些说法都很含糊，我们不知道人们用理性指什么，用自然指什么。他说，且让我为你们提供一些标准吧，它们比较具体，我们可以用它们来正确地书写历史。他真是言必信、行必果。他罗列了四条标准，每一条都蛮有趣。

第一条标准是：进步的社会就是能够最大限度地满足绝大多数人需要的社会。只要做到这一点，只要能够最大限度地满足需要，就是进步的，这是圣西门始终坚持的重要理念。人类有某些需要——不一定需要幸福、智慧、自我牺牲或其他什么东西——他们想得到的就是满足自己。对于这些需要应当满足，而不应问为什么，任何能够丰富多彩和全方面发展这些需要的东西，凡是能够全方面促进个性最佳发展的，都是进步的。

第二条标准是：任何进步的东西都会给最优秀者达到顶峰的机会。在他看来，最优秀者就是最有天分、最有想象力、最聪明、最深刻、精力最充沛、最活跃的人，那些尝遍人生甘苦的人。在圣西门看来，人的种类不多：改进生活的人和反对改进生活的人；想坐享其成的人和想为人们服务的
124 人——想无所作为的人，想满足需要的人；还有那些喜欢低调行事、任由事物沉沦的人，这类人反对混乱，总的来说，他们愿意息事宁人、多一事不如少一事。

第三条标准是，能够为反叛与入侵提供最大限度的团结和力量的东西，就是进步的；第四条标准是，看它是否有助于发展、发现和文明。例如，闲暇时间有助于发明、发现和文明——有助于发明书写或诸如此类的东西，这就是为什么当年奴隶制曾经是一个进步制度。

这些都是具体标准，圣西门说，如果你根据这些标准来判断历史，那么摆在你面前的情况就会迥异于 18 世纪启蒙

运动的教条主义者向你提供过的。例如，假如你想过教皇格列高利七世或圣路易当时的所作所为，那个黑暗的时代就不再黑暗。这些人毕竟修建了道路，排干了沼泽。他们修建医院，教大部分人读书识字。最主要的是，他们维护了欧洲的统一，他们击退了东方侵略者，他们让 6 000 万人口文明开化，6 000 万人口以统一的方式生活，生活在大致相同的政权之下，他们能够共同和谐地发展。这绝不是一个黑暗时代；与后来的时代相比，对于生活在这个时代的人而言，这个时代绝没有那么支离破碎，那么混乱迷惘，那么令人心灰意冷。一个时代是进步的，表现在，其中大部分人可以尽可能地做到那一特定阶段允许他们做的事情。所谓黑暗时代竟然是人类在那个时代和在那种科技发展条件下获得最大可能发展的时期。当然，这一切都已经过去，这些制度已经过时，因为它们已被取代。新发明问世了，新发现也出现了，新的天才人物到来了，他们通过激发人们的头脑，自发地创造出新需要。旧制度不能满足新需要，或成为既得利益 125
者；旧制度压制那些需要，试图抑制它们、限制它们、阻止它们，从而成为进步的障碍。旧制度最终成为明日黄花，摧毁它们、遗弃它们的人出现了。这就是革命。革命意味着，有人必须挺身而出，扫除现已彻底陈旧落伍的东西、不再有用的制度，这项制度再也不可能像过去想的那样可以带来好处。因此，在圣西门看来，历史是他的门徒们所说的有机时期和批判时期循环往复的变化。有机时期是人类联合一致、和谐发展的时期，当时掌管人类事务的人总体上是扶植进步的——这种进步就是，尽可能为绝大多数人提供机会，尽量满足他们的需要，不管这些需要是什么。批判时期是这些安排已经过时，这些制度本身已经成为进步障碍的时期，这时候，人们感觉到，他们想要的不同于他们正在取得的，这时候有一股新精神要打破依旧禁锢它的旧瓶子，例如，圣西门认为自己所在的时代就属于这种情况，过时的封建框架还在非常可笑和人为地束缚着工业时代。

批判的时代是破坏压倒建设的时代。在圣西门看来，它是次等的时代，不过它是必然和必须的。例如，在探讨 18 世纪和法国大革命的促成因素时，他说，法国大革命实际上是由律师和形而上学家们发动的。这些人本质上是破坏者。律师都干了些什么呢？律师搬弄诸如绝对权力、自然权利和自由等概念，而自由总是一个否定性概念。乞灵于自由就意
126 味着，有人要从你那里拿走你千方百计发明理由来保留的东西。简言之，整个人类或大部分人开始面临一种新的处境，这个新处境提供不了那么多让人赖以生存的东西，你感觉受到严重束缚、受到压抑，所以你就接触那些被称为律师的专业人士、被称为形而上学家的专业人士，为的是做到单凭自己无法做到的事情，即，用各种手段从统治阶级那里夺取你自己单凭暴力无法得到的东西，因为你太弱小了，没法强迫他们把东西交出来。所以说，律师就是那些为了击败老掉牙的政府机器、依然窒息绝大部分人的过时旧传统而制造各种

理由的人；形而上学家，尤其在18世纪，就是那些执行非常必要的、瓦解旧宗教任务的人。

圣西门说，当年基督教可是庞然大物，像犹太教一样，但是它必须发展，它必须前进。如果它静止不前，它就会溃决，就会被推翻。这就是为什么，在所有宗教大改革家当中，他最不喜欢路德。在他看来，路德过于拘泥于他的独特信仰，而他的独特信仰无疑是推翻天主教所必需的，圣西门认为，在路德时代天主教多少已经陈旧过时、具有压制性。路德用《圣经》这一本书取代了天主教，成为人们虔信的对象。毫无疑问，对于地中海东岸一个小国处于半游牧状态的犹太部落，《圣经》还是很适用的，可是它无法应对各民族的发展。这就需要灵活性，不断变化，不断前进。罗马天主教会，不管人们怎么反对，它还是有灵活成分的。毫无疑问，在某些方面它是反动的，在某些方面是压制性的、不公正的，可是它不间断的法律拟制（legal fiction）[1]，它断言权威的来源不在于一个一成不变的文本，而在于一个不断变化的人类制度（人类的制度说到底是一代又一代的人组成，每一代人都与前一代有些不同），天主教会使自己具有充分 127
的灵活性，从而能够极为成功地引导人类走过中世纪。而这正是路德所终结的。他破坏了欧洲的统一性，他将宗教与某种一成不变的东西捆绑在一起，他维护私有的、绝对的原

[1] 指法律事务上为权宜计在无真实依据的情况下所做的假定。——译注

则。要是有什么东西让圣西门深恶痛绝的话，那就是绝对原则的观念——没有哪一样东西是静止的，没有哪一样东西是绝对的，万事万物都在演变，万事万物都对时代的运动、人类演化、新发明、新发现、新思维、新灵魂、人类逐渐产生的新的心灵做出反应。结果，总的来看，圣西门是亲天主教和反新教的；但他到最后也不是正宗的基督徒。

至于法国大革命，那是怎么一回事儿？那只是在一段漫长的精心准备时期结束之际爆发的一场革命。工商业的发展、剧烈的经济变化，至少在 17 世纪末就已经发生了。不过统治者没大注意到这一切。由于倒行逆施的统治者还生活在传统的过去，没有认识到一个新的工业时代正在来临，也没有认识到中产阶级现在是实权派（圣西门在探讨他所说的实权的意义以及实权派时，最有说服力或洞察力），法国政府，与别国的政府一样，没有与这些变化保持同步，没有相应地调整他们的安排。结果，当财政部门呼吁国家伸出援助之手时，它已经破产了。此时掌握实权的第三等级（虽说它还没有认识到这一点），突然意识到自己不需要妥协。它有
128 了权力：它必须要做的就是使用这份权力。

简单来说，圣西门将这场革命解释为中产阶级的阶级意识的兴起，他们意识到自己的真正地位，以及如下事实：它们只需清除极少数简单的规则、彻底空心化的先前的统治阶级，就可以满足自己的要求，先前的统治阶级——教士，贵族和军队——一直骑在他们的肩膀上，压制他们，这种情况

无法再以国家的利益为理由应用于新世界。那么律师，他们发挥过什么作用？他们向新兴的资产阶级提供了观点、口号；但任何口号都会随时间的流逝而过时，他们提出的口号“一切权力为人民”，“人类自由”，等等，像他们所反对的反动势力的口号一样空洞。毫无疑问，他们执行了一项非常必要的任务：白蚁的任务，在旧建筑物下钻孔，使之必然倒塌。他们是清扫工，是掘墓人，他们应当做的是移走坍塌过半的旧政权，可他们不打算建一座新堡垒——那份工作需要具有创造性的人，需要的是建设能力，而不需要那些以智取胜、玩弄讼师伎俩、在审查制度下狡猾弄文写小册子的人才，不需要狡猾奸诈、最终心胸狭窄的律师——他们的心思没有放在将来大规模的建设任务上。可是，由于律师是下层阶级唯一依赖的人，因为，是他们写出了革命小册子，让他们掌权，革命就失败了。革命本应由那些真正的新人去领导，他们是新兴的大商人、新兴的大工业资本家、新兴的大银行家，他们是属于现代世界的人。

圣西门最有新意、最有洞察力和最有创造性的一个观念就体现在这里。每一个时代都有权力的分配。有重要的人物，有不重要的人物。有代表即将到来的新事物的人，有代表行将就木的旧事物的人。在中世纪，封建领主代表进步的
原则，因为他们保护农民，而在当时，农民是人类所需要的 129
商品的生产者。他们保护农民不误农时，总的来说，尽他们所能维护那个秩序。军人，还有传教士，也是那个秩序所需

要的。当时基督教是一股巨大的进步力量，只要它是进步力量，传教的教士们就是进步的，更多地传授满足时代所需要的事物，而不是罗马宗教或希腊宗教或犹太宗教所需要的事物，这样的人都是进步的。但他们过时了，他们已让位于迥异于他们的一类人。今天，重要人物不是教士、不是军人、不是封建领主，而是完全不同的一类人：科学家、工业家、银行家、专家——最终代表科学和工业的人。科学和工业已经站住脚，但是，我们要想组建一个满足人类需要的世界，唯一的办法是，最有效地应用科学，也就是说，去创建最终将在世上崛起的伟大的、新的规章制度——商业、工业以及最重要的信贷银行业。

圣西门对于银行家的重要性极为痴迷，因为他太喜欢玩历史类比这种游戏了，他受以下观念和事实影响太深了：历史的观念，发展和演化的观念，凡事都非静止不动，一个时代的所有事物都对应于（绝不完全等同于）另一时代的某些事物。例如说，他经常问，在他所在的时代，哪些人对应于在中世纪时代（或罗马帝国）促成统一和中央集权的人物。罗马人之所以伟大，乃是因为，他们几乎君临所有人类，而且他们的法律是普适性的。中世纪之所以伟大，是因为，教会控制了整个世界，教化整个世界，从而防止出现冲突，防止出现地方主义，防止出现在圣西门眼里最严重的罪恶行
130 径——类似于洪水泛滥，人类的资源沿孤立的、私有的、个体的方向彻底毁灭。那么现在是谁在发挥这种职能呢？他

说，是银行，信贷是一股强大势力，是将大家维系在一起的那股强大的、无所不在的力量，凡是轻视它、反对它、认为离开它也行的人，都会被它给毁掉。世界上最强大的力量是国际金融的相互联系。但圣西门并没有攻击它，并没有把它当作吸食人民血液的一种压迫性制度而反对它（例如当时的科贝特和西斯蒙第倾向于这种观点），相反，他欢迎它，认为它是一股具有极大吸引力的，发挥集中、联系作用的力量，因为在他看来，统一是最重要的。

人类得以发展的唯一途径是，合理地集中人类资源，所以，人类拥有的每一件物品、每一种艺术、每一件礼物、每一个灵感，都不应浪费，而应得到最佳应用，朝着它可能得到最佳利用的方向努力。凡事统一总比分裂好。俯首听命于愚蠢的统治者已经是坏事一桩，但更糟的是出现一团乱局。圣西门，同17世纪英国革命后的霍布斯一样，主要被无意义的流血牺牲、暴力、暴民横行街头、头脑疯狂的雅各宾派给吓坏了，雅各宾派脑子里装的都是那些玩弄辞藻的律师提供的空洞口号，律师们并不清楚自己所生活的时代。圣西门崇拜工业家、银行家、商人，他把社会看成一个庞大的商业机构，类似于帝国化学公司（ICI）或通用电气公司的这类商业机构。在他看来，国家已经成为过时的事物，虽说有时候需要它去保护个体，免受教会势力的侵害。接下来，他突然评论说：过去神职人员当然冒充科学家；但现在神职人员已经声名扫地，不需要进一步防范他们了。因此，国家身上

有用的、有创造性的东西已不复存在，国家本身已经变得僵死、压抑和没有必要，而在过去，那些创造性的东西在没有
131 利用教会那只死手的情况下推动了经济社会和精神生活的发展。因此（他非常坚定地说），我们所需要的只是已经成为一种工业企业的国家，我们都是其成员，它是一种庞大的有限责任公司——或者是无限责任公司，或许正如柏克曾设想的那样——柏克也是满脑子历史意识。圣西门不仅要求柏克所说的“所有科学上的合伙关系；一切艺术上的合伙关系；所有美德上的合伙关系”，虽说圣西门对此颇为相信，他还要求最有实际意义的合伙关系（在这种意义上，柏克所谓的国家绝不是一种合伙关系），像商业贸易、棉布贸易上的合伙关系——这正是柏克所反对的——商业上、工业上、销售人类所需商品上以及知识上的合伙关系，没有这种合伙关系，人们什么也做不成。

那么社会的目的是什么？圣西门说，好吧，有人告诉我们，它是共同的善，但这种说法太模糊。社会的目的是自我发展，社会的目的是“为了满足人类的需要，在艺术和各门手艺中，最佳应用科学所需要的知识、传播这类知识、发展和最大限度地积累它的果实，也就是说，在所有单独活动最有用的组合中，在科学领域，在各门艺术和各门手艺当中，做到这一点”。在向亚历山大大帝之类的人物表示充分的敬意后，他说：阿基米德这样的人物万岁。换句话，他向军人、教士和国王表示了充分敬意。这些人现在已经不再重

要，同身强力壮之士和占星术士一样成为过时人物。我们需要的是科学家和工业家，因为在他们的领域可以发现知识和当前的需要。有了这些人才能成事。事实上我们就生活在他们的统治之下，虽说我们对此一无所知，他们也对此一无所知。他们本人非常愚蠢地服从封建残余势力，他们并不知道，只要他们动一动手指头，就可以赶走封建残余势力。可是为什么我们还容忍这种情况发生呢？整部历史讲述的都是 132
人类可耻地剥削人类的故事，这是一种非常可怕的浪费。人类本来可以利用自然，他们何必浪费自己的精力去剥削其他人呢？当一群人去压迫另一群人时，无论是压迫者还是反抗的被压迫者，都浪费了太多的精力。让压迫者停止压迫，让抵抗者停止抵抗；让他们共同致力于利用人类财富——自然——的神圣任务当中，建立、创造、形成一种物质性文化。因此，圣西门颂扬的是生产，是组织。

至于说权利，“权利”是一个非常空洞的词：只有利益存在。利益是人类无时不想得到的东西。给人类带来利益是生产者之职事。人可分两大类：无所事事的人和辛勤劳作的人，游手好闲者和生产者，有的时候，他称他们为好逸恶劳者和工作者，所谓“工作者”，他好像不是指体力劳动者，也就是无产阶级；他指的是所有工作的人，其中包括经理、工业巨头、银行家、工业家。

首先，我们必须有专业人员而非业余人士。贫穷总是源于无能，我们必须用协同一致的计划来取代竞争所造成的骇人听闻的浪费：我们需要为社会制订一个中央集权的工业计划。我们想用联合取代竞争，我们想要劳动，劳动必须是义务性的，如果有必要的话，因为劳动是人的目的，我们要抓住一切机会尽可能地推动科学研究以及艺术的进步，因为，除非人类的想象力被艺术家、被那些以打动人的情感为职事的人激发起来，否则什么也不会发生。在人类进步这个巨大的过程中，艺术也发挥了它的作用，这个进步过程包括控制和限制人类的情感、人类的激情、人类的精力，朝着当前时代已经很接近的目标前进，即建立一个庞大的、自动发挥作
133 用的工业制度，在这个制度之下，每一个人都丰衣足食，没有人处境悲惨。而且人类的所有弊端终将消失。为了领导这一制度，我们必须有精英人物，因为人民太忙，创造不出这一制度，而且他们太忙不能亲自管理——在此，他的言论很像 18 世纪的百科全书学派。

这些精英都是哪些人呢？在其漫长的生涯中，圣西门的观点有所改变。一开始，他认为，这些精英人物应当是科学家。后来，他改变了观点，认为他们是银行家和工业家。早年时代，他构想出所谓“牛顿委员会”这样一个神秘机构，这是一种国际合作性的或科研性的学术机构，依靠公共捐赠和秘密投票制度来管理，它以某种不可思议的方式把艺术家、工业家和数学家组织起来。到最后，他又想出一个议会，由三个部门组成。第一个部门是发明部，里面的工作人员是工程师和艺术家（画家、诗人等）、生产者、思想

者，无论在科学还是在艺术领域最先闪现天才之光的人。第二个部门负责审核和细查，它由数学家、物理学家、生理学家等人组成。最后一个部门由行政人员组成——工业家、银行家，他们都是实干家，他们清楚自己所处时代的本质，因为，为了生存而进行的无条件的斗争、竞争的绝对必要性已经教会他们什么东西能做，什么东西不能做。

他还有其他各种计划，这些计划针对的都是同一件事——我们必须生产。我们必须生产，我们必须发明。创造性是伟大的口号。每一个人都必须尽可能全方位地实现自己。中世纪时期盛行一种观念，根据这种观念，肉体应当忍受折磨，人类理想在于某种自我克制，在于主动摒弃欲望，追求内在的生活，逃避肉体的各种诱惑以及外部世界施加的种种邪恶影响——让那个观念永远石沉大海吧。基督教的教义宣扬，我们将在彼岸世界得到报偿，而在此岸世界，肉体是屈从于精神的，这条教义必须废除；必须引进肉体与精神 134
之间的和谐。没有物质的大发展，精神就不可能发挥作用；没有一场精神上的大觉醒，没有一个接一个天才观念的出现，没有人类在全方位取得的进展，就不会有物质方面的发展。这幅景象很像丁托列托笔下的天堂：一大群幸福的人手拉着手，围成一个大圆圈，他们兴高采烈、满心欢喜，一个劲儿地跳舞，他们所有的能力、所有的欲望、所有的爱好，都得到了极大地——过度地——满足，使他们满足的是物质的丰盛，而物质的丰盛正是那些不再受古代制度和可笑的法律压迫和限制的工业家和银行家所能带来的。

当圣西门说到精英必须奉行双重道德标准的时候，他的话里带有很现代的口气。例如古埃及的祭司，他们是早期的和最初的精英人物，他们自己相信一套，而教给芸芸众生另一套，这真是了不起。这么干很好，事情就应当这么做，因为不能指望人民马上就能看到真理，而是必须逐渐来调教他们。结果，我们必须有一些工业家、银行家和艺术家构成的群体，他们逐渐脱离人类，他们逐渐要求自己在工业社会中发挥应有的作用。这是一种很熟悉的新封建主义。共产主义得以安身立命的那个伟大的说法——“各尽所能”——来自圣西门和圣西门主义者。另外，当斯大林说，艺术家（例如小说家）是“人类灵魂的工程师”，他们做事是为了解决具体问题而不是纯粹为了追求形式，艺术的目的不是为了艺术本身，而是为了塑造和影响人类，这就是一种圣西门主义观念。因此，每个人都必须是工程师，无论是无生命物质的工程师还是人类灵魂的工程师。如果做到了这一步，我们就不可能遇到许多过时的、无法理喻的形而上的信条来阻碍我们。因此，圣西门设计出反民主的方案，因为靠民主做不成
135 任何事情；伟大的计划无法完成，除非有理解他们所在时代的明智之士，权力都集中在他们手里，他们能够像专家那样做事，因为只有专家才能将事情办好。只有专家才能将任何事情办好，专家永远不应被推翻；法国大革命推翻了专家，其后果是流血、混乱，还有人类可怕的倒退。

同样，自由也是一个荒唐可笑的口号。自由总是混乱无序；自由总是某种消极的东西，用以反抗外来的压迫。可是，在一个先进的政权之下，一切都是进步的，没有压迫，也就没有要抵制的东西，就无须使用大槌子了。自由总是一种爆破的炸药；可是，在一个建设性时期，在一个创造性而不是破坏性的时期，炸药派不上用场——无论如何不能用于那种目的。所以他大声疾呼的都是自由如何危险、必须加以镇压之类的话。

他以同样的态度来对待自由放任政策。有一段时期，他曾信奉自由放任政策，他是被他称作“神圣的斯密”的那个人的门徒；可自由放任政策也会导致绝对的混乱；除非我们有计划，从中心出发指导事物，否则事情不可能办好。结果，我们看到了一个令人生畏的、庞大的新封建等级制观念，银行家处在等级阶梯的顶端，工业家的位置偏下，再往下是工程师和技术员，然后是艺术家、画家和作家。每一个有想象力的、有一技之长的人都在这个等级制阶梯上有一席之地，在这个庞大的、新的封建政权下，一切都是严格遵循秩序来安排的。这就是取得进步的办法，这就是军队行进的办法，在圣西门看来，我们就是一支部队，整个历史就是一支部队，他或多或少这样称呼它。

同样，他激烈地反对平等，他认为平等是受压迫的大众发出的十分愚蠢的呼吁，它与理性的政府安排的世界无关。我们要管理的不是人而是事。管理事物即意味着引导我们走 136

向一个正当的目标，那就是尽可能用最佳的——最有效的办法去满足各种愿望。如果这是人类目标的话，那么，呼声最高的要求不应是平等、自由，而是博爱——因为四海之内皆兄弟。

这就将我带到圣西门观念的最后阶段，他的新基督教(nouveau christianisme)。在生命旅程行将结束之际，他感觉到，需要一种偶像崇拜，因为我们单凭科技无法获得认识；人的信仰必须集中在某件事物上。他说：想一想西塞罗时代，罗马宗教衰亡，但其庙宇依然有人光顾，西塞罗认为应当保留罗马宗教的外壳，虽说他本人已不再相信其内核。这是办不到的。现在许多人不相信基督教的上帝，不相信基督，不相信任何教义，但他们极力利用教会，因为他们认为，教会可以抑制人类的邪恶本能。可是，在信仰衰微、教会即将垮台之际，宗教可就没有用了。皮之不存，毛将焉附。因此，我们必须创建一门新宗教，它是符合时代需要的一种新信仰。黄金时代摆在我们面前：正是一个盲目的传统让我们看不到它；我们向它快步走去。我们的后辈将到达那里；他说，至于我们，任务是披荆斩棘，开辟道路。

我们该怎样开辟道路呢？这一点，他说得并不太清楚。首先应当以联合和爱为手段。如果人类能够理解彼此的需要，相互认同，那么他们就会充分发挥出创造性想象力，尽可能多地和尽可能和谐地去生产符合每一个人需要的商品。圣西门死后，这一门派的领军人物昂方坦说：“你中有我，我中有你。”当这个学派去巴黎郊区生活的时候——因为它已成为一个宗教流派，他们给自己设计了一种特殊的束腰外衣，只有在后面才能扣上，这样一来，圣西门主义这个小门派中的每一位成员都要依赖他人。这是一种合作的标志，而 137
不是竞争的标志，雷蒙·博纳尔有一幅精美的油画，作曲家费利西安·戴维穿着一件圣西门主义者常穿的束腰外衣，外衣前面绣着一个很大的“D”字，“D”字里面的细线很像竖琴的琴弦。圣西门主义者喜欢中世纪的浮华虚饰，他们想从工业角度重建中世纪的等级制：这的确是圣西门主义有创见的地方。

无论何时，只要有人试图利用科学来解决人类的问题，从而建立一个和谐的社会，就会清楚地看到圣西门主义对我们的影响，当然，这里的人类问题不同于18世纪，当时所面临的是解决恒定不变的常在问题，所依据的原则也是恒常不变的，因为它们铭刻在人们心中，因为它们可在自然中发现，或者通过形而上的洞察力或通过任何手段发现它们；可是所依据的价值观本身却随着时代的演进而演进。我们问，究竟是哪一种发明影响了其他发明，哪些人影响了其他人，必须让整个人类社会和谐一致，必须从这个和谐的社会中创造出某一种有计划的实体，不允许人类放任自流，不能因为他们想怎么干就让他们怎么干，因为这很可能影响他们的能力得以实现所在的事物状态——只要他们有所认识的话，这就是圣西门主义观念。例如，它在美国的新政或战后英国的社会主义政府中呈现出温和的、人道的形式。它在指令性计划的法西斯主义社会里呈现暴力的、无情的、残酷的、狂热的形式。在这类社会当中，出现了一种新的世俗性宗教观念，这个世俗性宗教是安抚大众的麻醉剂，敦促他们接受他们可能在理智上无法理解的思想，这个观念也来自圣西门。
139 我们都是滚滚前进的历史激流一部分，因而不存在绝对的理想，任何理想都要根据它的完善程度得以估价，根据它满足当前需要而不是过去某一时代或未来某一时代需要的程度做出估计，以上这一观念与历史就是不断变化的科技的历史这一观念合并在一起，因为科技代表了人类精神最为活跃的那一部分，人类将被分为两类：工作的人和无所事事的人，游手好闲者和生产者，积极的与消极的，主动实干的和被动受影响的。

整个观念的核心是科学或科学主义——它笃信，除非在严格的纪律之下，由那些理解什么是构成世界的物质、人类和非人类的人去做事情，否则就会导致混乱和挫折。只有精英人物才能做到这一点。精英人物只能奉行双重道德标准，一套为自己，一套为别人。自由、民主、自由放任的个体主义、封建主义（所有这些没有多大意义的形而上的观念、口号、词语）必须撤出，给某些更明晰、更大胆、更新的东西让路：大商业、国家资本主义、科学组织、世界和平组织、世界议会、世界联邦。这些都是圣西门主义性质的。

圣西门不相信革命，因为他已经见过一场革命。他相信诱导的力量。不过革命不需要成为诱导的手段。他最为深切关注的一件事就是，人类本身最终应该满足自己的愿望。他在临终之际对自己的门徒说：“有一件事情我想跟你们说：彼此相爱，彼此相助。我这一生可用一个观念做出总结——保证所有人的能力得到最自由的发展。”还有，“应当建立工人政党［他认为应当由从事生产的‘工人’来建立］——未来是属于我们的”。后来工人的政党建立起来了，不过它可能并不完全像最开明、最慷慨、最乐观和说到底也是最天真的圣西门所相信的那样。 140

圣西门在临终之际嘱咐朋友以及整个人类的这番话中，谈到了博爱、爱和联合以及组织，那么自由呢？这不是他所说的 18 世纪的律师们所使用的空洞的自由，用于反击封建主义残余的自由，而是真正的自由，公民的自由。人类在一定限度内从心所欲的自由。在这一点上，圣西门的见解比他的其他见解听起来更让人感到恐惧，因为他的确反对自由。他不在乎是谁在推行他的观念，或者他们以何种程度上的压迫方式来推行。不管推行者是拿破仑，还是神圣同盟，还是路易十八，对于他们，他的诉求一视同仁。他说，已经让中产阶级如此狂躁不安的自由，对于下层阶级来说，已经成为一件无关紧要的事情，因为我们都很清楚，在当前的文明状态下，任意使用权力对他们的影响并不很大。这些小人物、下层阶级、人类最大多数的和最穷困的阶级，没有他们，就无法重建人类——这些人不在乎自由；他们厌倦了公正，正如俄国左翼社会主义思想家车尔尼雪夫斯基在这个世纪末所说的那样。人民想得到的不是议会、自由和权利。这些东西是资产阶级迫切需要的东西。人民所要求的是靴子，这种对于面包、靴子而不是对大量的自由及自由口号的大声呼吁，已经成为所有强硬的左翼政党主要重复的老调。这个多少散发着邪恶气息的语调，可能也会追溯到温文尔雅、博爱仁
141 慈、道德高尚的圣西门。

迈斯特

在许多同时代人看来，约瑟夫·德·迈斯特是一位非常可怕的人物，他之所以令人生畏，是由于他作品的缘故，倒不是因为他本人如何可怕。实际上，他的同时代人遇见他的机会并不是很多，因为在他一生中比较重要的时光里，他一直为撒丁国王效力，持节俄国，出入圣彼得堡的宫廷。他之所以让人们畏惧，乃是因为，他想用暴力、不妥协和极端坚定和暴虐的教条作派去打倒他不认可的学说。

爱弥尔·法盖很公正地表述了通常人们对迈斯特的看法，法盖也许是19世纪法国对迈斯特最精确和最无偏见的批评家。他称迈斯特为“一位凶猛的绝对主义者、狂暴的神权政治家、毫不妥协的正统主义者，他鼓吹由教皇、国王和刽子手组成的丑恶的三位一体，无论何时、无论何地，他都要捍卫最强硬的、最狭隘的和最僵化的教条主义，他是中世纪造就的一位邪恶人物，在他的身上，既有博学的神学家的成分，又有宗教法庭审判官的成分，还有刽子手的成分”。此外，“他的基督教是恐怖的、消极服从的宗教，是国家的宗教”；他的信仰不过是“略微装饰的异教思想”；他是“梵蒂冈的近卫军”。一位崇拜者，受德国浪漫派影响的新教徒，爱德加·基内[1]，提到他的“恐怖基督教”时写道，迈斯特信仰“有刽子手帮忙的、毫不宽容的上帝；公安常务委员会

[1] 爱德加·基内（Edgar Quinet，1803—1875）：法国诗人、历史学家和政治哲学家。曾对法国发展自由主义传统做出重大贡献。——译注

的基督”；在我们这个时代，西班牙哲学家乌纳穆诺也提及迈斯特的“屠宰场”。 142

这就是通常对他的描述，这类描述主要是圣勃夫的发明，在 19 世纪被其他各色各样的思想家一路保留下来。迈斯特总是被描述为一个狂热的君主主义者和一个比较狂热的教皇权威的支持者；此人骄傲、顽固、僵化，具有坚强的意志和一种令人难以置信的严密推理能力，他能够从很教条的前提推导出极端的和令人不快的结论；此人才华横溢、怨气冲天，他是那个时代诞生的中世纪人物，他徒劳地试图阻挡历史的潮流；他是一位著名的畸形人物，让人望而生畏、心怀敌意、孤独而最终又令人可怜的人物；往好里说，他是一个悲剧性的、有教养的人物，他否定和反对自己不合时宜诞生其中的那个诡诈和庸俗的世界；往坏里说，他是一个顽固派，自欺欺人、死硬到底，他肆意咒骂非凡的新时代，对于新时代的好处，因为太固执而看不到，因为太麻木而感受不到。

他的著作既被认为妙趣横生，又被认为偏执古怪，但并不重要——这是封建主义在黑暗时代为抵制进步的步伐而做出的垂死挣扎。无论根据 19 世纪批评家采取的哪一种态度，他要么被描述为一项失败事业的勇敢的，但注定要失败的游侠，要么被描述成比较古老和比较残忍的那一代人遗留下来的一个愚蠢或可憎的货色。但是，无论反对他的那一派，还是赞成他的那一派，总是认定，他的时代已经结束，他的世界与当代事物没有任何关系。这种观点是维克多·雨果和拉梅内、圣勃夫和法盖、詹姆斯·斯蒂芬和莫利，尤其是哈罗德·拉斯基共同的观点，拉斯基写过一篇论迈斯特的文章，他在文章中认为，迈斯特将作为一股失效的力量而被否定。

这种观点在19世纪还可以理解，在当今时代，似乎有些荒唐。原因是，虽然迈斯特说的可能是过去的语言，内容却是当前反民主言论的硬核；与他进步的同时代人相比，他真正是极端现代的，他的出生并没有落后于他的时代。如果说他的观念并没有立即产生影响，那是因为，那个时代的土
143 壤还不接受他的观念。他的学说，还有他的思想态度，需要再等上一个世纪才开始盛行——现在的确盛行起来了。

迈斯特的任务，在他本人看来，就是要摧毁18世纪建立的一切。让我解释一下这种心理状态的形成。1753年，他出生于萨瓦的尚贝里，当时那里属于皮埃蒙特-撒丁王国。迈斯特终身都是该国的臣民。在18世纪，这个王国相对比较开明：它在废除封建制度方面比法国早好多年。同其他自由派贵族一样，迈斯特早年属于温和的改良派，既不特别反动，也不特别顽固。法国大革命爆发之际，他已经成年。他三十多岁，同其他经历过这场革命的人，如圣西门、席勒、黑格尔一样，他也强烈反对这场革命。雅各宾派制造的恐怖景象让他终生难忘，这使他坚定不移地反对一切自由的、民主的、高尚不凡的东西，一切与知识分子、批评家、科学家

有关的东西，一切与导致法国大革命的力量相关的东西。谈到伏尔泰时，他简直要把对方当成他个人的仇敌。

作为萨瓦人，迈斯特为王室效力，在法国革命者侵略萨瓦之后，他开始写小册子反对这场大革命。这些小册子非常尖锐：带有一股特殊的新意，实际上是一股好勇斗狠的劲头，它们很快就引起了人们的注意。可是撒丁国王却感觉到，把他留在宫廷里总是不太舒服。撒丁王国的宫廷太小，太有限，乡气十足，而迈斯特这个人又太出色、太活跃、太有想象力，而且太引人注目了，他不会安心待在那里。然而，显然他又很能干，他的著述所体现出的才华备受关注。
结果，国王决定，尽量把他远远地打发掉，于是，他被派 144
到了圣彼得堡。从 1803 年起直到 1817 年离开俄国，他作为撒丁国王的大臣（或者说相当于这个级别的官员），持节俄国。

在圣彼得堡，他被视为一位具有独特魅力、谦恭有礼、温文尔雅之士；他是一位才华横溢和令人愉快的健谈者，讨人喜欢，在社交界很受追捧。他在圣彼得堡的生活很惬意；他深受俄国皇室的赏识，他与亚历山大一世周围的亲信们关系很好；实际上，亚历山大在位期间多次用他做政治顾问。

反拿破仑的战争一结束，出于某种原因，亚历山大要求撒丁王国将其召回；或许因为他使太多的上流社会贵妇皈依了罗马教会。在这些贵妇当中，有几位注定要在西欧的天主教圈子里发挥非常大的作用。他很可能个性太强，过多地干预了俄国的政策；不管怎么说，现已复位的撒丁国王受到劝诱，将他召回。迈斯特回到首都都灵，得到了一个报酬丰富的闲差。他死于 1821 年，虽说生前倍享尊荣，却没有丝毫的政治权力，当然也没有其他权力。他的名声主要是在他死后才日见兴隆的。

迈斯特极力要达到的目标，正如我所说，就是摧毁 18 世纪以及 18 世纪的观念。假如有人断定，18 世纪的观念是铁板一块，这肯定不对；实际上，18 世纪的思想家分歧很深。不过有些东西是他们共有的，他们可能不都相信进步；他们可能不都信奉上帝；他们可能不都相信灵魂不灭。有些人相信直觉，有些人信奉经验主义。有些人相信感觉的自发性和简单质朴，有些人则相信科学和复杂。他们的共同之处在于，他们都相信，在本质上，人，即便不是善的，但无论如何也不会是恶的，人有仁慈的潜能，每一个人，在不受骗
145 子或傻子迷惑的时候，最善于鉴别自己的利益和价值；在总体上，每一个人都倾向于奉行自己的理解力所提供的行为准则。18 世纪的大多数思想家都相信，进步是可取的——也就是说，例如，自由优于奴隶制；建立在所谓“自然规律”基础上的法律几乎可以纠正每一件错误；自然只是行动中的理性，因此，在原则上，自然的具体作用，可以从一套公理中推导出来，这套公理类似于几何学中的公理，或者物理学和化学中的公理，只要你知道这些公理的话。他们相信，所有好的和真的东西，高尚的和自由的东西必须是相容的，实

际上，不仅如此，它们还是相互关联的。他们当中有经验主义观念倾向的人确信，人性的科学的发展程度不逊于非生命物质的科学的发展，伦理学和政治问题，只要它们真实存在——为什么不会真实存在呢？——就可以像数学和天文学问题那样，得到同样明确的回答；建立在这些答案基础上的生活应当是自由的、安全的、幸福的和明智的。他们相信，在知识和行动领域，运用人的各种能力，践行人类一百多年来掌握的各种方法，就可以带来太平盛世，带来人类历史上最有意义的胜利。粗略地说，以上便是 18 世纪理性思想家共同的信念、普遍的性情和态度。

这都是迈斯特决心去彻底破坏的。他决心彻底铲除 18 世纪的任何这类特征。他之所以承担这项艰巨的任务，是因为，他相信，让许多无辜者受难的这场大革命是一场可怕的灾难。他曾作为外人（他的家乡萨瓦当时毗邻法国）带着一股激情热爱和崇拜法国，那股激情是住在某些国家边境的人想与这些国家相认同时所特有的，历史上有许多这 146
样的例子。破坏真正金色的理想的愿望，产生了它特有的义愤，他带着这股义愤决心去毁坏他自认为造成他梦想破灭的各种力量。因此，为了取代这种理想主义社会学的先验公式，他决定求助于历史的经验事实和观察人类的行为。为了取代进步、自由、可臻完美性，他鼓吹过去、美德的神圣性以及彻底服从的必要性，因为人具有无可救药的不良和腐败的天性。为了取代科学，他鼓吹本能、迷信和偏见的首要性。为了取代乐观主义，他鼓吹悲观主义。为了取代永久的和谐和永久的和平，他鼓吹冲突、受难、流血和战争的必然性——在他看来，这是神圣的必然性。为了取代和平和社会平等，共同的利益，以及卢梭探讨的尚未腐败的自然人的纯朴天性，他坚持认为，重要的是多样性、不平等以及利益冲突——这些都是个体和国家所处的正常情况。他否认自然、人、自然权利这些抽象概念的意义。他有关语言的学说与孔多塞、孔狄亚克以及18世纪大科学家们试图系统论述的一切截然相反。他试图复活早已声誉扫地的君权神授之说。他捍卫神秘、黑暗、几乎包括无知的重要性，最主要是捍卫非理性的重要性，将它们当作社会和政治生活的基础。他极为有效和出色地摒弃每一种明晰的形式，每一种理性的形式。在气质上，迈斯特与他的死对头雅各宾派一样残酷和极端；另外，他还多少带有他们的信念和正直。

俄国革命者亚历山大·赫尔岑说过，1792年那一代人与众不同之处在于，他们对整个旧秩序的否定彻底得令人称
147 奇。他们不仅摒弃它的罪恶，而且摒弃了它的所有美德。他们不想让任何旧的东西留存下来，他们想摧毁整个邪恶制度，将它连根拔起，从而建立某种全新的、绝对纯正的东西。他们不想做出任何妥协；他们不想让他们的新城市建在旧废墟的基础上。迈斯特正好与此相反。他带着那些大革命家特有的偏执、激情、力量和热情，攻击18世纪的理性主义。他想去毁灭所谓“18世纪哲学家的天城”。他想把它夷

为平地，片瓦不留。

他使用的方法以及他鼓吹的真理，按他正式的说法，来自坎普滕的托马斯[1]或托马斯·阿奎那，或17世纪法国的伟大传教士布尔达卢或波舒哀[2]，可是，事实上，它们几乎体现不出教会中这些中流砥柱人物的精神。它们更多地与奥古斯丁等人反理性主义的研究方法有关，或者与共济会会员以及迈斯特年轻时与其共处的光照派信徒（illuminists）有关。

迈斯特的基本学说如下：自然的牙齿和爪子沾满了鲜血，这是一幅巨大的屠宰和毁灭的场景。18世纪的人转向形而上学，转向逻辑学，甚至转向几何学，以便弄清自然的面貌。然而这些并不是我们对自然的认识的来源。如果他们想谈论自然，就让他们严肃一些吧！他们主张以观察为武器，使用我们的眼力，不要仅仅因为许多传道士向我们鼓吹，就接受大量教条式的原理。那好吧！他们必须相信自己的话。让我们看一看周围正在发生的事情，迈斯特说，让我们不要看书本，让我们看一看自然，看我们本人，让我们研究历史，是的，还有动物学。它们是自然的真正向导。我们会看到什么呢？且引用迈斯特的一段话： 148

[1] 坎普滕的托马斯（Thomas à Kempis，1379?—1471）：德意志天主教修士，在尼德兰奥古斯丁会修道院受神职［1413］，终身从事抄写书稿和辅导新修士工作，可能是灵修著作《效法基督教》的作者。——译注

[2] 波舒哀（Jacques-Bénigne Bossuet，1627—1704）：法国著名天主教士，他的主要著作《根据经文论政治》使他获得了专制主义理论家的名声。——译注

> 在有生命的物质和自然界的广大领域，一种明目张胆的暴力占据着统治地位，这是一种因袭习惯的狂暴，它武装了所有的生灵，直到它们走向共同的命运：死亡。一旦你离开无生命的王国，你就会发现，暴力死亡的旨令已经铭刻在生命的边界。你在植物王国里已经感受到这一点：从参天的梓树到最微不足道的牧草，有多少植物死掉，有多少植物惨遭杀戮！可是自打你进入动物王国的那一刻起，这条规律突然以最可怕的方式得到了印证。一股残暴的力量，它既是隐蔽的又是明显的，在每一种被重新分类的动物身上都有，它使某些物种吞噬其他物种。于是有了捕食性昆虫、捕食性爬行动物、捕食性鸟类、捕食性鱼类、捕食性四足动物。人类被置于所
> 149 有这些物种之上，他的破坏之手不放过任何生灵。

接下来一段文字，读法文原文（略）更见其表现力，翻译过来是：

> 人为了取食果腹而杀生，人为了取衣遮体而杀生。他为了装扮自己而杀生，他出于攻击的目的而杀生。他为了自我保护而杀生，他为了教谕自己而杀生。他为了自娱自乐而杀生，他为了杀生而杀生。傲慢而可怖的国王，他想得到一切，什么也挡不住他…… [让人] 取来羔羊的肠子，做竖琴的琴弦……从狼那里取来它致命的

> 牙齿，去打磨没有什么价值的工艺品，从大象那里取象牙给他的孩子做玩具：他的餐桌上尸体横陈……可是有谁［在普遍的大屠杀中］去铲除那个铲除他人的人？他本人会。这是一个专事杀人的人……暴力毁灭生灵的伟大定律……就这样完成了。整个地球，永远浸泡在血液中，它只不过是一个巨大的祭坛，在这个祭坛上，一切生灵都永无止境地做牺牲品，没有限度，没有停止，直到事物的结局，直到邪恶灭绝，直到死亡消失。

然而，迈斯特说过，人天生是仁爱的。他是温柔、和蔼和善良的。他的狂暴因何而产生？是地球要求血腥吗？迈斯特质疑说，指挥官让参战部队去灭绝其他无辜的人，这时候，为什么这支部队绝不（或很少）哗变以反对指挥官的命令？那些士兵天真无邪，值得尊敬，我们在个人生活中对待他们最为客气不过，而在日常生活中，他们也都温文尔雅、品德高尚、敬畏上帝、彬彬有礼，连一只苍蝇都不忍心伤害，可他们却毫不顾忌地参战，去杀戮那些同他们一样天真无邪的人，难道这不是自相矛盾的吗？而奉命行事的刽子手，他杀的人毕竟不都是无辜的——他们中间有弑亲犯、谋杀犯以及其他罪犯，他杀的人比士兵们杀的少得多，可他依然遭到社会遗弃；没人去和他握手；别人都用恐怖和憎恶的眼光看待 150
他，不把他当成社会的正常成员。无辜者鲜血横流让人顿生羡慕之情，罪犯鲜血横流却让人退避三舍，这岂不让人感到莫名其妙吗？迈斯特说，这是因为，战争本身在某种意义上是神圣的，因为它是世界的规律。这是迈斯特的一个核心学说：理性主义观念并没有发生作用。如果你真的想知道人们的行为何以表现出这个样子，你得到非理性领域里寻找答案。这是一种信奉彼岸世界而不信奉此岸世界的神秘主义。

迈斯特对战争场面深感兴趣。他说，让我们设想一场战争。在人们的想象里，战场上的事情都是按计划发生的。指挥官下达命令，部队开始交战，战役的输赢取决于双方部队的优劣，或将军们的指挥艺术。没有比这更偏离现实的了。设想一下，假如真的发生一场战事，那该出现什么样的情况。这次还是不要看教科书，要看生活：动物学和历史是迈斯特的教师。假如你亲临战场，你看到的根本不是一个接一个有序发生的事件，就像目击证人，甚至战略家、战术家或历史学家描述的那样。你听到的是可怕的噪声，看到一片混乱，到处是杀戮、死亡、毁灭、伤员的尖叫、垂死者的呻吟、火器枪炮猛烈地开火。“五六种极度兴奋”支配战场上的人；将军根本不可能判定这场战争究竟是赢还是输。没有人能够断定。战争不是靠理性的计算打赢的，而是依靠道德力量。战争之所以打赢，是因为人们感觉自己赢了。某种非理性的内在确定性赢得了战争。在战事进行当中，你计算不出你方部队在战场上的数量是否依然占优势。这与两人决斗不同，两人决斗的时候，可以明显看出一方力量大，另一方力量小。战役的输赢在于心理，战役的输赢在于信仰行为。

实际的情况表现为某种神秘的内在力量的结果，这股神秘的 151
内在力量当然不是理性的算计，也不是教科书上的规则的仔细应用，不是导致战争输赢的某种精细的理性算计或计划。

托尔斯泰在《战争与和平》中对博罗季诺战役的描写，就是悉心遵循了迈斯特的观点。托尔斯泰读过迈斯特的书，因为迈斯特在圣彼得堡生活的那段时期，很让托尔斯泰感兴趣，他仿效迈斯特对战争场面的描述，他描写了参战者的内心感受，而不是给出井然有序、整齐利落的描述，而后者正是目击者和历史学家在事后构建的。在迈斯特和托尔斯泰看来，生活本身就像这种战役，任何从理性的角度描写它的企图，都是对本质上极端非理性、极端凌乱而且不遵循任何有迹可循的规律或规则的一种可怕的歪曲、梳拢、整理、排序的过程。

迈斯特主要反对这种臆断：理性对事物有支配作用。借助于理性管理人或做事，不可能取得成功。他说，你认为理性对我来说为何物？理性只不过是人们为了时常让手段与目的相吻合而使用的一种脆弱的能力。你真的认为人类的伟大制度都是合理的建构吗？记住，制度的职责是树立自己的权威性。政府的职责在于管理。每一个社会都得有一个政府，每一个政府都得有这种统治权。每一种统治权都得包含一个一贯正确的原则，唯一绝对一贯正确的东西就是上帝之言。人类制作的一切东西，都可能被人类毁坏。人类建造的一切都可能被人类摧毁。假如你利用 18 世纪所推荐的理性——

为了确保绝大多数人的最大幸福和最大自由所做的某种功利主义安排，创建了一个人为的制度，一个共和国或一个有限
152 君主立宪制。好了，这一代人中的聪明之士建立了它，而下一代人中更聪明的人士可能把它弄得千疮百孔，他们用优越的、更微妙的、更聪明的、更有破坏力的理由，能够彻底毁掉它。没有一件东西能够永世长存，除非这件事物不是理性建立的，因为理性建立什么，就会毁掉什么。

人在本质上是堕落的、邪恶的、胆怯的和道德败坏的。罗马教会、基督教所谓原初的罪恶，也就是原罪，是对人性最真实的心理洞察。如果放任自流的话，人类会把彼此撕成碎片。在此，迈斯特与他的时代完全对立：他认为，要是不给人类戴上镣铐而且用最严格的纪律来约束他们，他们就很可能因为自相残杀而毁灭。他认为，人性从根本上说是自我毁灭性的，需要加以抑制和控制。唯一可信赖的东西，唯一可靠的东西，不是人造的；因为，如果它是人造的话，它同样可被人毁掉。

在这方面，18 世纪是怎样教导我们的呢？它教导我们说，社会建立在契约的基础上。可是，契约论无论在逻辑上还是在历史上都是荒谬的。契约是什么东西？契约就是一种承诺。迈斯特用嘲笑的口吻说，我们让一群有理性的人走到一起，就是为了创造和平的生活，与人们陷入的所谓自然状态相比，这种和平的生活将会给人们更多世俗的好处、安全、幸福、自然或任何他们想得到的东西。那么他们怎么能

做到这一步的呢？建立起一个国家，就像开一家银行或有限责任公司那样。可是即使做到那一步，也需要承诺和社会契约得到执行。假如有人违反承诺，就一定得用某种手段迫使他改变初衷履行承诺，或将他驱逐出局。可是，如果一群人已经理解诸如承诺以及执行承诺等概念，这个群体已经是一个彻底成熟、老于世故的人类社会了。一群野蛮人，从树林里走出来的狂野不羁的土著人，在历史上第一次聚到一起， 153
为了建立某种所谓社会契约关系，他们已经有了精致复杂的社会观念，例如彼此信守承诺、义务、责任，执行承诺，他们准备把这一切放在一起供理智使用，这种观念在逻辑上荒唐得令人匪夷所思。如果人们已经有了承诺的观念、尊重彼此意愿的观念、奖惩观念，那么他们就不再需要社会，他们已经处在社会之中了。因为社会显然是以契约观念为前提的。另外，社会不是由人创造的，如果它是由人创造的，它就不会历经千百年的蹂躏而岿然不动。它源于遥远不可知的古代；在迈斯特看来（在此他深受柏克的影响），任何可回溯到古代，然而来源无可考稽的事物都是上帝而不是人创造的。

语言也是如此。他说，卢梭先生告诉我们，他想弄清楚语言的起源。那好，无所不知的孔狄亚克先生当然也能够回答出这个问题。语言是怎样形成的呢？呃！当然是劳动分工啦。许多理性主义者为了追求他们个人的优势，相互勾结抱成一团，着手发明了语言，迈斯特如是说。据推测，第一代人说出了 BA，第二代人说出了 BE。亚述人发明了主格，米底人发明了所有格。语法就是这样形成的。

这种尖刻的嘲讽非常到位。迈斯特意识到，18 世纪有一个观念：人类制度是理性的人为了有限和可理解的目的而创建的，这完全不符合人类的天性。迈斯特是最早认识到这一点的人之一。此类想法赫尔德早就有，德国浪漫派当然也有。为了摧毁 18 世纪有关社会起源理论岌岌可危的结构，尤其是他们特有的非历史的研究方法，迈斯特运用了尤
154 为尖刻辛辣的嘲讽手段。但是，他痛加针砭的是自然观念。他说，卢梭先生告诉我们，奇怪的是，生来自由的人，却处处受束缚：“他（到底）是什么意思？……这一疯狂的声明——人天生是自由的——与事实完全相反。”法盖有一句精彩的隽语涵纳了迈斯特对卢梭的反应：他说，卢梭的断言就好像有人要说，多么奇怪，天生是食肉动物的绵羊，却到处啃草。迈斯特嘲笑百科全书派以自然的名义去给那提供一切、解释一切的实体抬高身价。他说，这位大名鼎鼎的女士是谁？[1]在他看来，自然绝不是一切好东西的仁慈提供者，绝不是一切生活知识和幸福的源泉，而是一种永远神秘莫测的东西；她的方法是野蛮的，她是残酷、痛苦、混乱的主要来源；无疑她是为上帝不可测知的目的服务的，却很少是舒适或启蒙的来源。

[1] 指自然。——译注

卢梭曾经鼓吹回归高贵的野蛮人质朴的美德。什么是高贵的野蛮人？按照迈斯特的说法，野蛮人根本不高贵，而且不如人类，他们残忍、持有异见和冷酷无情。在他们中间生活过的人都能够证明，他们是人类的渣滓。他们绝不是伟大的、未曾腐化的原型，自然品位和自然道德的早期典范，他们绝不是正直、高尚的事物，绝不是由于文明的缘故、西方各国所偏离的东西，他们只是上帝创世过程中的败笔。派往美洲印第安人中间的基督教传道士的确说过他们的好话，那是因为，那些传教士都是善良的布道者，他们本人不能将这些人实际惯有的卑鄙和罪行安放在上帝创造物身上。我们不能够根据他们的证言，把印第安人当作学习的榜样。野蛮人的语言绝不是具有原始力量、带有原始美的东西；它只有混乱和衰败的丑恶。

至于说自然状态——在 18 世纪的思想家看来，自然状 155
态是原始人应当认可的所谓人的权利的来源，这些 18 世纪的发言人是以谁的名义佯装发言的呢？以自然的名义吗？迈斯特说，这样一位女士不存在，否则我们怎么从来就没有遇见过她呢？这些权利为何物？是什么样的人所固有的？形而上学的神眼所看到的，被称作权利的抽象实体，要么来自人类的权威，要么来自神的权威。至于著名的抽象物——人，大革命以它的名义发动，最残酷的大屠杀以它的名义组织，许多无辜者以它的名义惨遭屠杀：“在我一生中，”迈斯特说，“我见过法国人、意大利人、俄国人……我也知道，亏了孟德斯鸠，那个人可能是波斯人。但是，至于说‘人’，我宣布我在生活中从未见过他：如果他存在的话，他也不为我所知。”

迈斯特说，在当今时代，信仰完全空洞的言辞和空洞的公式造成的结果是，“社会的两只锚——宗教和奴隶制——已经同时失效，社会这艘船让风暴给卷走了，失事遇难”。这就是为什么他在向俄国沙皇进言的时候，总是说：社会赖以维系全凭这两只锚，借助于它们可以限制邪恶之人，防范他盲目的自我破坏冲动。一只锚是教会，另一只锚是奴隶制。基督教会之所以废除奴隶制，乃是因为，它有足够的力量控制住人，可是，在俄国，东正教会并没有得到普通民众的高度重视，那就让农奴制一直存在下去好了，如果你去解放农奴的话，就会像你的顾问建议的那样，你的国家就会陷入最邪恶的革命之中。它就会从野蛮状态走进无政府状态。没有人像俄国人那样希望暴力，一旦你允许这些“大学里的普加乔夫”——这是他对他们的称呼——所有的这些思想反
156 叛者、所有的这些经济学家和科学家以及诡辩家和巫师去支配你，那么你的王国——同所有的王国一样，它依赖权威，依靠信仰盲目的权威——将会垮台。

18 世纪的首要观念是什么？社会得以建立的基础是，想尽可能地在一起幸福和自由生活的人们认识到他们之间的相互利益。这种观念遭到迈斯特强烈和愤怒的反对。他说，社会根本不是建立在这个基础上。社会建立在自我牺牲的基础

上。士兵们为何去参战？他们不知道。如果国王要想推行某种无害的措施，例如人口普查或改变历法，就会在民众中引发反叛和骚乱。然而，如果发生一场战争，许多无辜者惨遭屠戮，成千上万的人再也回不到他们的妻子儿女身边，人们却一声不响地服从。为什么？我们弄不清楚；它是非理性的。

迈斯特实际上在此表明两点。第一点是，根据纯粹无益的人为发明解释不了事情的起因，长久持续的事物都是非理性的。他举例说，世袭君主制，还有什么东西能比它更加没有理性？为什么聪明睿智的国王就一定会有一位同样睿智的儿子，也许他的儿子根本不够睿智。这显然是一种性质十分愚蠢的制度，然而这项制度却在延续。它延续了好多世纪。整个西方世界就是以它为基础的。废除这样的君主制更合乎理性、更顺理成章、更有道理，我们看一看这样做后果如何。波兰不实行世袭制，国王由选举产生，后果如何？混乱和毁灭几乎接踵而至。为什么？因为采用了一种理性的制度。以婚姻制度为例。两个人仅仅因为在人生的一个阶段上偶然相爱，他们就应当厮守终生，其理由与过去并无二致，还有比这更非理性的吗？可是，没有什么东西比自由性爱更短命、更具破坏性、更加可憎的了。就这样，他一个制度接 157
一个制度地列举，似是而非地断言，只要是非理性的东西就能够延续下去，只要是理性的东西就会垮掉；它之所以垮掉，乃是因为，由理性建成的任何事物都能够被理性毁灭；由自我批评能力建成的任何东西都经不住自我批评能力的攻击。唯一能够永远支配人们的东西是难解之谜。

18 世纪认为——17 世纪也认为，有一些社会和政治问题可以通过某种方式得以解决。有些人认为，有些问题可以由形而上学家来解决，有些可由科学家来解决，有些可以用良知来解决，通过探索内心来解决，还有一些可以通过阅读特定的专家论述这些问题的著作得到解决。迈斯特说：一旦你允许这类问题提出，那么，其答案就会提出下一个问题。答案永远不会颠扑不破，人们会向这一答案提出质疑，下一个问题的答案也会遭到质疑，就这样循环往复地询问原因的原因。要想让人们在社会中生活，唯一的办法是防止他们产生疑问，阻止他们质疑的唯一办法是使用恐怖。假如事物的本质模糊不可测定，那么人们只有服从它。一旦人们参透事物本质，一旦它是理性的东西，一旦人们能够理解它，他们就不会畏惧它。他们不会敬畏它，不会尊重它，所以它就会垮掉。因此，我们需要的是模糊而无法理解的东西。

以语言问题为例，迈斯特说。语言等同于观念。18 世纪的人认为，语言是人类的一种发明，他们在这一点上是错误的。为了发明，你必须去思考，为了思考，你必须使用符
158 号；说语言能够被建构，绝对是荒唐之言。孔多塞先生想有一套科学的语言，它清晰易懂，可以在各国通行——一种科学的世界语，没有比这更具有灾难性的了。它之所以会造成灾难，就是因为它清楚易懂。对于清晰易懂这种东西，必须弃之不顾，必须阻止，因为正是它们产生了不安、批评、质

疑，它们最终会推翻古代的制度，导致不公正、流血、革命和混乱。

拉丁语这门语言，我们必须教给孩子。为什么？因为它很难懂。人们举出证据反对偏见、反对迷信。什么是偏见？偏见只是人们千百年的信仰，得到了经验的检验。说到底，历史是我们唯一的老师，而政治只是实验的历史。在此，迈斯特的言论方式很像柏克，柏克就是以同样的方式去捍卫偏见的。偏见只不过是人类在千百年当中获得的外衣，在传统上，它在各种境况下得到了检验，将它抛弃不顾，就会在生活的破坏力量前面一丝不挂、战栗发抖。拉丁语是一门不循常规的语言。拉丁语是一门语法不理性的语言。它体现了各种偏见，各种古代迷信，盲目的信仰、无意识的经验、科学所反对的一切事物。这就是我们离不开这门语言的原因，因为世界上只有两种东西永远是好的：一种是古老的东西，另一种是非理性。只有二者的结合才能产生一股足够强大的力量，以抵制批评家、质疑者、科学家们的有害影响。

我们维护社会秩序是为了反对谁？社会秩序的死对头——迈斯特称之为“小集团”的那些人，是非常有趣的一群人。在他看来，他们是詹森派和加尔文主义者以及广义上的新教徒；律师、文学家、记者、作家、犹太人、美洲的革命者、知识分子、科学家、批评家；简言之，他们就是知识分子阶层以及属于这个阶层的一切。这份名单——上面有自
由主义者、各种批评家、各种信仰某种抽象真理的人、不接 159

受社会教条前提的人——差不多最早是由迈斯特拟定的，到目前为止，我们已经对它耳熟能详。它已经成为我们这个时代每一场极为反动的、法西斯主义运动的一贯伎俩。

但是，在这些人当中，迈斯特最恨科学家。科学家属于那种最没有能力去理解生活、理解政府的人，他用极为郑重的口气警告俄国沙皇说，切不可犯下致命的大错，让科学和艺术支配这个国家。他说：以罗马人为例，他们是有史以来最伟大的民族，至少在治国方面是最伟大的。罗马人很清楚，当科学家不过是自欺欺人之举。他们雇用希腊人，因为他们知道，如果他们自己去做这份工作的话，纯粹有损尊严。他说，从絮热到黎塞留[1]，大政治家无一出身于科学家，或对科学有所了解。与科学有关的东西，有关它枯燥、抽象、不够具体的性质，有关晦暗不明的生活所扭曲的、混乱的、非理性的肌质，使科学家无法让自己适应现实，谁听了他们的话谁就自取灭亡。他对俄国沙皇说：不要让这些路德派的德国人到你们的学校任教。那些源源不断、蜂拥而至的都是一些什么人？好人——忠于家庭的人、信奉传统、有信仰、信仰宗教、具有良好道德的人——是不会离开故国的。

[1] 絮热（Suger，1081—1151）：法国隐修院院长，充任法王路易六世、七世的顾问。在路易七世参加十字军东征期间，任摄政王。黎塞留（Armand Jean du Plessis Richelieu，1585—1642）：绰号“红衣主教”。1624—1642 年间为首相，主要目标是在法国建立君主专制并终结西班牙与哈布斯堡王朝在欧洲的霸权。——译注

只有那些玩世不恭之辈、不安分之人、吹毛求疵之士才这么做。这是反对流亡者、反对精神自由、反对人口流动首次真正的说教，当然，是首次以激烈的和容易理解的、实际上让人难忘的言辞表述出来的。

那么社会的根基为何物？社会是苦海的一部分，在这里，我们无法理解事物的根源，在这里，上帝以一种不可思议的方式统治着我们。社会依靠的是恐怖；它依靠服从，盲
目服从权威。没有它，制度就会一片混乱，从而陷入灾难的 160
深渊。什么东西代表这种恐怖因素呢？在这里，迈斯特做出一个似是而非的评论，写出了他著作中最有名的段落。他说，处于恐怖中心的人无异于那个饱受痛恨的人物——刽子手。我引用一下他评论此人的那一段有名的文字：

> 这个莫名其妙的人是谁？……他自己就像一个世界……没有分配给他应有的住所……这时候其他人都搬到别的地方去了……在这种孤寂状态下……他孤独地与老婆、孩子一起生活，他们让他知道人类的声响。可是在他们看来，除了痛苦的尖叫之外，他什么也听不见……司法部门最低级的一个下人敲他的门，告诉他，需要他去效劳。他去了。他到了一个公共广场，人们都聚在那里，脸上带着期盼的表情。一个囚犯，弑亲犯，犯下了渎圣罪，给抛到他的脚下。他抓起了这个人，拉直他的身子，将他绑到地上的十字架上，举起了手，这时候，

全场出现了可怕的沉默。铁锤重击之下骨头的断裂声，
还有受刑人的惨叫，打破了这种沉默。他解下这个人，
将他放到刑车上；折断了四肢缠在车辐条上，头向下低
垂；头发根根竖立，嘴张得像发热的火炉的门，嘴里只
能断断续续吐出几个残缺不全的音节：只求速死。刽子
手完成了他的任务；他的心在跳，却很高兴；他对自
己的工作很满意。他心里说：“干这一行没人比得了我。”
他从断头台走下来，伸出沾满血污的双手，接住一位官
员从远处抛来的几枚金币。刽子手拿着金币从两排人的
中间走过，那些人心惊胆战地向后退。他在桌边坐下吃
161 饭，他上床睡觉，第二天一觉醒来，除了头一天他干的
行当之外，他什么都想过。他是人吗？是的，上帝允许
他进教堂并接受他的祈祷。他不是罪犯，可是，正直、
可敬或值得称道，人类语言中的这几条哪一条也不敢用
在他身上……然而，所有的伟大之处，所有的权力，所
有的社会秩序都依靠刽子手；他是人类社会的恐怖，是
维系人类社会的纽带。将这股不可理喻的力量从这个世
界上带走，那么，秩序马上会被混乱所取代，王座倒塌，
社会解体。上帝，统治者权力的来源，也是惩罚的来源。
他将我们的世界悬挂在这两根柱子上，“地的柱子属于
耶和华，他将世界立在其上”[1]。

[1] 引文翻译来自中文版《圣经》。——译注

这并不是对犯罪和惩罚纯粹施虐狂式的沉思。拉梅内说起过迈斯特，他说，很奇怪，像他这么高尚的人在整个生活中却只看到两个现实：犯罪和惩罚。“就好像他所有著作都是在断头台上写出来的。”不过，我从迈斯特著作中摘出的引文不全是邪恶的东西。它是一种真正信念的表达，这股信念符合迈斯特充满激情的、但又明晰的其他观念，即，人只有受到权威的恐怖约束才能获救。在他们的生活中，必须时时刻刻向他们提起位于创造核心的那个可怕的不解之谜；他们必须通过不断受难来赎罪；处处让他们意识到自己的愚蠢、恶意、无助，以此来让他们谦卑。战争、酷刑、苦难是人类不可避免的命运。

人是傻子，人是孩子，人是疯子，人是在外地主；生活是——应当是——一种刑罚性的居留，由看守照看这个人。他必须受到指定的主人的控制，指定的主人满脑子都是造物主施加的责任，造物主通过无情地推行各种规则，无情地消灭敌人，将自然变成一种等级制。正如我们所见到的，敌人是一个“小集团”，他们是捣乱分子、颠覆者、世 162
俗的宗教改革者、知识分子、理想主义者、律师、完善论者(perfectibilians)、相信良知、平等或理性地组织社会的人、解放者、革命者，这些人都必须根除。

迈斯特以最明晰的方式，使用着确实与18世纪人一样清楚和漂亮的语言，可他说的事情与那个世纪的一般趋向大相径庭：这的确有些不同寻常。然而，迈斯特在某种意义上也是18世纪的产物，因为他处处与18世纪针锋相对。圣西门相信，迈斯特与他切齿痛恨的人（伏尔泰的追随者，实际上甚至包括伏尔泰本人）有某些共同之处。伏尔泰是迈斯特的死对头，迈斯特谈到这个可怕魔鬼的狰狞笑容时，极为愤恨，圣西门却说，也许未来的社会就在于迈斯特与伏尔泰的结合。

乍一听，这是一个莫大的悖论。怎么能有这种结合呢？伏尔泰代表的是个人自由而迈斯特代表了枷锁。伏尔泰呼吁更多的光明，而迈斯特呼吁更多的黑暗。伏尔泰对教会深恶痛绝，他不承认教会有丝毫的美德；迈斯特却喜欢教会的恶习，认为伏尔泰是恶魔的化身。然而，圣西门的话多少有些道理，虽说听起来有些怪异，原因在于，虽说两人截然对立，可是他们都属于法国观念中严苛、冷静、生硬、明晰、强硬的传统。他们的观念似乎极为矛盾，可是思维的属性都经常极为相似。他们谁也没有犯下任何程度上的软弱或含糊或自我放纵的错误，他们也不允许别人身上有这些属性。他们支持生硬反对伤感；他们毫不妥协地反对一切迷惘的和模
163 糊的东西，一切浪漫的、装腔作势的、主观的东西。他们同样反对卢梭、夏多布里昂、维克多·雨果、米什莱、勒南、柏格森的精神。他们是残酷无情和使人泄气的著作家；他们毫无热情，有的时候真正愤世嫉俗。与这种冷静、清晰、虚有其表的外观相比，甚至连司汤达的文字风格——司汤达借鉴迈斯特之处甚多——都显得很浪漫。马克思、托尔斯泰、

索雷尔、列宁是他们真正的继承人。

这种冷静地看待政治场面的倾向，这种不事张扬、真正无情地去分析政治和历史，而非纯粹以骇人听闻的方式去分析它们的倾向，在很大程度上已经进入现代政治技巧，它正是从伏尔泰和迈斯特的诸如此类的观念进入现代政治技巧的。伏尔泰营造浓厚的、不事张扬的氛围就是为了揭露感伤的流行价值观。迈斯特强调历史主义和政治实用主义，他对人类向善的能力估计很低，他还相信，生活的本质是强烈渴望受难、牺牲和放弃（权利）。如果在此之外再加上迈斯特的如下信仰：要不是少数热忱的统治者压制软弱的绝大多数，坚决反对各种诱惑，以免沉溺于各种人道主义之中，否则统治就无法进行下去，那么，我们就逐渐接近现代极权主义了。可以让伏尔泰揭露自由主义的妄想，可以让迈斯特提供灵丹妙药治疗荒凉、空旷世界带来的后果。伏尔泰确实既不喜欢专制主义也不喜欢蒙蔽；迈斯特认可二者存在的必要。迈斯特说：“主权在民的原则很危险，即使它有真理性，还是有必要把它隐藏起来。”所以说，圣西门的话没有太大的矛盾。二者的结合导致了20世纪残酷无情的极权主义——无论是左派的还是右派的极权主义。

真正让迈斯特痴迷的是权力。在他看来，权力是神圣的。它是一切生命、一切行动的来源。它是人类发展过程中
举足轻重的因素，任何人，只要懂得如何运用权力，他就有 164
权利获得权力；基于同样的原因，它是上帝在特定阶段，为

实现他神秘莫测的目的而选中的工具。认出权力真正的渊源所在——处于古代的、既定的、由社会所创造的制度中——是政治和道德洞见和智慧。所有篡位行为终将失败，因为它无视宇宙的神圣法则。因此，永恒的权力只掌握在作为这类法则工具的人的手里。抵制权力是可耻的幼稚之举和蠢行，与人类的未来相背离。

迈斯特鼓吹这样一种学说：如果我们想去理解神圣意志的活动的话，那么，我们必须根据经验研究一切事件。他的斯多葛主义和相对主义、他对自然以及人类权力分配的兴趣——这些构成了迈斯特深思熟虑的观点，而这正是使他莫名其妙地赞同雅各宾派的原因，这种做法使他在移民圈子中不再受欢迎。迈斯特说：只要出现真空，就一定有人乘虚而入。法国国王令人忧郁地失败了。路易十六和他那些蹩脚的自由主义顾问们，还有更蹩脚的吉伦特改良者们，纯粹是社会的渣滓，他们软弱、乐观，信奉改良主义，不了解人类的本性，显然他们毁灭和颠覆了社会。在真空时期，雅各宾派至少有所作为。他们至少杀了人。他们竖起断头台；他们执行死刑；他们开了杀戒。这是迈斯特所赞同的，因为它是行使权力的行为，因为它使社会团结一致，因为它使事物协调一致。他信奉主权。当然雅各宾派是上帝惩罚的工具，用来惩罚背叛了父辈的信仰、不敬上帝的那一代人。不过，像雅各宾派那样，使法国团结一致，使它成为强国，抵抗敌人入侵，粉碎了软弱的普鲁士人或奥地利人的反对，还是比知识分子满嘴胡说八道要好。这就是迈斯特观念中法西斯主义的特征。

同样，拿破仑是科西嘉魔鬼；他是可怕的篡位者，人们
千万不要认可他。然而，他又是一位有权势的君主，权力总 165
是源于上帝的，当然他加冕称帝不比英国的伊丽莎白、奥兰治的威廉或汉诺威王室的加冕更糟糕。迈斯特对拿破仑十分感兴趣，拿破仑对他也相当感兴趣，他们很想见上一面，撒丁国王让这种想法给吓坏了，他可不想让两人会面，他受英国和俄国的豢养，还受过拿破仑入侵之害，一想到自己的外交官与人类的毁灭者谋面，撒丁宫廷就陷入了极度恐怖之中。迈斯特以他特有的失望之情做了答复，他说，假如国王不想让他去，他是不会去见拿破仑的，不过，他认为，这是一个错误的和短视的政策。他说：我看到您认为我的提议让人非常吃惊。那好，我将终身为您服务，因为我相信，王位比它的占有者更重要。至于说不让您吃惊——我不能保证。

迈斯特强调传统、过去、无意识、未知的力量，而不强调民众心灵和蔼可亲的想象特性，正如它热情的捍卫者所做的那样——德国浪漫派，或简朴生活的倡导者所做的那样(他也总是赞颂简朴生活)。相反，他强调权威的稳定、永恒和颠扑不破；权威属于模糊的半意识的记忆、传统和忠诚，他强调各种制度的强制力量，尤其是在超自然因素方面。他极为强调如下事实，即只有在令人畏惧的情况下，绝对的统治才能成功，他恐惧和厌恶科学，就是因为它倾泻了太多的

光明，从而破除了神秘、黑暗，而黑暗本身抵制怀疑性探索。

在某种意义上，迈斯特是法西斯主义的先驱和早期鼓吹者，这正是人们对他饶有兴趣的原因。在古典主义面具之后、在古典主义的表面下、在古典气派之后、在正统的托马
166 斯主义的背后、在当时官方完全听命于王室的背后——这在当时毫不出奇，迈斯特的观念里有更广泛、更浪漫、更恐怖的东西。他令人想起了邓南遮和尼采这类人物——不必在后来的人物中寻找例子。在那方面，他很像卢梭。正如卢梭将加尔文主义的逻辑束缚施加给一种极端个人的蠢行，迈斯特将一种正式的正统主义性质的天主教框架施加给十分强烈、十分革命的，最终是法西斯主义性质的内在激情。

让同时代人对迈斯特十分感兴趣的是，他强迫他们去看事物的丑恶的一面。他迫使他们摆脱毫无生气的乐观主义、机械的心理，以及 18 世纪所有一帆风顺的理想，在法国大革命中，这些理想经历了毁灭性的灾难。在人为建造的实证主义乐观态度行将结束的时期，人们站起来说，他们利用某种经济的或社会的解决办法去治疗所有的社会痛疾，然而这种方法并未奏效，在这一时期，一直存在着要求普通人做出反应的一种强烈倾向，这么多的乐观主义、实用主义、积极的理想主义让普通人得到了满足，然而，捅破大气泡，却暴露出如下事实：当狼真的来到门口的时候，所有的口号都是无意义和软弱的，这些主义顿时名誉扫地。在此之后，人们总想看到事物的阴暗面，在我们这个时代，心理分析中令

人不寒而栗的方面……应归咎于人类对阴暗面的这种强烈渴望——阴暗面是比较尖刻、比较实际、比较真实的，它比过于乐观、过于机械、过于图式化的信仰更有效地满足人们的需要。这也正是迈斯特提供给他那一代人的。人不能依赖于与他对立的理想生活，迈斯特的贡献是，他为18世纪浮夸的、过于乐观的和过于浅薄的社会学说提供了一枚强效的矫
正剂。迈斯特预言了曾经威胁、现在依然威胁正常人类的自 167
由和理想的最有暴力性、最有破坏性的力量，凭借这一点，我们应感谢他。

人可分为两类：一类赞同生活，另一类反对生活。在反对生活的人当中，有一些敏感、明智和目光犀利之士，他们受到不定形的自发性过多的冒犯和打击，受到一心想过自己的生活、不服从任何共同模式的人们所造成的失序状态过多的冒犯和打击。这些人当中就有迈斯特。总的来说，他没有积极的学说，假如他必须在自由和死亡之间做出选择的话，他会拒绝自由。他在20世纪后继有人——例如夏尔·莫拉斯和埃兹拉·庞德，虽说我们可能不赞同这类人的看法，但我们要记住，自由既需要有人批评也需要有人支持。毕竟，正如在歌德的《浮士德》中，批评上帝之道的靡菲斯特并非
完全没有得到答复。 168

第二版附录

《两种自由概念》：早期稿件

编者注

涂抹，更正，添加，提炼，

扩充，缩略，字行间书写。

——乔纳森·斯威夫特[1]

以赛亚·伯林就任牛津大学齐切利社会与政治理论讲席教授的就职演说“两种自由概念”，大致源于伯林在50年代初准备的一份长长的打字稿。这份打字稿留存至今的那部分于2006年出版，书名为《浪漫主义时代的政治观念》。[2]1952年，伯林到BBC演讲，他还援引了这份材料，本书所收录的就是他在BBC演讲的内容，因此，本书也算是那篇就职演说的另一来源。

“两种自由概念”这篇演讲发表于1958年，并在同年出版。[3]一经问世，便成为伯林作品中被人讨论得最多、最有争议性的一篇。其中有些内容引发了大相径庭的阐释，还有些内容（有时是同一部分内容）论证无力，意义模糊，前

[1]《论诗》（Dublin，1733），8（87—88行）。

[2] 参见上文第27页注释2。

[3] 由牛津的克拉伦顿出版社出版。

后不一致，歧义纷出，或者说云翳不清，尽管伯林的文字风格无疑是清晰明了的。

幸运的是，这次讲座的几份草稿留存至今。正如出版前 169
屡经加工的文稿（尤其是以口述形式问世的文稿，如本篇）经常出现的情况那样，先前的草稿，虽说有时文字粗糙，有欠雅驯，但它们有助于人们厘清后来问世的文稿的意思，因为其中的思想有时表达得更加简单和直接；由于上面有修正、辩护和枝节内容，这类文稿有些散漫无章。透过先前版本这面多棱镜，从后刊文本看出的意义，要多于单独阅读后看文本之所得，有时甚至还可以看到不同的意义。这种情况尤其适用于像伯林这样的哲学点彩派，观念印象派，他的晚期著作在传达观念的时候，用语叠床架屋，往复不已，每每铺张凌厉，仿佛连珠炮，而不是那种平易和缓、谨严有序、步步为营、语义清晰的阐述。

这篇讲稿就属于这种情况，正是由于这个原因，我把草稿中的许多材料附在这本书的后面，其余大部分内容，我已经贴到了以赛亚·伯林网上虚拟图书馆中。我希望，同时我也认为，这些本身就相当有趣的预备性草稿，将会时常给阐释者带来启迪，有助于他们解读伯林对自己的多元论自由主义的经典描述。

现存的草稿不仅包括一系列的打字稿——首篇打字稿在手稿形成时做了大量的更正——还包括几盒“口述录音带”，它们是当年伯林在口述时用录音机录制的，如今这些录音设备已经过时。

我用下列字母来代表这几篇前后相继的文稿：

A稿：原稿（内容连续的文本，另加五页补充材料）

B稿：手稿中的A稿修正版

C稿：B稿修订版

D稿：C稿修订版

E稿：D稿修订版，呈交牛津的克拉伦顿出版社

F稿：E稿的缩写本，用于演说

G稿：E稿校样中标出的改动部分

H稿：在BBC关于《寻找社会地位》的讲话[1]

J稿：在E稿的已刊本中标出的补充《自由四论》
170 的内容

上述字母放在了文中的方括号中，以显示此处用的是哪一个版本：方括号后面的内容来自该字母所代表的稿本，直到下一个字母出现为止。在脚注当中，插入字母后面的整段注释来自该字母所代表的稿本。

口述录音带上有A稿的全部内容以及C稿的最后部分。

[1] 1959年，伯林以这次演讲为基础，在BBC欧洲台的系列节目“伦敦召唤欧洲：如我所见”中发表了四次广播讲座。最后一次演说“寻找社会地位”，在1959年7月20日播出，这次广播的打字稿保存在伯林的档案中，发表于伯林的《观念的力量》。关于这次讲话的结尾，见第229页。其他讲话稿已经佚失。

录音带上保留的声音在二十多年前被国家有声档案馆转录到模拟磁带中，这是一场范围更为广泛的文化遗产抢救行动的一部分，这样一来，伯林论 J. G. 哈曼的长篇论文残存的打印稿就可以补充完整了，这份打印稿是伯林在 20 世纪 60 年代口述的。[1] 磁带上的声音已经被沃尔夫森学院的费尔·尼克松数字化了。我对照着（手头的）打字稿核对了数字化结果，这份稿子是奥利弗·谢尔顿女士在 1958 年打出来的，此人是独立打字员，当时为伯林服务。这些材料包括 A 稿的全部内容，这个稿子是下面印行的文本的主体内容。

在口述 A 稿的过程中，伯林在谈及消极自由的最后一部分时，突然中止下来，单独口述了五页内容，我把这五页打字稿标记为 A1—A5。在谢尔顿女士打完的这五页当中，除了 A4 之外，其余的四页都被添加到 A 稿的主干部分，放到了相应的地方，A3 和 A5 被添加到前面已经口述的内容当中，A1 被放在后来继续口述的内容当中。A2 是他已经口述过的一个句子的修订版。虽说 A4 当时已被打出来，但这页打字稿目前已无从寻觅。到底是谢尔顿女士忽略了它，还是伯林对它弃之不顾？他在 B 稿中的确指出了它应该被添加的位置，这似乎表明，他拿到了这页打字稿，并

[1]《北方的巫师：J. G. 哈曼与现代反理性主义的起源》首次以这个标题为书名的单行本出版于 1990 年，后来收入《启蒙的三个批评者：维柯、哈曼与赫尔德》，亨利·哈代编（London and Princeton，2000；第二版，Princeton，2013）。关于这次抢救过程的叙述，见第二版第 306 页。

171 且想把它收录进来。另一方面，这页打字稿在后来的草稿中或在后来的已刊本中却不见了下文。

伯林在手稿中大幅度修改了A稿，改动的地方可见于字里行间、页边空白处、页面的背后、单独的页面，在很多时候，干脆重写。这就产生了一份层层积淀的独特稿本（B稿），他似乎根据这些内容口述了C稿，当他阅读手写稿的时候，又做了进一步的修订。口述录音带提供的似乎是C稿的后半部分（大致而言），它的内容始于《自由论》第192页补充的那段话的内容。[1] 在所有当时打印出来的稿件中，这一长段是最早的：如今这段话已经被打印成稿，印在下文中（246—261）。

现存的录音内容只有这些，没有更多了，但我们手上还有谢尔顿女士的打字稿，那是对整篇演讲的进一步修订（D稿）。据推测，它很可能是以C稿为基础。因此，到了口述D稿阶段，我们就有了这次演讲后半部分的四个版本：A、B、C、D稿，但是演讲的前半部分只有三个版本。

在B稿和D稿中，有许多长短不一的新段落。B稿有时极难辨认（有那么一两次根本认不出来），虽说参考（手头的）C稿和D稿经常有所帮助。D稿中新添加的内容没

[1]《自由论》，亨利·哈代编（Oxfordand New York，2002），在下文中以L代称。页码索引用“L 192”来表示《自由论》第192页；“L 123/1”意为《自由论》第123页注释1。

有体现在我们掌握的先前文本中，虽说其中至少有一部分内容很可能用手书草拟在现已佚失的 C 稿的打印稿上。

在早期草稿中，重新加工幅度最大的地方是演讲的著名结束语，它的最后一段根本没有出现在 A 稿中。在 B 稿中，这段结束语被大幅修改和扩充，我将改动和扩充后的版本单独收录在本书中（242—245）。演讲的最后一句十分重要，D 稿中的这句话解决了其他草稿和已刊稿中的一个重要歧义，关于这一点，我在编后记中有所解释。 172

E 稿是送交克拉伦顿出版社的，其中绝大部分内容来自 D 稿，用手写体略做更正，虽说开头几页做了一些修订并重新打字。F 稿是 E 稿的缩略本，篇幅只有 E 稿的一半。这份稿子是新打印的，还（用画线或重音符号）标出了强调部分，供演讲使用。[1]

我把 B 稿、D 稿和 E 稿的打字稿都贴在了以赛亚·伯林虚拟图书馆上，见 http://belin.wolf.ox.ac.uk/published_work/tcl/，供那些想详细比较草稿的人参考。F 稿以附录的形式出现在《浪漫主义时代的政治观念》（第二版）中。将它与 E 稿同时阅读，即会发现作者做了哪些改动，将文本改成了可用于演讲的篇幅：这些改动可不都是单纯的缩写。

[1] F 稿中添加了三页文字，标为脚注。这种做法对于演讲来说毫无意义。伯林真的一度想发表这个比较简短的本子吗？他只是由于失误而使用了这个错误的本子？下文摘自 F 稿的段落就源于这些添加内容。

伯林在根据手稿中的更正内容进行口述的时候，并不总是一丝不苟地忠实于这些更正内容。我在下文中没有记录下 B 稿与前后草稿之间的细微差别，但是，通过比较线上的 B 稿，就可以推断出这些细微差别。将 E 稿与 1958 年出版的本子进行比较，就会发现校样（G 稿）中做出的进一步改动；[1] 将后者与（资料性的）《自由论》收录的文本进行比较，[2] 就会发现，伯林为了这场讲座（J 稿）做了哪些改动，
173 这份讲稿首次发表在 1969 年版的《自由四论》中。以下文本中方括号里的阿拉伯数字（有时只能是大致）表明《自由论》中发表的文本的起始页码。

我利用了手头上的最早版本，往下文中添加了 B 稿至 J 稿中补充的更多段落，这样一来，下文中收录的“第一稿”提供了定稿中的大部分材料的现存最早版本。（新版和修订版之间的区分有时候不太明显，还有点主观。正是因为这个

[1]“你肯定向校样大发神威”（牛津大学出版社的柯林·罗伯茨于 1958 年 11 月 6 日致信伯林）。这份演讲稿不得不彻底重新编排，现存的校样（参见上文第 175 页）显示了原因。

[2] 参考安东尼·阿尔布拉斯特对伯林的著名攻击文章《幻象与修正：略论以赛亚·伯林〈自由四论〉的文本》（《政治学研究》，第 19 卷，1971 年第 1 期，81—86，文中暗示，伯林不够真诚，因为他在这本书的导论中声明，他没有对书中收录的论文正文进行实质性改动。阿尔布拉斯特特地从《历史的必然性》中援引了一个例证，嘲笑伯林对人物名单的改动：“在以前的版本中，这份名单［在后来的版本（L 130）］一开始写的是‘从芝诺到斯宾诺莎，从诺斯替派到莱布尼茨，从托马斯·霍布斯到列宁和弗洛伊德’，如今写的却是‘从柏拉图到卢克莱修’，然后是诺斯替派和莱布尼茨，但接下来出现的却是托马斯·阿奎那，而不是托马斯·霍布斯，就好像一定得有一个托马斯似的。”（85）

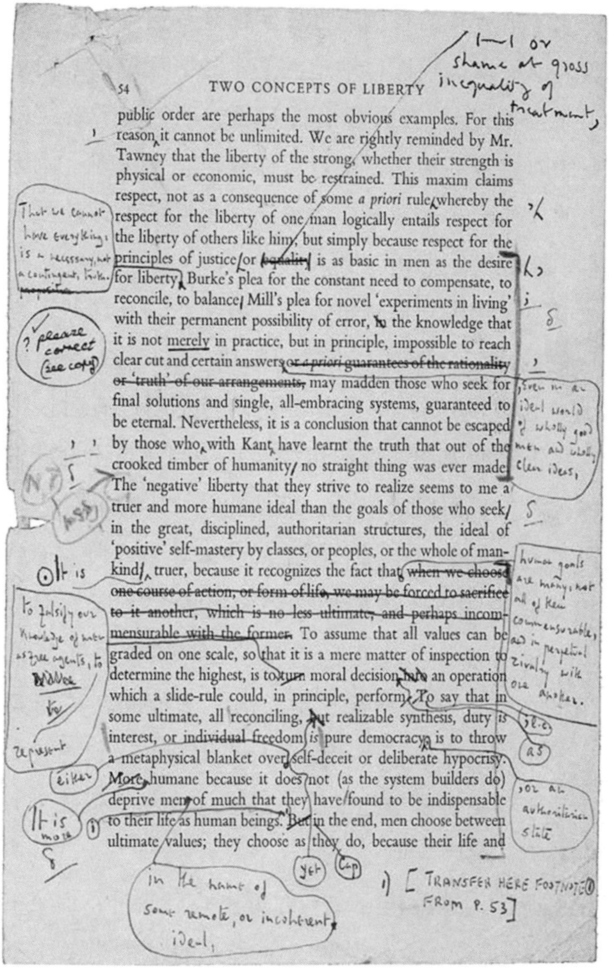

54 TWO CONCEPTS OF LIBERTY

public order are perhaps the most obvious examples. For this reason it cannot be unlimited. We are rightly reminded by Mr. Tawney that the liberty of the strong, whether their strength is physical or economic, must be restrained. This maxim claims respect, not as a consequence of some *a priori* rule whereby the respect for the liberty of one man logically entails respect for the liberty of others like him, but simply because respect for the principles of justice or equality is as basic in men as the desire for liberty. Burke's plea for the constant need to compensate, to reconcile, to balance; Mill's plea for novel 'experiments in living' with their permanent possibility of error, to the knowledge that it is not merely in practice, but in principle, impossible to reach clear cut and certain answers or *a priori* guarantees of the rationality or 'truth' of our arrangements, may madden those who seek for final solutions and single, all-embracing systems, guaranteed to be eternal. Nevertheless, it is a conclusion that cannot be escaped by those who with Kant have learnt the truth that out of the crooked timber of humanity no straight thing was ever made. The 'negative' liberty that they strive to realize seems to me a truer and more humane ideal than the goals of those who seek in the great, disciplined, authoritarian structures, the ideal of 'positive' self-mastery by classes, or peoples, or the whole of mankind, truer, because it recognizes the fact that when we choose one course of action, or form of life, we may be forced to sacrifice to it another, which is no less ultimate, and perhaps incommensurable with the former. To assume that all values can be graded on one scale, so that it is a mere matter of inspection to determine the highest, is to turn moral decision into an operation which a slide-rule could, in principle, perform. To say that in some ultimate, all reconciling, but realizable synthesis, duty *is* interest, or individual freedom *is* pure democracy is to throw a metaphysical blanket over self-deceit or deliberate hypocrisy. More humane because it does not (as the system builders do) deprive men of much that they have found to be indispensable to their life as human beings. But in the end, men choose between ultimate values; they choose as they do, because their life and

《两种自由概念》校样中的一页[1]

[1] 牛津大学博德利图书馆，伯林手稿，编号 450，页码 III：扫描件 © 博德林图书馆 2014。

原因，我才把所有的草稿充分展示出来，这样一来，如果读者愿意，他可以比较详尽地追溯文本的演变过程，而不是把它们用来当摆设。）在录音出现问题的地方——老式口述录音机有的时候容易损坏，唱针可能跳出正常位置，就像唱片机发出的沙沙声——或者在手稿出了毛病的地方，就从后来的版本中选取简短的语句插入其中。

在口述过程中，伯林进行了自我更正，在这些地方，文中遵从他的更正，不做任何标识。如果口述文本中出现了（罕见的）语法错误，保留其口述内容不动，有时候用方括号加以修正，如果这样做有用的话。遇到《自由论》中出现的内容，我就采用段落停顿，以便比较文本之间的差异；我还保留了《自由论》中没有出现的一两处口述段落停顿，让读者稍微放松一下。我根据定稿内容插入了章节编号和标题，以便进一步提供有用的引导。我尽可能更正了伯林直接引用的内容：在这种情况下，忠实于他的初稿与其说是启迪，不如说是误导。当引用部分也出现在《自由论》当中时，我就不再重复那里已经提供的参考文献，但我为其他引
174 用内容补充了参考文献。

如上所示，这篇核心文本的历史有点曲折；但它的发展历程很值得研究。详细说明这种研究的结果不是本书的任务，也可能不是本人的任务。

感谢乔治·克劳德和马丁·利迪，感谢他们帮忙评论
176 附录中的一篇初稿。

第一稿

[A] 就职演说

[166] 两种自由概念[1]

副校长先生：本讲座所题献的学科，即社会与政治观念学科，在我国遇上了灭顶之灾。英国对政治观念的贡献是伟大的，或许还是最伟大的，一提到霍布斯、洛克、休谟、密尔、格林、布莱德利等人的名字，国人依旧感到自豪，然而，时至今日，在具备［A］理论思考能力的人当中，几乎没人［B］愿意探讨社会或政治观念，想到这一点，不免令人黯然神伤。无论造成这种现象的背后原因是什么，或许是因为，英国的国力、财富和影响在衰退，这就使得各个政党一心关注生存问题，而无暇他顾，所以不太关注人生的终极目的，尤其不太关注这些目的造成的分歧；或许是因为，我们的哲学家们，沉湎于他们在比较抽象的领域中取得的辉煌胜利，因此，他们没有时间，也没有兴趣去关心这个领域；

[1]［伯林最初在这里口述的是"Freedom"而不是"Liberty"。］（这两个词经常可以互换，一般来说，liberty 经常用于政治和法律语境，freedom 常用于哲学领域，或在一般意义上使用。伯林本人不加区别地使用这两个词。"freedom"源于德语，由盎格鲁-撒克逊人引入，"liberty"是由拉丁文和古法语演变而来，由诺曼人引入英格兰。——译注）

因为，在这个领域，不大可能有重大发现，细致的分析才智也不大可能获得回报。[1] 不管原因是什么，目前，作为一门学科，政治思想在英语国家里是一潭死水。[2]

[167] 然而，就某种意义而言，这种现象既让人感到匪夷所思，又险象环生。之所以说匪夷所思，那是因为，在
177 现代历史上，无论在东方，还是在西方，有那么多人的思想观念，还有他们的生活，首次被各种社会学说和政治学说改变，有的时候还被彻底打翻，这些学说让他们或者他们的统治者心醉神迷。说这种现象很危险，那是因为，本应关注观念的人——知识分子，受过思考训练的人——却忽视了观念，这时候，观念就对芸芸众生产生了巨大的冲击力，这股力量实在太强大，太激烈，非理性批评所能左右。一百多年前，德国诗人海涅警告法国人，不要低估观念的力量：教授在静谧书房中培育出的哲学概念可能毁掉一个文明。他认为《纯粹理性批判》就是斩断旧宗教和旧玄学头颅的一把利剑；卢梭的著作落到了罗伯斯庇尔手中就成了一件杀人武器——就像费希特的学说落入狂热的德国哲学家手中一样——终有一天将摧毁西方的自由主义文化。

[1] [B 稿补充内容为：] 或许是因为，与暴风骤雨肆虐的邻国相比，我们这里国泰民安，氛围温和，因此，不适合提出重大的社会或政治问题。

[2] 伯林的这段讲话不太符合事实。事实上，在这一时期，英语世界的政治学研究成绩斐然，赫伯特·马尔库塞、汉娜·阿伦特、奥克肖特在这个领域均有重要论著问世。——译注

[B] 谁能说他错了？然而，如果有些教授能够发挥这股致命的力量，就应该有另一些教授 [J]，至少是其他思想家（而不是政府或议会的各个委员会），[B] 能够解除他们的武装。

[A] 否定观念具有压倒一切的力量的，正是一种非常庸俗的历史唯物主义，它说观念只不过是戴着薄薄面纱的物质利益。如果没有社会或经济力量在后面推动，观念经常是无能为力的，情况可能如此；不过，可以确定的是，这些社会和经济力量在产生影响的时候，凭借的是观念——主要是社会和政治观念；这些社会和经济力量就是从事劳动的人、富有情感的人、与他人及自然界做斗争的人。观念之所以有趣，就是因为，它们提出或回答了这样一些问题：人在世界上的地位和目的是什么，世界的本质是什么，人与这个世界的关系是什么样的。政治理论是研究实际行动的政治学说或信念，即便是最重视实际行动的政治理论，也不 178
过是素有哲学之称的这种整体自我意识的一部分。尽管有人受到经院哲学迂腐盲目之见的引导，千方百计将政治学和哲学分开，但政治学与伦理学依旧难解难分，它依旧离不开所有探讨人生目的和人类价值观高下的观念形式。无论与逻辑学相比，还是与自然科学原理相比，还是与认识外部世界的原理相比，它的研究题材肯定不够精确，内容也多为经验性的，但是，如果以此为理由忽视它，只会让我们在研究人类经验的一个伟大领域之内任由原始的和未经批判的信条所

控制。[1]

[168] 政治哲学是道德哲学的一个分支，它的内容在于，将道德理念应用于社会关系当中。依我之见，如果认识不到这条真理，我们就无从了解当前世界的状况。[B] 虽说我并不认为——黑格尔倒可能这样认为——一切历史运动，或者说人类之间一切冲突，都可以归结为观念或精神力量的运动或冲突。但我的确认为，若想理解这类运动和冲突，首先要理解的，不是纯粹的自然事件，而是相互冲突的观念，也就是把这类运动和冲突纳入人类历史或经验的完整看法。

[A] 当今时代，整个世界被两大世界观所分裂，虽说它们有些共同的见解，但实际上是分道扬镳的，在我看来，它们之所以水火不容，主要是因为，它们对一切政治问题当中最深刻和最核心的问题（服从问题）持有不同的理念。我（或任何人）为何要服从他人？我为何不能从心所欲？在我看来，这是一切政治理论的核心问题。因为，如果一些人没
179 有必要或者本不应该服从他人的命令，或者说他们没有必要，也不应该听从他人的高级力量或权威——无论这种服从呈现什么样的形式——所有人都可以从心所欲，那么，在人际冲突完全不存在的情况下，引发政治思索的那些问题，几乎不会存在。

[1] [在这里，正如在《自由论》中，我省略了伯林按照惯例对前任讲席教授 G. D. H. 科尔的颂扬之词。]

[D] 在这个问题上，有人可能会说，即便是一个完全和谐的社会——在一个完美的修道院共同体中，或者在一个由圣徒般的无政府主义者组成的社团中，人们不会为了人生的目标而发生冲突——也仍旧面临着政治问题：那里依然存在着选择哪种政策的问题，例如，在立法和行政上，这个社团该采取哪种可行的政策。但是，在我看来，这种观点大错特错。既然在目的上已经达成共识，那么，据推测，就不应该在最终方向问题上存在冲突——无论是个人之间的冲突，还是群体（例如阶级）之间的冲突——所有问题一定是手段问题。手段问题不是政治问题，而是技术问题——怎样做才能最成功地达到共识性目的这个问题。这个问题总是能够根据既定的可行标准或不可行标准来解决（就像专家——工程师、或医生或律师——之间的争论那样）。只有当专家或技术规则无法解决目的或态度的冲突，行为问题才变成政治（或道德）问题。正是因为这个原因，那些认为政治问题可以通过某种技巧——人类的道德再教育，或理性的胜利，或开明的精英，由无产阶级摧毁资本主义——完全解决的人也认为，只要通过技术手段，也就是应用科学方法，去解决人类的所有问题，人类才能开始真正的生活。这就是孔多塞和圣西门的学说，马克思和列宁的学说，这也是一条著名公式的用意所在，那条公式说的是："让物的管理取代人的治理。"在一些人看来，这种观点就是一种乌托邦，因为，在根据这种观点构想的世界里，人与人之间就终极社会问

题——因而也是政治问题——产生的分歧将会彻底消失，这
180 种构想多少有些荒唐。

在我看来，政治理论的核心问题是强制问题。没有人会否认，对于这个问题的答案，在当今世界的广大地区持有截然相反的见解，（或许）也没有人会否认，这些见解的对立，即便不是两大制度在当前殊死搏斗的原因，多多少少也是这种现象最为清晰的表现。因此，在我看来，没有哪一个问题比它更有考察价值。

[一]

强制就是剥夺自由。那么，自由是什么？至少，政治自由是什么？［B］在人类历史上，所有的道德家都赞扬过自由：与幸福和善一样，自由的意义十分模糊，它的指称对象简直无所不包。[A] 我们知道，这个词有两百多个定义，把主题搅得云翳不清。然而，这个词至少有两个核心意思，这一点几乎无人否认，也可以说，它至少有两条标准，可用来确定一个人、一个国家、一个群体是否自由。[169] 第一条便是我所说的消极意义或消极标准，它回答的是如下问题："主体——个人或群体——在多大程度上可以不受他人控制从心所欲？"第二个意义回答的是如下问题："如果有某种控制力量，阻止某人从心所欲，这种控制力量是从哪里来的？"假如有人说，"自由"只有一个意思，却有两套确

定自由与否的标准，在我看来，这纯粹是混淆是非；因为这两个问题好像完全不同，尽管它们的答案可能有所重合。且让我们逐个审视它们。

（1）消极自由的概念

如果无人干预我的所作所为，那么，就可以说我是自由的了。这就是自由的经典含义，伟大的英国哲学家霍布斯、洛克、边沁、潘恩，实际上还有密尔，使用的就是这种意义 181
上的自由。[1] 政治自由只不过是人从心所欲的范围。如果有人阻止我从心所欲，那么，我就是不自由的；如果法律对我从心所欲的范围的限制超出了底线，那么，可以说我受到了奴役。

并不是所有的无能为力的情况都算作“受奴役”。如果我说，我跳不到十米高，或者说，由于我眼瞎看不清楚东西，或者说，我读不懂黑格尔的晦涩著作，如果就凭这一点，说我受到了奴役或强制，那绝对令人匪夷所思。强制的内涵是，他人刻意干预了我从心所欲的范围。如果说某人受到了激情的奴役，这就让人感觉到，这里用的是这个词的比喻意义，这种感觉是正确的。当然，这里也有表示他不自由的意思；这层意思十分重要，我待会儿解释一下。但这主要

[1] [B] 霍布斯说：“自由人就是想干什么就能不受阻碍去干什么的……人。”法律就是“镣铐”[《利维坦》，第 14 章]，即便它能让你免于戴上更重的枷锁——肆意胡来的暴政或混乱。边沁说过同样的话。[这条注释解说的原句在 G 稿中被删掉了。]

不是政治不自由：某人受到激情的奴役，这种情况在某种意义上还是有别于汤姆叔叔受到西蒙·莱格里的奴役。汤姆叔叔之所以是奴隶，那是因为，他在相关方面受到另一个人的强迫。得不到自己想要的东西，或者（受激情奴役）得不到自己在头脑正常状态下想要的东西，这种情况肯定算是缺乏自由。[1] 但是只有当他人可以阻止你实现自己的目标时，你缺少的才是政治自由。[B] 纯粹是因为能力不足而无法实
182 现目标，不算缺少政治自由。[2]

[A] 关于这一点，“经济奴役”及其反义词“经济自由”这两种说法最能说明问题。有一种观点貌似有理：如果人们因为太穷而买不起某种东西，而法律并没有禁止他去买，这种情况与 [170] 法律禁止他去买——也就是说，如果他们想买，就会遭到法律强制的威胁——都算作缺少自由。如果我的贫困与疾病类似——正如我因目盲而看不清东西，我没钱买房子——那么，这种情况就不算缺少自由。有人怀疑或认为，我买不起房子是因为他人故意设局，不让我赚取足够的买房钱，凭这一点，我可以说自己受到了奴役。[B] 换句话说，起因是造成我贫困的某种社会—经济理论。

[1] [G 稿删掉了前五句。]

[2] 关于这一点，爱尔维修说得很清楚：“自由人就是没有披枷戴锁，没有被关入监狱，没有像担心惩罚的奴隶那样被吓得要死要活的人。”如果一个人不能像鹰一样高飞，不能像鲸鱼一样游泳，也当不上国王、教皇或皇帝，我们不能说他缺少自由。

[A] 如果我的贫困是由于运气不佳或偶然所致，或者说是经济或政治制度带来的始料未及的后果，那么，我只能说自己缺少经济自由了。如果我认为，我之所以得不到自己想要的东西，是因为有人故意设置了这样的阻碍计划，他们迫切地实施了令我敌视的这个计划，那么，我说的就是压迫。[B] 事物的性质没有让我们狂怒，只有恶意才让我们狂怒，卢梭如是说。[1] [A] 在这些情况中，判断我是否有资格说自己被剥夺了自由，参照的标准就是，其他人在挫败我的愿望的过程中发挥的作用。这样一来，我就有资格说，所谓自由，我指的是他人不干涉我的行动。不干涉的范围越广，我的自由就越多。

这就是霍布斯、边沁以及 J. S. 密尔用这个词所表示的 183
意思，[2] 至于这个范围可能有多宽广，或者应该有多宽广，他们彼此有分歧；但他们都承认，这个范围不是毫不受限、无边无沿的，因为，如果那样的话，人人都可以肆无忌惮地干涉他人，而人们最低限度的需求（没有它们，人类就无法生存的需求）在横行无忌的无政府状态下是不可能得到满足的；尤其是大多数弱势者的需求几乎无力与少数强势者抗

[1] [“Il est dans la nature de l’homme d’endurer patiemmnet la nécessité des choses, mais non la mauvaise volunté d’autrui”：《爱弥儿》，第二卷；《卢梭全集》，贝尔纳・加内邦、马塞尔・雷蒙等编（Paris，1959—1995），第四卷，320。]
[2] [在 G 稿中，第 182 页的注释 1 被移到了这个位置。]

衡；[171] 不管怎么说，在一定程度上限制个人自由，都是有道理的，这样做，可以让大多数人所得到的东西，要多于他们在其他制度下之所得，虽然他们不能想得到多少，就得到多少。

然而，不可否认的是，这种最低限度的社会组织，会压缩自由的范围。如果说自由是人类唯一追求的目标，那么，这就是挫败自由的行为；就事论事地说，这是在人的自由欲求与人类最基本的需求之间进行的一种妥协，后者包括最低限度的食物、住所、安全以及其他没有相互依存就无法保障的基本需求，这种妥协会干掉某些自由。虽说如此，这些思想家，尤其是诸如洛克和密尔这样的自由主义者，以及法国的贡斯当和托克维尔这样比较雄辩的自由捍卫者，无不认定，虽说人的自由必须受到法律的限制，但是，某些最低限度的东西是不容践踏的；因为，如果超出了这个底线，个人的生存空间就会过于逼仄，他的自然能力无法得到最低限度的发展；而有了自然能力，人生才有价值，人类自认为良好，或正确，或神圣的目的，才有价值。在个人生活领域和公共权力领域之间，必须划出一条疆界。这条界限到底划到哪里，
184 是有争议的。[B] 人在很大程度上是相互依存的，没有哪一个人的行动可以私密到绝不能受人影响的程度，人可能会以各种方式干涉他人的生活。弱者的自由依赖于强者的节制。

[F 作为脚注] 有些人说过这样一句话而为人所知，“一位牛津学监的自由完全不同于一位埃及农民的自由”。

这种观点之所以有说服力，是因为它有一定的真实性和重要性，但这个说法本身依然是一句华丽的废话。国家向那些衣不蔽体、目不识丁、营养不良和疾病缠身的人提供政治权利和政治保障，的确是在嘲笑他们的处境；他们首先需要的是医疗或教育，在这之后，他们才能理解或利用他们扩大的自由。[J] 对于那些无法利用自由的人而言，自由有什么意义呢？ [F] 首先应当解决当务之急：在那种生存状态下，正如19世纪的一位作家所宣称的那样，他们最需要的是靴子，而不是莎士比亚的著作。换句话说，自由不是每一个人的第一需求。自由并不意味着完全没有任何挫折；这会[172] 扩大这个词的内涵，使它的意义变得过多或过少。埃及农民最先需要的是衣服或药品，然后才是个人自由，但是，他今天需要的最低限度的自由，他明天可能需要更多的自由，而且［不是］他独有的某种自由，而是与大学教授、上校、百万富翁完全相同的自由。

[G] 在我看来，让西方自由主义者良心不安的倒不是如下看法：人所寻求的自由，因社会或经济状况的不同而各异，而是如下现象，即少数派的自由，是通过剥削大多数缺少自由的人而获得的，或者是至少通过忽视这些人而获得的。他们蛮有理由地认为，如果个体自由是人类的终极目的，那么，任何人都不应该被他人剥夺自由；更不用说某些
人以牺牲他人为代价去享用自由。人人享受同等的自由；己 185
所不欲，勿施于人；只要是为我的自由、富裕或启蒙做出贡

献的人，就应予以补偿；最朴素和最普遍的正义——这些东西是自由主义的道德根基。

自由不是人的唯一目标。我可以像俄国批评家别林斯基那样说［F］：“如果我的自由依靠的是他人受奴役，那么，我宁愿放弃这种自由！如果我的兄弟们还身处贫困和肮脏的生活状态下，我为什么就应该享受自由呢？”[1] 这种说法不是在呼唤自由，而是在呐喊**平等**或**公正**。我们痛恨那些令人触目惊心的不平等现象；我们想去回报他人，因为他们为我们做出了贡献；我们不能独自享福。这些情感都是不可磨灭的，指导它们的价值观与争取自由的愿望同样重要：但它们不等于自由。［F 稿中的脚注结束］［G］为了避免触目惊心的不平等或无处不在的贫困惨状，我愿意牺牲我的一些自由或全部自由：我心甘情愿、心无旁骛这样做；但是，为了公平、平等或博爱，我放弃的是自由。在某些情况下，如果我不愿意做出这种牺牲，我会心怀内疚。但是，牺牲无助于被牺牲对象增多（自由），无论道德需求或补偿多么巨大。事情都是一码归一码：自由就是自由，自由不是平等，不是公平，也不是公正，也不是人类幸福，也不是良心安稳。如果我本人的自由，或者说我所在的阶级的自由，或者说我所

[1]［这是对别林斯基在 1841 年 9 月 8 日写给波特金的一封信中一段话的释义：V. G. 别林斯基：《著作全集》（Moscow，1953—1959），xii 69。关于这句话更完整、更贴近原文的版本，见伯林的《俄国思想家》，亨利 · 哈代与艾琳 · 凯利编，第二版（London etc.，2008），194。］

在的国家的自由，依赖于数量庞大的其他人蒙受苦难，那么，推行这种自由的制度是不公正和不道德的。但是，如果我为了降低这种不平等带来的耻辱感而失去我的自由，而且也没有因此而增加他人的个人自由，[1] 就会出现绝对丧失自由的现象。这种损失可以通过获取公正、幸福、和平来补 186
偿，但是，如果说：虽然我的自由，也就是个体的自由，可能被抛弃，但其他种类的［173］自由——社会自由、经济自由——增加了，这种说法混淆了价值观。不过，有时候为了保证一些人的自由，必须限制另一些人的自由，这样做依据什么原则呢？如果自由是神圣不可侵犯的价值观，这样的原则就是不可能存在的。[J] 在实践当中，这些相互冲突的规则或原理一定会产生出那么一两条：个中缘由不一定总是能够说清，更不用说归纳成法则或普世箴言了。[B] 尽管如此，我们必须找出，而且能够找出实际解决办法。

[A] 乐观地看待人性，相信人类的利益可以协调一致，持有这种看法的哲学家，例如洛克、亚当·斯密或有时兴致高昂的密尔，认为应该给个人生活留下大量空间，也就是说，为人们保留大片的自由领地，不容国家或其他权威践踏。霍布斯和赞同他的人，尤其是 19 和 20 世纪保守的或反动的思想家，无不认为，为了防止人们自相残杀，为了防止社会陷入混乱、野蛮状态，必须制定更强有力的保护措施，

[1]［下面这句话被画掉了：“或者说，增加的自由少于我所失去的，这样一来就”。］

使人安于其位。相应地，他们希望扩大国家控制的范围，缩小个人控制的范围。但双方都同意，应该给人留出一定的空间，不受社会的控制。如果这个空间受到侵犯，无论侵犯行为多么微小，都是暴政。因此，见过雅各宾派专政全部恐怖的贡斯当宣称：宗教自由、舆论自由、表达自由、财产自由必须是神圣不容任意侵犯的。为什么？这是因为，如果我们“贬低或否定自己的天性”，必然会牺牲掉“永恒的正义和怜
187 悯原则”。[1] 毫无疑问，我们不可能是绝对自由的，我们必须放弃一部分自由而保留其他自由。但是，彻底的自甘屈从就是自我拆台，因为，这样一来，就没什么自由可以保留了。

那么最低限度的自由必须有多少？它就这么多：放弃它，就是违背基本的人性。[2] 有人可能对此提出反对意见：“人性”这个词过于模糊，关于什么是真实的人性，也是众说纷纭。贡斯当对这个问题的答复是，这个词的有些用法几乎为所有人所接受，我们和这样的人有共同的语言。如果有这样一部法律，上面规定，如果孩子不谴责父母，如果孩子试图将父母从屠刀下拯救下来，孩子就会受到惩罚，那么，我们的所作所为可能是非法的（因为罗伯斯庇尔、拿破仑或路易十一曾经通过这样的法律），但没有人会说，这样的法

[1] 本雅明·贡斯当《政治学原理》，第一章“论人民主权”：本雅明·贡斯当《政论集》，马塞尔·高歇主编（Paris，1997），318。

[2] 这句话的意思是，最低限度的自由就是能够维护基本人性的那部分自由。——译注

律是自然的（natural）。[1] 如果一部法律让我们谴责无辜者，让我们互相背叛，不让我们庇护弱者和受迫害者，这样的法律让人感觉是邪恶的，因为它践踏了我们判断人何以为人的标准。那些毫不内疚地否定这些标准的人，或者没有感受到它们道义力量的人，准确地说，就“不是人”，与这些人沟通是很困难的。但是，在划定不干涉范围的时候，不管依据什么样的原则——无论它是自然法，还是［174］自然权利，还是边沁使用的狭义的功利概念，［还是］密尔使用的广义的功利概念：无论是“基于人类这个进步存在物的永恒利益”，[2] 还是绝对律令的宣言，还是人类用以澄清自己信念或为自己的信念辩护的诸多概念中的一个——“自由”都意味着人在一定范围之内不受干预。 188

密尔说：“唯一名副其实的自由就是，按照我们自己的方式追求我们自身善（good）的自由。”他在这里指的是思想自由、情感自由、良知自由、舆论自由、表达自由、趣味自由以及追求的自由，还有结社的自由。强迫行为有合理性吗？毫无疑问，它是很有合理性的。当社会真的处于危急关头，维持自由的体制岌岌可危，个体的自由无论如何都得暂时受限或者暂时中止。另外，既然所有个体均有资格享有最

[1] natural 这个词在此也有“天经地义的、正常的”等含义。——译注
[2]《论自由》，第一章：《约翰·斯图尔特·密尔作品集》，J. M. 罗伯森等编（Toronto/London，1963—1991），xviii 224。

低限度的自由，必然要阻止其他个体去剥夺任何人最低限度的自由，如果需要，就采取武力。实际上，法律的全部功能就在于预防冲突：法律就是社会主义者拉萨尔所蔑称的守夜人或交通警察的法律，它保卫财产和预防冲突，根本没有积极的功能。

为什么密尔认为自由的这个领域如此神圣？密尔写过一部著名的小册子，在所有论自由的作品当中，这本小册子的名气或许是最大的，它对历代英国人的观念以及他们所统治的人们的观念产生了深远的影响。他宣称，除非让人们从心所欲地生活，让“[他们自行其是]”，否则，文明就无法进步；因为缺乏思想交流的自由市场，真理就无法揭示；自发性、精力、特性、各式各样的个体性将会衰落；天才也好，精神力量也好，道德勇气也好，都没有发挥的余地。社会将被“集体平庸”的重担所压垮。无论什么“丰富多样和生机勃勃”[1]的东西，都将被习俗的重负所压垮，被人们一贯的服从倾向所压垮，而服从只会培养出“萎缩的”能力，“狭隘和迂腐的”、“缺少格局和发育不全的”人类。“异教的自我肯定”与“基督教的自我克制”是等值的。“一个人不顾
189 他人建议和警告而有可能犯下的所有错误，远不及任由他人出于所谓好意而强迫他做这种恶行严重。”自由就是为人类个性的充分发展保留一块空间。一个人可能为了自身的目的

[1] 出处同上，第三章：xviii 266。

而追求某些目的，即便他的选择行为带来了灾难，但他仍觉得那是自己的行为，是他对目标的追求，不管怎么说，这些目标在他看来都是不容置疑的，因为它们不是实现其他目的的手段，只要这样做，其他所有行为就有了价值，这样一来，生活就有了他眼中的价值——简言之，为他提供了充分的政治空间，令他不至于窒息，让他不至于沦为实现其他人愿望的工具而活着—— [175] 这才是伊拉斯谟以来现代世界的自由主义者所构想的自由。贡斯当和密尔是它最卓越的和最令人信服的倡导者。为了公民自由、个人权利、维护个体多样性和自发性，以对抗公权力的蚕食，或对抗习俗的平权倾向的蚕食，或是对抗有组织的宣传的蚕食而发出的每一次请求，都始于这一核心概念。

接下来，我要指出它的两个[1]方面。[B] 首先，在消极自由，亦即不受干预的自由的辩护者当中，密尔，正如经常出现的情况那样，在此混淆了两种独特的理想。其中一个理想认为，一切强制行为，只要它挫败了人的愿望，本身就是坏的（虽说它可能是为了防范出现更大的恶行才现身的），而作为强制对立面的自由，本身就是好东西（虽说不是唯一的好东西）。另一种理想是，人应当力求发展某种特性，这是密尔所认可的特性——原创性的、想象性的、独立性的，而又不 [D] 流于 [B] 怪诞的特性，而这种特性只有在自由

[1] [D] 三个。

状态下才能孕育出来。

这两个目标宏伟、高尚，但不完全相同；二者之间的联
190 系至多是经验性的。詹姆斯·斯蒂芬猛烈攻击密尔，[1] 他提出一个论点：大胆的独立精神和强烈的个体主义在严苛的压迫性环境下——苏格兰或美国的加尔文派清教徒——发展起来的概率，至少不输于斯堪的纳维亚或现代瑞士这样比较自由的氛围，如果这个论点得以接受，那么，密尔的观点——以自由作为天才人物诞生的必要条件——必然要落空了。如果说他的两个目标被证明是互不相容的，密尔将进退维谷。此外，他的功利主义色彩浓厚的思想学说也前后矛盾，虽说他的功利主义很有人情味。这只不过是对大多数思想家自然倾向的另一种例示说明，这些人深信，他们认可的所有事物一定是密切相关的，或者说是彼此兼容的。观念史，正如民族史，有的是前后不一致或者至少是互不相干的例子，这些前后不一致或互不相干的内容要素被人为地拉进某个专制体系之内，或者被生拉硬扯地扭在一起，用来对付某个共同的敌人。在这个过程中，它们之间会发生冲突，这些冲突经常打乱这个体系，有的时候还会给人类带来极大的好处。

[176] [A] 首先，个人自由这种学说 [2] 相对而言是现代事物。在古代世界，几乎没有人意识到个人自由可以成为一

[1]《自由、平等、博爱》(London，1873)。
[2] [D] 其次，这种学说。

种理想。孔多塞曾评论说，在希腊和罗马人的法律和道德理
念中，是找不到个人权利观念的，在希伯来人那里也不见踪
影，在目前已知的其他古代文明中也无从寻觅。[1] 甚至在西
方历史上，这类观念占据主导地位的历史时期，也不常见。
它从来没有像平等或民主那样频繁地成为大多数人的战斗口
号。它一直是极少数文雅之士的理想，他们想不受干扰地履
行自己的职责，或者追求他们的快乐或追求自己的业余爱 191
好。不受他人左右的愿望，不受他人颐指气使的愿望，不被
人任意剥夺权利和自由的愿望，无论对于个人，还是对于社
会，都是高度文明的标志。不受干扰的愿望，随心所欲过自
己日子的愿望，隐私意识，个人关系领域神圣不可侵犯这种
愿望；人与其在一位仁慈的权威人物的控制之下上进，不如
按照自己的路子堕落；这种看法是西方文明的重要内容，它
形成明确观念的时间点，不早于文艺复兴时期和启蒙运动时
代。[2] 不容置疑的价值不一定是永恒不灭的，但它们的死亡
则标志着整个文明的死亡，整个道德体系的终结。

这种消极自由观念的另一个[3] 特征是，它与独裁统治兼容，或者说它无论如何都与自治的缺失兼容。这种意义上的

[1] 米歇尔·维利在《法哲学史教程》中对此进行了非常有价值的讨论，他认为个人权利和自由观念萌生于奥卡姆的著述。

[2] [D] 基督教（或犹太教）要么信仰圣法的绝对权威，要么信奉自然法的绝对权威，或者认为上帝面前人人平等，这种信仰不同于自由即是从心所欲地生活这种看法。

[3] [D] 第三个。

自由关注的是控制范围，而非控制源头。正如民主社会实际上可能剥夺个体公民的许多自由（而在另一个社会中，这些自由是个体公民可以享受到的），所以说，完全可以想象得到，一个仁慈的专制者可能赋予他的臣民以更广阔的自由空间。尽管在一个专制社会中，个体只能享受到专制者赐予其臣民的权利和自由，但即便如此，一个较为开明的专制君主赐予其臣民的自由，也会多于他们在其他政治制度下所能享受得到的，这一点至少在理论上可以想象。[1] 事实上，有证
192 据表明，在腓特烈大帝统治下的普鲁士和约瑟夫二世统治下的奥地利，密尔极想鼓励的有原创性、想象力和创造力的人们所承受的体制和风俗的压力，要远远小于当时的瑞典或后来的民主国家所施加的干预和压力。

[177] 这种意义上的自由，不管怎么说，都和自律（autonomy）[2] 没有逻辑关系。自律的确可以保障自由的存在，也得到信奉个体自由的人的拥戴，但是，个体自由与自律没

[1] ［在 A2 中，取代先前一句的是］赋予我们大量自由的专制君主很可能是不公正的，他鼓励猖狂的不平等现象，不太关心秩序、德行或知识；他很可能野蛮或发疯，但是，假如他没有限制我们的自由，他就符合密尔的规定。在我看来，只有构想出像这种极端的，并且不太可能成立的情形，才能看清密尔所说的个体自由和自律之间的全面对比。

[2] 自律和下文出现的它的反义词“他律”（heteronomy）都是伦理学的重要术语。在康德看来，自律指的是，支配人的道德行为的道德意志是由人的理性所决定的，而不是受制于外部因素，例如，上帝或神祇、欲望、情感、利益、世俗权威，等等。与此相反，他律指的是人的道德意志受这些外部因素的制约而不是受制于自己的理性。——译注

有必然的联系：从逻辑上来讲，谁统治我？政府可以在多大程度上干预我？这两个问题是有区别的；正是在这个基础上，两种自由概念形成了鲜明对比。[1] 因为“积极”自由回答的问题是：由谁来统治我？由谁来规定我的社会地位 [178] 和所作所为？乍一看，在一定程度上不受干预的个体自由，和由我本人和其他利益攸关者或由我们的代表而非外人统治的民主制度，二者有着密切的联系，但是，二者之间的差异 [相似性] 比实际情况更加明显。自律的愿望，或者说无论如何也 193

[1] [A5] 消极自由的范围很难估计。初看时，它似乎单纯地取决于在两条道路之间进行选择的力量。不过，并非所有的选择都可称为自由的选择。如果我身处一个极权主义社会，在严刑拷打的威胁下，我出卖了朋友，那么，我就有理由说，我没有自由地行动。然而，我又确实做了选择，而且，在理论上，我本可以选择接受酷刑。因此，倘若只存在最低限度的可能性，不足以让我做出正常意义上的选择。我的自由范围的大小，取决于以下几个条件：(a) 我面临多少可能性（虽说计算可能性的方法只不过是印象式的：行为的可能性不是具体的实物，它不像苹果，不管费多大劲，总还是能够数清楚）；(b) 在这些可能性中，每种可能性的难易程度如何；(c) 鉴于我的个性和生存环境，这些可能性相互比较之下，会在我的人生规划中占有多重要的地位；(d) 人类的刻意行为对这些可能性的释放或禁锢，可以产生多大的影响；(e) 不仅能动者，还包括他所在的整个社会的普遍情感，是如何看重各种可能性的。所有这些因素必须“整合”到从这个过程中得出的结论里，这个结论必然是模糊的、可争议的。自由的数量不一而足，无法测量，我们不可能按照某个数量级别给它们排座次，无论你怎样想方设法，都没有用。[D] 此外，在社会问题上，我们会遇到诸如此类（逻辑怪诞）的问题：X 安排给 A 先生带来的自由，是否多于它给 B、C、D 先生带来的自由的总和？在运用功利主义标准的时候，会出现同样的困难。[B] 不过，鉴于我们不要求精准测算，我们有充分的理由说，瑞典的普通公民要比当代罗马尼亚共和国的普通公民自由得多。生活的总体模式可以直接进行整体比较，尽管结论的真实性很难证明。[B] 然而，概念的模糊性以及相关标准的多元性，是研究对象的特性，而不是我们不完美的测算方法的特性，也不能说明我们没有精确思考的能力。

要去参与控制我的生活的那个过程的这种愿望，与要求自由行动空间的愿望同样至关重要，或许前者更为重要。但二者不是一回事；二者之间差异很大，最终导致了我最初所说的激烈的意识形态冲突。因为，在信奉消极自由观的人看来，经常为彻底的奴役打掩护的，正是积极的自由观。[1]

[二]

（2）积极自由的概念

“自由”这个词的积极意义源于个体想成为自己的主人。
194 我希望自己的生活和决定由我本人说了算，而不是由某种外部力量说了算。我希望成为主体，而不是客体；我希望推动我的是理性，是我自己有意识的目的，而不是在某种程度上影响我的外部原因。我希望自己是个人物，而不是默默无闻，我希望能够自决，而不是受外在的自然或他人的引导，就好像自己是一个没有生命的物件、一个动物、一个无法履行人的角色的奴隶——一个无法构想目的并实现目的的人。这就是我在下面这句话中想表达的意思：我是有理性的，我的理性使我成其为人，从而有别于世上其他万物。我最希望的是，意识到自己是一个有思想的、有意志的、积极的存在物，能够做出自己的选择，为自己的行为负责，能够通过参

[1] [伯林在这里中断了口述，另外口述了 A1—A5。]

照自己的思想和目的来解释自己的选择和行为。当我知道自己的愿望已经实现，我就会感觉自己是自由人，当事实让我意识到自己未能如愿以偿，我就感到自己受到了奴役。

自由的这两种定义，一个认为自由是成为自己的主人，而另一个认为，自由就是自己的选择不受他人的干预，它们分别是积极自由和消极自由。乍一看，这两种自由的定义彼此之间的逻辑距离并不遥远。然而，尽管它们的源头很接近，它们的发展方向却不同，它们的路数不一定总是享有美誉的，直到最后，彼此之间直接发生冲突。

澄清这个问题的一个办法是，依据自主这个隐喻所获得的独立动力。“我是自己的主人”；“我不受任何奴役”；但是，难道（正如 T. H. 格林所说）我不是受到自然或自己“狂放不羁的”激情的奴役吗？难道这些东西不正是同一个奴隶“属”（genus）中的诸多“种”（species）吗？有些是政治或法律上的奴隶，有的则是道德或精神上的奴隶。难道没有人从精神奴役或自然奴役中获得解放吗？他们从中意识到的，一方面，难道不是占有支配地位的自我吗？另一方面，他们自身的一些东西难道不是要听命于那个自我吗？这种占据支配地位的自我相当于理性，等同于我“更高级的自 195
然”，等同于那个从长远来看算计着和向往着什么东西能满足自己的自我，等同于我的“真实的”或“理想的”或“自律的自我”，或等同于我的“最佳”自我，因此，与它形成对比的是，非理性的冲动、不受控制的欲望、我的“低级”

本性、追求直接快感，我的“经验性的”或“他律的”[1]自我，它被阵阵强烈的欲望和激情所控制，如果它要上升到它的“真实”本性的顶峰，就得对它进行严格的规训。

这两个自我马上出现了更严重的分裂，彼此相距更远了：真实的自我可被视为比个体（正如人们通常对这个词的理解）更为宽泛的东西，即，某个社会“整体”——个体只是其中的组成部分，或一个方面——这个社会整体可能是一个部落、一个种族、一个教会、一个国家，一个由生者、死者和尚未出生者组成的大社会。[2]这个实存体由此被认为是真实的自我。它把自己集体的或有机的、单一的意志强加给其中“拒不服从的”成员，以此来获取它自身，因而也是他们“更高级的”自由。

利用有机论的隐喻，去捍卫某些人强制他人以便提升对方的自由“水准”的做法，这一点经常有人指出。但实际上，这种言辞之所以貌似真实，就是因为，我们认为打着某种理想的旗号强制人们的行为是可行的，或许有时还是有道理的；如果他们比较开明，他们本人就会追求这一理想，但他们之所以没有这样做，是因为他们盲目或无知或腐化。换

[1] 按照康德的伦理学，所谓“他律的”（heteronomous），就是按照欲望（而非理性或责任）行事。——译注

[2]［出自埃德蒙·柏克对社会的描述，见《法国革命论》（1790）：“不仅生者之间存在伙伴关系，生者、死者和未出生者之间也存在伙伴关系”，见《埃德蒙·柏克著述与演讲集》，保罗·朗福德编（Oxford，1981—　），第八卷，《法国革命》，L. G. 米切尔编，147。］

句话说，我有可能认为自己是为了他人着想，甚至还代表他人去强制他们。接下来我就开始宣告，我比他们本人更清楚他们真正的需要是什么。这样做最多会涉及：如果他们有理性，像我一样明智，像我一样能够理解他们的利益，他们就不会抵制我。但我有可能得寸进尺，继续宣称，他们的实际 196 目标正是他们故意反对的东西，因为他们内心存在着一种神秘的实体——他们潜在的理性意志，或者说是他们“真正的”目的——这种实体，虽说已被人们外在的感觉和言行所掩盖，才是他们真正的自我，而在时间和空间之内可怜的经验自我，可能对它一无所知或一知半解；这种内在的精神是唯一值得人们考虑其意愿的自我。

我一旦采用了这种观点，我就可能无视人们或社会的意愿，以他们真正自我的名义去欺负、压迫、折磨他们，还蛮有把握地知道：无论人的真正目标是什么（幸福、履行义务、智慧、公正的社会、自我实现），它必须与他的自由——他真正的，虽说是暗中潜藏的自我的自由选择——相一致。[1]

[1] [J]“真正的自由理想是，让所有社会成员同样拥有最大限度的权力，去充分发挥发挥个人能力。”格林在 1881 年如是说。[《关于“论自由立法与契约自由”的演讲》，见《论政治义务原则演讲录》，保罗·哈里斯与约翰·门罗编 (Cambridge etc.，1986 200)。] 这里除了将自由与平等混为一谈之外，还必然导致这样一种预设：如果一个人选择了及时行乐——（按照谁的观点？）他就无法充分发挥自己的能力——他践行的就不是“真正的”自由；如果它被剥夺了，他也没有损失什么重要的东西。格林是真正的自由主义者：但是许多专制人物有可能利用这个套路去证明自己最恶劣的压迫（行为）是合情合理的。

然而，这个悖论经常为人揭露。什么东西对某某好，他本人不知道，但我是知道的；为了这个东西和他的缘故，我甚至可以无视他的意愿，这么说是一回事；他选择了它，实际上不是有意而为之的，不像他在日常生活中那样，而是发挥了他的理性自我的作用，这种理性自我可能不大为经验自我所了解，它能够明辨善恶好坏，它一看到好的东西，就情不自禁地选择了它——这么说是另一回事。这种面目可憎的人格化处于所有自我实现的政治理论的核心，它把某人愿意
197 选择的东西——假如他真的有这个能力的话——等同于他实际追求和选择的东西。人家之所以强制我，是为了我好，因为我自己根本看不到这种好处；[J] 这样做有时可能对我有益；实际上，它可能扩大了我的自由，这么说是一回事；[D] 如果这样做是对我好，而我又没有受到强制，因为我一直想得到它，无论我是否意识到这一点，因而我是自由的，虽说我可怜的肉身或愚蠢的头脑坚决反对它，并且极力对抗那些将它强加给我的人——这么说是另一回事。

这种神奇的转换（威廉·詹姆斯为此有理有据地嘲笑了黑格尔主义者），正像“消极”自由概念一样，无疑会被轻而易举地永久保持下来，而不容干预的自我，就不再是带有实际愿望和需求的个体，就像通常设想那样，而是成了精神上的“真实的”人。他被等同于追求某种理想的目的，而他的经验自我可能从未设想过这个目的；正如“积极的”自由的自我所经历过的那样，他很可能发展为某个超个人的

实体——国家、阶级、民族或历史前进自身——比起经验自我，他被视为更加“真实的”主体，兼具各种自我属性。然而，“积极”自由观把自由当作“自主”（self-mastery），这本身暗示自我是分裂的、相互矛盾的，结果，它就更容易造成[1]人格分裂的局面：一方面是超越性的、占有支配地位的控制者，另一方面是经验性的种种欲望和激情，它们需要规训和听命。这就证明（如果这么显而易见的一条真相还需要证明的话），这种自由直接源于自我和人是由什么构成的看法。如果对最后一种自由的定义操控得法，操控者就可以用这种自由去表示他想要的任何东西。最近的历史明白无误地表明，这个问题绝不仅仅是学术性问题。 198

这种向往自主的强烈愿望，在历史上主要呈现为两种形式：首先是自我克制，以达到独立自主；其次是为了独立自主而扫清前进道路上的一切障碍。

[三　退守内在堡垒]

（1）我是理性和意志的拥有者。我构想出目的，并且强烈地想去追求目的。但是，如果我在这方面受到阻碍，我就感觉不到自己能够掌握局面了。阻碍我的可能是 [182] 自然法则——物理的、生理的或意外因素的阻拦，或者是人的恶

[1] [J 稿中写道：“作为一个历史、学说和实践问题，实际上”。]

意，或者是人类制度的力量，有时候还是意外的力量。这些力量太强大，让我无法承受：为了防止自己被它们压垮，我该怎么办呢？我要放弃那些不可能实现的愿望，以此来解放自己。我想成为自家王国的主人，但是，我的防线过于薄弱；因此，我必须收缩战线以便减少薄弱区域。我渴望幸福，但我得不到；我绝不争取自己没有把握得到的东西（我争取的都是自己有把握得到的东西）；这样一来，我就不再徒劳地争取可能与我无缘的幸福，我干脆彻底放弃了获得幸福的愿望。我退守内在的自我。身体和生物学规律让我无法达到如下目标——健康或成功——如果我身体状况不同，就可能如愿以偿了。我自行决定不再向往这些不可企及的目标。暴君似的人物利用各种手段威胁我——摧毁财产、人身监禁、流放或者弄死我心爱的人，但是，如果我不把财产放在心上，如果不在意是否坐牢，如果我抛弃亲情，对方就奈何不了我。这就好比是，我实施战略退却，退守内心的城堡——我的理性，我的灵魂——任由对方怎么干都行，无论是外在的盲目力量，还是人类，都奈何不了它。只要躲在这里，我就安然
199 无恙了；只要躲在这里，我就可以掌控自己拥有的一切。

这就好像我要说："我脚受了伤；如果感觉治疗过程没有把握，那么，我干脆切掉大腿，教导自己放弃大腿为之提供机会的其他事物，以摆脱这个创伤。"这就是寂静主义者传统的自我解放办法，它不仅是具体的哲人——斯多葛派、佛教徒、犹太教徒、基督徒——的传统自我解放，也是不信

教的个体的传统自我解放方法：人们通过转变自我来摆脱社会或公共舆论的钳制，这种自我转变使人不关心社会（或公共舆论的）价值，宁愿离群索居、遗世独立，不再为它的武器所伤害。[1] 每一种孤立主义、隐修生活、自给自足，简言之，每一种自律，里面都包含了这种因素。为了清除前进道路上的障碍，我采取的办法是，不走这条路。我退守自己能够掌控的唯一地盘——我内在的精神世界——就群体层面而言，就是我所在的教派，我自己的计划经济，我自己孤立的地盘；在那里，我听不到外界传来的任何声音，[183] 外部力量也无法影响这里。这是寻求安全的一种方法，但它也被合理地称作内心的自由。

[A] 康德或许是捍卫这种观点的最深刻的世俗思想家，他的自由概念就是以这种观点为基础的。我之所以是自由的，原因就在于我是自律的：我服从的是我给自己立的法。自由就是服从，“服从我们给自己立的法”[卢梭]。他律依赖于外部因素，它是环境的玩物，外部因素包括心理原因，例如欲望、感情——总之，是所有我无法完全控制的东西，是属于我个人之外的外部世界的一切东西——据推测，它们一定高居因果论的经验世界之上。这里不适合讨论这种观点是否有效，但是，以自律为自由的观念始终处于政治 200

[1] [B]“智者虽为奴隶，但仍有自由，由此可知，愚者虽贵为君王，但仍受奴役。”圣安布罗斯如是说。爱比克泰德或康德也可能说出这样的话。

学的核心。

如果人首先被当成价值的创造者、自在目的的创造者，人的最高威信恰恰体现在：左右他们的是他们本人，而不是依赖于外部因素的他们的自我，那么，最严重的犯罪行为就是，在看待人的时候，不把他们当作这样的东西，而是认为，他们在某种意义上依赖于自然或其他人，就好像他们没有选择能力，必须由他人替他做出选择，而不容许他们替自己选择：因为那就是不把他们当人。“没有人可以强迫我按照他的方式去开心。”康德如是说。家长制作风是“人们所能想象得到的最大专制作风”。为什么？因为它把人当成改良者面前的物件，让这个改良者——无论他性情多么仁慈——去依照他的而非他们的理性目的去塑造他们。

这 [184] 就是功利主义建议的内容。爱尔维修（和边沁）并不反对在人们面前炫示奖惩——这是最严重的他律形式——如果用这种办法能让他们更加幸福的话。然而，在这种意义上去操控人，推动他们走向你能看到，但他们可能看不到的目标，就是否定他们的人类本质，就是贬斥他们做人的资格。[1] 这就是为什么，向人们撒谎、欺骗他们实际上就是把他们当作奴隶，就好像他人的目的不如我的目的那么绝

[1] [D]“无产阶级的各种强制措施，从死刑处决到强迫劳动，尽管听起来是悖论性的，但它是从资本主义时代的人类材料中锻造出共产主义人性的方法。”这句话是布尔什维克领导人尼古拉·布哈林写的，尤其是“人类材料”一词，很能传达出这种态度。

对和神圣不可侵犯。这么做是虚假的，就是在羞辱他人，而
羞辱他人是最严重的罪孽。值得为之全力以赴的目的只有一
个来源，那就是创造价值的个体、创造目的的个体。我会以
什么样的名义强迫他们去做他们不愿意做的事情呢？以高于
他们自身的事物的名义。如果说所有的价值都是人类精神的
产物，那么，没有什么东西会高于人自身。这样一来，我用 201
来强迫人们的名义（权宜之计、国家理性、便利、我自私的
欲望）就是低于他们自身的东西。这就是我了解自己之后所
产生的矛盾。由于剥削、贬低、羞辱等行径否定了使人之所
以为人的东西——他们的内在自律——因此，它们是人类犯
下的最恶劣的罪行。因为，如果干出这种事情，那就意味着，
势所必然的绝对目的也就不存在了；那就意味着，理性的自
主消失了，人沦为纯粹的物，表现得好像这些攸关生死的终
极目的都不存在似的。各种以非法手段干预人类的行为、收
买行为、违背他人的意志而按照自己的意愿去塑造他人的行
为、洗脑和规训，[1] 因而也就是在剥夺使人之所以为人的自由。

[185] 这就是在 18 世纪深受康德影响的人文主义的核心要义，这种人文主义既是道德的，也是政治的。它是一种世俗化的新教个体主义，上帝和力求与之结合的个体灵魂在

[1] [G] 康德的心理学、斯多葛派和基督徒的心理学都设定，人有某种东西（“他心灵的内在城堡”）可以用来对抗规训。然而，催眠术、“洗脑”、潜意识暗示等诸如此类的东西的发展，降低了这种先验的假设——至少是一种经验性假说——的可信性。

其中的位置，被抽象的理性生活观和个体理性所取代；个体努力寻求彻底的理性化，力求为理性所支配，因而只为理性所支配，不依傍于任何他不理解的，从而影响或欺骗他的东西。自律而非他律：主动行动而非被动受影响。尽管形而上的学说完全不同，斯多葛派的哲人，斯宾诺莎所说的自决的理性人、一心追求正确事物并且能够如愿以偿的理性意志——因为它不会想要自己无法得到的东西；这些不同的
202 方法针对的是一种非常相似的理想——使人不受偶然性和因果律影响，摆脱人的恶意和蠢行，通过逃避去战胜这样的东西，在某种程度上摆脱任何可能误导自己的事物的攻击、渗透。

如今，被激情奴役这种观念已经不再是隐喻了：摆脱恐惧、爱慕或服从的愿望，就是使自己不再受到自己无法控制的事物的奴役。柏拉图写道，塞法鲁斯[1]说，仅凭年老这一项，便可以把他从激情的奴役中——可怕的主人的束缚——解放出来。他说这话就好像有人说自己从有血有肉的暴君或奴隶主那里获得自由一样。看到自己受制于某种“低级的”冲动，做了当时怕得要死的事情，过后想起来，觉得做那种事情的人简直就不是自己；将真实的自我——内在的、理性的、纯洁的、掌握它所有资源的主人——与那些不够真实的

[1]［事实上，在柏拉图的《理想国》（卷一，392c）中，塞法鲁斯说索福克勒斯达到这个境地。后来的版本已经改正过来。］

属性——无论是肉体的还是情感的属性——对立起来，这些属性都受到外部力量的影响；这种心理体验就属于这种思维方式和表达方式。我被等同于自己的批判性能力和理性的能力：外在的结果并不重要，因为它们不归我控制，只有动机归我控制。鉴于我的动机是有理性的，我就可以无视，甚至否定外部世界，从而托庇于自己的正直和独立。这就是孤独的思想家的信条；作为成功的反叛者，他让自己摆脱了事物的枷锁。[1]

[187] [B] [2]如果说用克己的方式追求自由会导致自毁，那么，通过扫除障碍去追求自由会产生完全不同的结果。当我的意志遇到一些阻碍，我可能在它们面前屈服，从而改弦易辙；但我也可能把它们改造成实现目的的手段。我怎样才能做到这一点？那些坚持“消极”自由观的人或许应该得到 203
原谅，如果他们认为，克服障碍的唯一方法是扫除这些障碍：如果这些障碍是非人的物体，那就动手挪走它——如果阻碍我的是人，就使用劝导的力量，就像我劝说某人在车中为我腾出一块地方一样，或者征服一个威胁我的利益的国家。这很可能是不公正的，因为它可能使用暴力手段、残忍手段或奴役他人，但几乎无可否认的是，能动者的自由增加了。但是，这些消极的目标和经验的方法却被积极自由观的

[1] [B 稿在此处添加了下文第 208 页注释 1 中的内容。]
[2] [在 B 稿中，此处是论自我实现那一节的开头。]

拥护者给否定了，先是哲学界的，后来是政界的拥护者。[1]统治当前一半世界的正是他们的看法：正是出于这个原因。必须要严肃考察它的形而上的基础。

[四　自我实现]

[2] 获取自由的唯一正确方式是，[A] 利用[2] 批判性理性，理解什么是必然的，什么是偶然的。如果我是小学生，对我来说，艰涩难解的数学原理就是一道障碍，它们表现为各种定理，而这些定理的必然性是我无法理解的。可是，由于某个外在的权威说它们是真理，因此，我只好机械地学习它们。可是，当我弄 [188] 明白符号的功能、各种定理、转换规则、获取结论的逻辑之后——当我还弄明白，这些东西只能是这个样子，而不可能是别的样子，这要么是因为，它们是作为理性思维结构的一部分而被提出来的，要么是因为，它们是我为自己发明的游戏或惯例，我按照自己设定的
204 规则去操弄它们——这样一来，它在我面前，就不再是一个外在的、不管我是否愿意都得接受的一个障碍物，而是一个我可以自由出入的东西。对于数学家而言，数学的规则就成

[1] [在 G 稿中，取代这句话的是：这条真理却遭到某些极力践行它的人的谴责，这些人在征服了行动的权力和自由的同时，反对“消极”自由，他们更青睐“积极”自由，这真是一种历史的讽刺。]
[2] [A] 我如何才能达到这个境界呢？利用。

了他自由发挥天生的逻辑能力的一部分内容；对于音乐家来说，由于他消化吸收了作曲家乐谱的模式，还把作曲家的目的变成了自己的目的，因此，演奏音乐就成了自由发挥；他没有感觉到自己受到乐谱的束缚，就像老牛感觉到耕犁的束缚，工厂工人受到机器的束缚一样。他已经将乐谱吸收到了自己的体系之中，他已经将它为己所用；将某事物为己所用，认同它是某人的自我，就是将障碍物转变为某人自己的一部分，将自由活动的障碍转变为活动自身的一部分。

适用于音乐或数学的东西，在原则上一定适用于其他所有阻碍自我自由发展的外部事物造成的问题。这就是理性主义的方案。康德说："要勇于认识。"你所认识的东西，你能够理解其必然性——也就是理性的必然性——的东西，只要你依然有理性，你就不会让它成为别的样子；因为，让它成为别的样子，走到这一步就是非理性的了。无知、激情、担心、恐惧症，都是无知造成的［原文如此］。神化和幻想，无论它们是否源于邪恶分子的任性胡来，他们编造这些东西，是为了束缚我们的思想——正如宗教被称为群众的鸦片——或者是心理影响造成的，后者是社会制度始料未及的结果造成的，它们全都是他律，也就是任由外部因素逆着能动者的意愿去发号施令。在 18 世纪，经历过启蒙的激进分子认为，研究数学、物理和其他自然科学，按照自然科学的模式去研究社会，将会看清这些原因的运作，从而让个体[189] 能够做出选择：是应该接受这些外部因素的发号施令

呢（因为，如果选择接受，他们就不再是被动受影响了，而
205 是主动吸收，为己所用），还是改变或毁掉这些外部因素。

后来，属于这个传统的思想家，无论他们在真知为何物这个问题上有多大分歧，都基本上接受这个方案——认识自己的方案。赫尔德和黑格尔认为，先前的思想家没有认识到人性变化发挥的作用。为了认识到这一点，理解数学或物理学是不够的，必须理解历史，也就是说，必须理解个人与群体在彼此作用的过程中，以及他们与自然相互作用的过程中不断成长的规律。不理解这一点，就会产生某种错觉，即相信人的需求恒定不变，并且根据如下论断——人的需求从不变化，各个时代和各个国家明智、完全有理性的人总是有着相同的、永恒不变的目的——认为有可能创建一个乌托邦。黑格尔深信，他的同时代人（事实上还包括他所有的前辈）都误解了制度的性质，原因在于，他们没有理解创造了制度，并且改变了人性和行为的规律：理性的法则；之所以说这些法则是理性的，是因为它们源于人类的精神活动。马克思断言：人类受到他们无法控制的外在因素的奴役，这些外在因素是以制度的形式出现的，是人们为了特定的目的而设定的，尽管他们并不总是认识到这一点，但是，由于某些不可避免的社会和经济规律在发挥作用，结果，他们系统地误解了这些制度的活动，认为这些制度是独立的力量，必须服从它们，就像奴隶必须服从主子一样（例如供给与需求定律，或作为固定不变的人类范畴的财产，或社会上的贫富分

化，或工厂主与工人之间的分化），原因就在于，他们没有认识到，这些规律和制度本身就是人的大脑和双手的产物，它们的起源被遗忘了，它们的功能遭到了误解，因此它们被错误地理解为不可变更的外在力量，没有理由去改变它们。

弗洛伊德断言，恐惧、强迫症以及其他阻碍彻底理性化生活的行为，都是心理原因造成的。他还说，这些因果过程 206
迄今为止尚未有人考察过，如果理解这些过程，人将处于两难境地：如果他们感觉到自己的自由因此而受到限制，他们就会丢掉（抛弃）它们带来的影响，另一种情况是，他们会自由自在地将其吸收到自己有目的的、刻意性的活动中。

任何东西都无法动摇，如果我们对它缺乏理解的话。[B] 我们受到主人——制度或信仰或恐惧症——的禁锢，只有分析和理解它们，才能够驱除这些东西。我受到了自己创造出来的（虽说是在无意中）的恶魔的奴役，我们意识到这一点之后，相应地采取行动，[1] 就能够驱除它们。[A] 自由就是按照我自己的意志去规划我的生活。有规划就得有规则；如果某条规则是我施加给自己的，或者说是我本人自由自主地接受了它，那么，在理解它之后，即便是别人发明的，就不能说这条规则在压迫我、奴役我了。[D] 接受这种必然性，就是认识事物为何必然会变成这个样子。

[1] [J 稿："只有意识到这一点，并正确地行动，才能驱除它们：事实上，对于马克思来说，理解就是正确的行动"。]

[G] 正如爱比克泰德以前教导的那样，[G] 知识的解放作用 [G] 并不体现在，它为我们提供了选择的可能性，而是体现在，它防止我们在尝试不可能的事情时受挫。[D] 若想改变必然规律，就要受到非理性愿望的左右——这种愿望认为，必须成为 X 的东西，也可以成为非 X。如果相信这些规律可以摆脱它们的必然性，那就是疯狂之举。[A] 这就是理性主义的核心要义。理性主义的自由观不同于先前所讲的“消极”自由观，消极自由观主张清除障碍，给人留下从心所欲的真空，理性主义自由观则是自决观或自我控制观：我凭一己之力去做自己想做的事情，我是有理性的人。无论我向自己证明那种必然性的东西是什么——在理性世界，即在理性思维指导的世界，在追求理性人向往的目标的过程中，所谓必然的东西，就是那种非此不可的东西——我就是不想扫清眼前
207 的道路。我只想把它吸收到我的自我之中，然后不再做他想，正如我对待数学、艺术的法则那样，我对待其他任何事物的法则也是如此，了解其目的，吸收了其法则，然后便罢手。

在当代，这种信念呈现为多种社会化形式：民族主义、马克思主义、黑格尔主义，各种各样的专制主义，以及所谓的极权式民主。稍后我再谈这一点。

[185] [1] 与此同时，或许应当指出的是，以个体主义形

[1] [在 B 稿当中，从这句话开始，直到 210 页的“并不是唯一的出路”，这部分内容被挪到了第 203 页“事物的枷锁”这句话的后面。]

式出现的不受尘世无妄之灾的理性哲人概念——避世心态、
退守真正自我的精神堡垒，我的理性的存在——从历史上
讲，差不多总是出现在外部世界被证明过于暴虐、过于不公
正的时候。卢梭说：“他想到了自己所能做的，做了自己所
能想到的，他就是真正自由的。一个追求美德，或公正，或
自由（任何意义上的自由）的人，在这个世界上却发现，他
几乎难有作为，[186] 这样一来，退居自己的精神世界这个
诱惑就变得难以抗拒了。”在古希腊就出现了这种情况，斯
多葛主义理想与自由民主制的消失，以及马其顿专制暴政的
到来，不可能全无联系。出于类似的原因，早期罗马的情况
也是如此。[1] 在独裁政体大行其道时期，东方的哲人也是如
此，当时，人容易受到羞辱，或者说至少不被当回事，被视
若草芥，受到拥有肉体强制工具的人的残酷统治。18 世纪
的德意志也是如此，在这一时期，德意志小邦林立，民族沦
落到深渊，大部分为小国，为小君主专制统治，当时外部世
界几乎没有为那些珍视人类生活尊严的人提供庇护。有一种 208
学说断言，对于那些可望而不可即的东西，一定要告诫自己
放弃念想，因为，知其不可而为之，必将受挫，沦为我无法
得到满足的欲望的奴隶，尽管斯多葛派也好，康德及其追随

[1] [D] 东方哲人的寂静主义是对寡头政权的专制统治的反应，它大行其道的时期，经常是在个体易于遭受拥有肉体强制工具的人屈辱，或无视，或残暴对待的时候，这么说或许不算牵强附会。

者也好，都从中汲取了高贵的道德后果，但说到底，它就是高级的酸葡萄原理。[B] 拿不到的东西就别惦记着去拿。我只能想象自己拿到了，才能消除自己的幻觉。

[J] 这足以说明，消极自由这个概念为何无法施展拳脚。消极自由认为，自由就是从心所欲，这个概念实际上是密尔采纳的。如果我发现，我对自己想做的事情几乎无能为力，或者干脆就做不了，那么，我只需要收缩或者消除我的愿望，这样一来，我就自由了。如果暴君（或"隐蔽的诱导者"）试图制约他的臣民（或顾客），使之打消他原来的想法，接受（"内在化"）[原文如此] 他为他们制定的生活方式，按照这种概念，他就已经成功地解放了他们。毫无疑问，他已经让他们感觉到了自由，正如爱比克泰德觉得自己比主人更加自由那样（据说，这个有名的好人虽身处逆境，但很有幸福感）。然而，他创造的却是政治自由的反面。

[B] 禁欲性质的自我克制，为了保住那点剩下来的东西而采取的退隐政策，怎么能说是扩大了自由呢，这一点是显而易见的。我可以躲避自己的对手，把门关得死死的，用这种办法来拯救自己。比起被对方俘虏，这样做我更自由。然而，这终不及我打败并俘虏他更自由。如果我做过头了，把自己收缩在一个狭小的空间内，我会因窒息而死亡。毁掉一切可能令我受伤的东西，这一过程的必然结果就是自杀。当我存在于自然 [187] 世界期间，不可能完全是安然无恙的。

（叔本华说得对）彻底的解放只有在死亡时才来临。[1] 209

[A] 值得一提的是，寂静主义在德意志大行其道，但在法国，那些为个体主义或民族争取自由的人却没有采取这种态度，这难道不是因为，虽说法国王室奉行专制主义，法国特权集团骄横、肆意胡为，但法国是一个自豪的和强大的国家，在那里，政治权力的现实并没有逃脱才智之士的掌握，因此，退出战斗，躲进风平浪静的天堂，任由妄自尊大的哲学家冷眼旁观，并不是唯一的出路。

[190] 我曾经说过，这种学说的社会化 [190] 形式是当代许多地方探讨或争取的自由的核心。这里不宜追溯这种情况的历史演变。让我举两个熟悉的例子加以说明。

[五　萨拉斯特罗[2] 神殿]

[191] 毫无疑问，那些认为自由就是自决（self-direction）的人迟早要去思考，该如何运用这种自由：它如何应用于个人的内心生活，不仅如此，它又如何应用于人际关系当中。

[1] [J] 值得一提的是，当寂静主义在德意志大行其道之时，在同时期的法国，那些为个体主义或民族争取自由的人却没有采取这种态度，这是因为，虽说法国王室奉行专制主义，法国特权集团骄横、肆意胡为，但法国是一个自豪、强大的国家，在那里，政治权力的现实并没有逃脱才智之士的掌握，因此，退出战斗，躲进风平浪静的天堂，让妄自尊大的哲学家冷眼旁观，并不是唯一的出路。19 世纪以及后来的英国就是这样，现在的美国也是如此。

[2] 萨拉斯特罗是莫扎特著名歌剧《魔笛》中的重要人物，是“光明之国”的领袖，主宰着智慧。——译注

即便是他们当中个人主义色彩最浓的人物——卢梭、康德与费希特最初肯定是个人主义者——也一定会问自己：不仅个体的理性生活，还有社会的理性生活，是否可行，怎样才能
210 可行。我希望能够自由地生活，就像我的理性意志所希望的那样；但他人也得如此。我的权利与他人的权利是相同的，二者的界限在哪里？（因为，如果我是有理性的，那么，我就无法否认，我应该得到的，出于相同原因，其他像我一样有理性的人也应该得到。）在一个理性的国家中，它的法律将为一切有理性的人所接受，就像这法律是他们自己公布的那样——假如他们有资格这样做的话；这个疆界就是我们作为理性人一致同意的地方，它就是理性人的疆界。

然而，事实上，由谁做出这个决定呢？按照所有这类思想家做出的预设（他们对“理性”一词的使用导致了这种预设），道德问题和政治问题，就像数学、物理以及其他领域的问题一样，在原则上都是可以解决的——也就是说，任何一个问题只有一个正确答案。这个答案与诸多虚假答案背道而驰，真理能够为理性的思想家发现和证明，这个证明是清楚无误的，（正如自然科学领域发生的情况那样）其他理性人只能接受——按照那种预设，建立一个公正的秩序，赋予每一个人以理性人应有的全部自由，政治问题就迎刃而解了。一个问题的理性解决方案不可能与另一个理性人开具的理性解决方案相冲突，因为两个真正的解决方案是不可能相互排斥的。因此，这样的秩序在原则上是一定存在的——这是一个理想的状态，有时还

被想象成大洪水到来之前的乐园，其中所有人都在神恩的佑护下幸福地生活在一起，有的时候它还被想象成未来的黄金时代，其中所有人都变得富有理性，他们的欲望、激情或习惯，在原则上不再与其他类似完美的人所要求的东西相冲突。

在现存的社会中，公正和平等都是必须采取某种强制措施才能实现的理想，因为，摆脱社会控制的自由可能导致强者欺压弱者，能量更大的人或更无道德的人去欺压比较愚蠢的人。但是，（按照这种学说）只有人身上的非理性才导致 211
他们互相压迫、剥削或羞辱。理性的人彼此都会尊重理性原则，他们没有互相恶斗的欲望，谁也不想支配谁。支配的欲望本身就是非理性的，可以用理性的方法加以解释。黑格尔用一种方法去解释，马克思用另一种，弗洛伊德用的是第三种：在这些方法当中，有些还是互相补充的；有些相互矛盾。尽管如此，在完全理性化的人所在的社会中，不存在强烈的权力欲，在一个理性的社会中，容不了一个一心想压迫其他人的人。压迫现象的存在首先就表明，社会问题的真正答案还没有找到（不要忘了，答案还是有的，否则这个问题也就不成其为问题了，这是因为，只要是问题，就一定有答案，无论这些答案是否被发现）。[1]

[A] 关于这一点，可以换一种说法。自由就是自主，就

[1] [从这里开始，口述录音带在 B 稿和 D 稿之间，又提供了一个修订本 C。C 稿列于下文第 246 页和 261 页之间。]

是清除违逆我的意志的障碍，无论这种障碍是什么东西——它可能是自然的抵制，我本人无法无天的激情的抵制，非理性的制度的抵制，或者是他人对立意志的抵制。我可以用技术手段塑造自然，将我的意志强加给它：可是，我该如何对待冥顽不化的人类呢？如果有可能的话，我也得将自己的意志强加给他们，按照我的模式塑造他们，按照我的剧本为他们分派角色。但是，这不就等于说，我是自由的，而他们是奴隶吗？如果我的计划与他们的欲求和价值观无关，[193]而只和我自己的欲求与价值观有关，那么，他们就是奴隶。所有问题的正确解决办法必须互相兼容；不仅如此，它们还得同时出现；因为，那就是称他们为理性人的意义。每个人都有特定的性格、能力、诉求和目的；如果我掌握了这些目的和性质，至少在原则上，我能够满足所有人。理性就是为
212 了认识事物的本来面目：我绝对不能用石头制作小提琴，我也不可能让天生的小提琴演奏家去吹笛子。如果说宇宙是由理性支配的——也就是说，如果我们能够找到这样一种模式：其中每一个人和物都是根据自己内在自然的意思，充当自己的角色——那么，就不需要强制了。为所有人计划的生活与所有人的彻底自由——理性的自决自由——是同时出现的：也就是说，假如该计划是真正的计划，便是有了它就能满足理性诉求的唯一模式。这样一来，法律就成了理性设定的规则：只有那些理性陷入冬眠的人才对法律感到厌倦——那些人不知道自己“真正”需要什么。如果每位选手都扮演

理性为他们设定的角色——理性明白他的真正天性，并且看出了他的真正目的——那就不会有冲突了。每个人都是宇宙大戏中被解放了的、自决的演员。

斯宾诺莎说，小孩子们虽然受到强制，但他们不是奴隶，因为他们服从的命令是对他们有利的命令，真正民主国家的臣民不是奴隶，因为共同的利益当中也有他的一份；洛克说："没有法律的地方，就没有自由。"因为理性的法律引导他得到自己应有的利益，也就是"公益"，阻止我们"陷入沼泽或堕入悬崖下"的东西，"不应该被称作监禁"，超出法律之外的任何欲望都是非理性的——"无法无天"或"粗野残忍"，如此等等。孟德斯鸠一时忘了他"消极"的一面，居然说政治自由是"做我们应当想要的东西"，康德的说法近似于附和这种观点；[1] 他们断定，我们"真正的"，即有理性的天性的那些目的，是同时出现的，让它们同时现身，对抗我们可怜的经验自我的激烈反抗，这不是暴政，而是解放。[2] 213

实际上，这就是 18 世纪思想家的言论。卢梭告诉我们，

[1] 柏克声称，为了维护个体的利益，理应限制个体的"权利"，因为"每一位理性的造物应有的赞同态度与预先存在的事物秩序是一致的。"［在 L 中，由此另起一段。］

[2] [B] 关于这一点，在我看来，边沁早有定论："作恶的自由，难道就不是自由吗？"如果它不算自由，那什么东西才算自由呢？ ［……］难道我们不是说过："不能因为傻子和恶人滥用自由就剥夺他们的自由吗？"[E] 将这句话与同时期雅各宾派的典型论断进行一番比较："谁也没有作恶的自由。阻止人作恶，就是赋予他自由。"［克莱恩·布林顿：《雅各宾俱乐部的政治观念》，见《政治学季刊》，第 43 卷，1928，257。］到了 19 世纪末，这种观点几乎原封不动地被英国唯心主义者重复。

如果我毫不保留地将自己的全部生命奉献给社会，那么，我会创造出一个不想伤害其他任何社会成员的社会实存体，因为，它的建立也得益于全体社会成员做出同样的牺牲；在这样的社会中，伤害他人对谁都没有好处。当我把自己奉献给所有人的时候，我没有将自己奉献给任何人，我得到的和我失去的同样多，同时还得到了足够的力量，保住自己的新得之物。康德告诉我们，当“个人彻底放弃了他狂放不羁、无法无天的自由，结果，在遵纪守法的状态下，又把它毫发无伤地找了回来”，那就是真正的自由，“因为这种依法行事状态是他作为立法者个人意志的结果”。自由绝不可能与平等格格不入，如果没有平等，自由就无从实现；因此，在1789年和1793年两次颁发的《人权宣言》[195] 中，都提到如下事实：自由体现在“在不与邻人的权利发生冲突的前提下，可以从心所欲”，因为，“除了为保障其他社会成员享受同样权利而进行的必要约束之外，每位个体在行使自然权利的时候，是不受约束的”。[1] 任何理性人都能确立这些约束措施，这是因为，在原则上，任何理性人都能给任何问题找到正确的解决办法，但是，把这种解决方案当作真理自愿接受，需要一群完全具有理性的人，因为，只有理性人在遇到真理的时候才能辨别出它是真理。这样的国家奉行的规则是，一个人能做什么，大家就能做什么。这样一来，如果任

[1]［后面的措辞并没有出现在1793年的《宣言》中。］

何人违背了这条规则，所有人都会因此而蒙受损失。

如果这种预设是正确的——如果社会问题的解决方案无 214
异于自然科学的解决方案，如果我们能够构想出一个由完全理性化的人构成的社会，那么，这个结论无疑就是正确的。自由会与法律同时出现。自律会与权威同时出现。人类将会彻底平等，完全自由，彻底理性化，完全公正。这就是无政府主义的理想。[B] 所有的自由理性主义都或多或少地持有这种理想的稀释版本。

[A] 着力解决这个问题的思想家马上面临这样一个问题：如何让人具有这样的理性？显而易见，他们必须接受教育，因为，只有没受过教育的人才是非理性的、他律的，如果想和这些人生活在同一个社会，而不是想退隐在某个奥林匹斯式的山峰之上，那就得强制他们，从而让有理性的人活得下去。费希特一贯坚持说，教育的作用就在于，让“你后来明白我现在这样做的原因”。孩子们不可能明白，大人们为何强迫他们去上学，没有受过教育的人——也就是大多数人——不可能明白，他们为什么被迫遵守马上就能让他们具有理性、回想起来感觉自己受强制有道理的法律。这就是国家的任务。“强制也是一种教育。”[B] 如果你 [196] 不明白，自己作为理性存在物应有什么样的切身利益，那么，在帮助你成为理性人的过程中，你就别指望我去咨询你的看法，或者听从你的意愿。[A] 我要强迫你预防麻疹，虽说你可能不愿意。甚至密尔也愿意说，如果一座桥马上要倒

塌，而又来不及警告过桥人，我们可以用强迫手段，不让他过桥，因为他不想落水。作为哲人，我比你更了解你的意愿是什么，因为你是自己激情的牺牲品，你是过着他律生活的奴隶，愚钝无智，不知道自己的最大利益是什么。你想成为人：国家的目的就是让你获得这种权利。“强制的合理性在
215 于，它通过教育为人提供了对未来的洞见。”

致命的类比由此而产生。正如我内在的理性——如果它要获胜，就必须清除和压制我“低级的”本能、激情和欲望，因为这些东西把我变成了奴隶，所以说，高层次的社会成员——受过良好教育的、更有理性的人，“最能看清他们所在的那个时代和那个时代的人”——可以使用强制手段，让社会中的无理性分子走向理性化；这是因为，服从理性的人，就等于服从我们自己——不再像现在这样沉浸于无知状态，无法摆脱激情的控制，就像需要医生的生病儿童，需要监护的被监护人——而是成为我们可能成为的那种人，成为我们有了理性就可以成为的那种人，成为只有当我们倾听了理性的意见才能成为的那种人；据推测，这种理性存在于每一个人的心中，只要他有做人的资格。

[D] 黑格尔派的哲学家，从费希特所设想的强硬的、严格奉行中央集权的“有机”国家，到 T. H. 格林温和的自由主义，理所当然地认为，自己应该要去满足，而非抵制理性的要求；这些理性的要求，无论多么幼稚，都存在于每一个有知觉力的人的心中。[C] 另外，沿着这条推理思路，如

果我打破了黑格尔派的目的论方案，转向唯意志论色彩更浓的哲学，难道我不会想着怎样将自己的计划强加给社会吗？这样做可是为了改进社会。这个计划是我用理性智慧精心制订的，除非我主动采取行动——这样做或许有违社会的意愿——否则，[197] 它根本不可能成熟。换句话说，我完全抛弃了理性观念，将自己设想成为一名灵感丰富的艺术家，根据自己的独特看法，将人铸造成各种模式，就像画家综合使用各种色彩那样，就像作曲家综合使用各种声音一样。人类成了我在上面强行施加我的创造性意志的材料；在这个过程中，尽管有人受难和死亡，但他们还是因为我的创造性意志而得到提升，如果我没有采取强制性的，但富有创造性的手段去干扰他们的生活，他们就不会获得提升。

[A] 所有独裁者、宗教审判官以及恃强凌弱者，他们为自己的行为进行道德辩护的时候，使用的就是这种观点。我必须替那些无法为自己出力的人出力，我之所以不可能争取他们 216
的许可或赞同，那是因为，他们没有能力认识到什么东西对他们最有利，他们许可或赞同的东西，很可能意味着自取灭亡。[C] 这位替人出力的英雄人物很可能是一位理性主义哲人，或者是拿破仑，或者是一位浪漫的独裁主义者，他们深信，超人种族是可以产生的，正如法西斯主义领袖所宣称的那样。[B] 我再次引用一下费希特的话：[A]“谁也没有［……］权利反对理性。”“人不敢让自己的主体性服从于理性的法则：他更青睐传统或专断。”不过，他还得服从理性的法则，因为那是

人生一世的目的，是获取真正自由的唯一途径。[1]

与此一脉相承的一个问题是，正如孔德所说，如果我们不允许化学或生物学领域自由思考，那么，我们为什么允许人们在道德或政治学领域自由思考呢？ [B] 这究竟是什么原因？如果谈论政治真理是一件有意义的事情——所谓的政治真理，就是一经发现，人们都会认可的真正社会目的——如果科学方法能够揭示出政治真理的话，那么，就没有理由为了自由而自由，无论对于个人，还是对于群体，还是对于认可未经科技专家许可的行为，都是如此。孔德直言不讳地说出了自古希腊以来就隐含在理性主义政治理论中的东西：原则上，正确的生活方式只有一种，智者自动地秉承这种生活方式，否则他们就不可能是明智之士；愚鲁者必须任由智者施加各种社会手段，去接受这种生活方式，这是因为，怎么可以容忍显而易见的错误呢？我们必须让那些幼稚的和无知的人心里明白：[A]“只有真理才能给人带来自由，我了解真理的唯一办法是，盲从于你们这些认识真理的人的命令，同时还得坚信，只有这样，我才能像你们那样明察秋毫，才能像你们一样自由。”

217 我们兜了一个圈子又回到了原处，因为，费希特、黑格尔以及其他权威的捍卫者所利用的这个观点，正是斯多葛派和康德伦理学强烈反对的东西，他们使用的名义是不受压迫的、

[1] [G]“迫使人们采取正确的政府形式，用武力将权利强加给他们，对于每一位具有洞见和这样做的能力的人而言，这不仅仅是权利，也是神圣的义务。”《费希特全集》，I. H. 费希特编（Berlin，1845—1846），第四卷，436。

尽可能听从自己看法的个体理性的名义。正确的解决方案只有一种，唯有专家才能确定，以这种观点为基础的理性主义方法，就这样带来了柏拉图式的、听从哲人指令的专制国家。

[C] 究竟是什么东西造成了如此令人匪夷所思的逆转，让康德的个体主义变得如此接近纯粹的极权主义学说？这个问题不仅具有历史重要性，因为当代的很多自由主义者也经历了同样奇特的演变。追随卢梭的观点，康德确实坚称，所有人都有理性自决的能力，他还说，在道德问题上，不存在专家，因为，这不是一个认识问题，就像功利主义者所认为的那样，而是如何利用人类生而就有的能力；让人自由的不是以某种自我提升的方式去行动——他们很可能被迫这样做——而是知道自己为什么这样做，没有人能够替别人或代表别人这样做。但即便是康德，在处理政治问题的时候，也说过，任何法律——假如这是我作为有理性存在物被人要求认可，并且应该认可的东西——都不可能剥夺我的自由。

这样一来，专家统治的大门敞开了。在法律制定上，我们不可能征求所有人意见。政府不可能总是进行公民投票。此外，有些人不像其他人那样能够出色地适应自己理性的声音。有些人的耳朵特别聋。如果我是立法者或统治者，我一定认为，如果我施行的法律是合理的，那么，我只能征求自己的理性的意见，它自动会得到作为理性存在物的全体社会成员的认可。如果他们不认可，他们一定是非理性的人，因而需要用理性去制止他们，无论他们本人的理性，还是我的理性，

218 都不可能是特立独行的，因为理性的看法一定是相同的。

我发出自己的命令，如果你违抗，好，那你就自行去压制你心中与理性作对的无理性成分。如果你能把它压制在自己的心底，我的任务就更轻松了。我力求你这样做。但是我要替公共福祉负责。我不可能等到所有人都完全理性化。康德可能抗议说，主体的自由的本质在于，只有主体并且只有主体本人，才能给自己下服从命令，但这是一条让人走向完美的忠告。如果你未能规训自己，那好，我替你做，你还不能抱怨缺少自由，因为，你必须接受强制这个事实已经表明，你没有听从自己内在的理性，你就像一个儿童或者野蛮
219 人，还没有成熟到自决的地步；[1] 还有 [200] [2]，如果这样做

[1] [E] 康德在一篇政论中，几乎要表达出“消极”自由的理想了，他在文中写道：“人类面临的最大问题是，建立文明社会，按照法律管理各个方面权利。自然要求解决这个问题。只有在这样一个社会中：自由度最高，同时最为精准地确定和保证每一位个体的自由——以便他与别人的自由共存——人类才能实现自然的最高目的，即让他的各项能力得到发展。”如果不带目的论暗示的话，康德的话乍一看与密尔的自由主义学说并无不同。然而，关键在于，“精准地确定和保证（个体自由）界限”的标准是什么。密尔和广大自由主义者想要达到这样一种境地：让尽可能多的个体尽可能多地实现他们的目的，而不打算评论目的本身，这样一来，在个体之间（划定）边界的时候，只想着如何尽可能防范人与人之间的活动冲突，而不允许探究他们的方向本身。然而［积极？］自由的界限是通过运用“理性规则”确定下来的——所有人的理性都一样，所有人都有理性，任何非理性的东西都会被人用理性的名义加以谴责。由个人的想象和癖好产生的形色各异的目的，就应该遭到无情压制，以便为理性让路。理性的暴政被等同于自由，正是基于如下判断：只有理性的目的才是人真正欲求的目标。

我从来没有在这个语境下去理解“理性”的含义，我只是想指出：这种理性主义心理学的先验预设与任何以人们正常生活经验为基础的学说格格不入。

[2] [L 中另起一段。]

会导致精英专制或智者专制——这种专制也因此而等同于自由——那么，在这种观点的诸多前提中，是否可能有些严重错误？[B] 我们看一看下面的一些基本预设：就自身而论，每个人都有一个目的，那就是理性的自决；人们的所有目标必须符合某个普遍的、和谐的模式；所有冲突都源自理性与非理性（或理性不足）的冲突；一旦每个人都具备了理性，最后，他们有可能立即服从法律并获得自由，在上述基本论断中，至少有些不是错误的吗？

[六　寻找社会地位]

[A] 还有一种方法，尽管它本身是合法的，然而，如果循着它的思路去做，很可能得出一个类似的结论。从 18 世纪中叶开始，就有人不断地追问："个体"是什么意思？这种追问的影响越来越大。既然我生活在社会里，我的所作所为必然会影响到其他人，同时也受到其他人的影响。一经考察，甚至密尔对于私人生活领域和我对他人的影响之间的区分也很难成立了。另外，我的社会性也不仅仅体现在我与他人的互动关系上，因为，在某种程度上，他人认为我怎样，我就怎样，难道不是这样吗？

当我问自己：我是谁？回答说：英国人、法国人、中国人、木匠、一位可敬的社会成员、一个罪犯，一经分析，我就发现，说自己是英国人、中国人或者罪犯，必然要涉及一

220 个他人认可问题，也就是我所在的这个社会的其他人认可我属于某个群体或阶级，我还发现，这个认可来自我描述自己最具个人特色和永久属性的那些术语的意义。我不是脱离现实的理性，也不是独自一人置身于荒岛之上的鲁滨孙；无论理解我的物质生活，还是理解我对自己的认识，只能从我所在的社会网络入手。

人对自由的需求，不如人对他人认可的愿望那么强烈：我所寻求的东西，可能不是密尔希望我们追求的东西，即摆脱强制、免于被捕、免于暴政、免于失去某些自由权利的自由，力求摆脱这些人为障碍，进入一种真空状态；我想方设法避免的是：被人轻慢、遭人忽视、被人屈尊俯就、遭人鄙视；换句话说，我避免的是：不被他人当人看；不被他人认可，被归类到某个毫无特色的、乱七八糟的群体中，被归类到一个体现不出个性的统计单位中。这就是我现在所反对的贬损行为，我争取的不是平等的合法权利，不是我从心所欲的自由（尽管我可能也想要这些东西），而是进入这样一种状态：我觉得自己是［202］名副其实的人，是负责的能动者，虽说我会因为保持本色而遭到攻击或迫害。[1]

这就是对地位的渴望：对认可的渴望。我太想被人理解、被人认可了，即便自己不受人待见。唯一能够认可我、

[1]［B］这种看法最为生动地体现在平等派兰伯罗 1647 年发表的名言中：“在英国，即便是最穷的人也有权过上与最有势的人同样的生活。”

让我感觉自己是名副其实的人的那些人——只有他们的认可，才有这种感觉——就是我认同的这个社会中的人。[B] 这种观点类似于康德关于人类自由的学说；但这是一个社会化的和经验主义的版本，因此，它几乎与康德的自由学说背道而驰。康德笔下的自由人不需要公众认可他的内在自由。 221
如果他被当作手段，以达到某种外在目的，那是利用他的人的错误，但他的本体（noumenal）地位未受影响；他是完全自由的，完全是一个独立存在的人。我在这里提到的需要，完全受制于我与他人的关系：如果我没有得到认可，我什么都不是；充分意识到自己的内在价值和使命之后，我就不会带着拜伦式的鄙视去忽视他人的态度，或者遁入自己的精神生活当中。我对自己的看法无异于他人对我的看法：我认同周围人的观点。我根据自己在整个社会中的地位和作用，感受自己究竟是个人物，还是无足轻重；这是我们能想到的最严重的他律状态。

[A] [没有必要使用诸如有机体或生长等明喻，或其他生物学语言去表达以下见解：在很大程度上，我认为自己是谁，或者说我感觉自己是谁，那么，我就是谁；这种东西只有他人才能给我，从他们对待我的态度中，我得到了这种东西，然后再根据他人对待我的态度去思考自己在社会中的地位。][1] 我无法从我与他人的关系之中分离出或提取出我的

[1] [B 稿中删除了这段话。]

个体性自我，也无法从我自身属性中提取出来我的个体性自我，因为，我自身的属性就在于他们对我的态度。这样一来，当我要求摆脱依附地位时，我要求的是改变地位。

[J] 个体如此，群体何尝不是如此？不管它是社会群体、经济群体还是宗教群体。也就是说，只要意识到自己所在的这类群体的需求和目标的人们，无不如此。[A] 被压迫阶级的成员，被压迫民族中的成员，他们所要求的，被他们完全正确地描述为自己的自由的那些东西，首先就不纯粹是行动的自由，也不纯粹是机会平等，而是要求承认自己（或阶级，或国家，或肤色，或种族）可以 [203] 独立行
222 动，有资格自行其是，不再被人统治、教育、引导——无论对方的手段如何轻柔——不再被当作不成熟的人，并因此无法享受彻底的自由。

正因为这个原因，家长制是“人们所能想到的最为严重的**专制主义**”，这倒不是因为，它对人的压迫程度超过了赤裸裸的、残忍愚昧的暴政，而是因为，它侮辱了我的自我观：作为人类的一员，我有权根据自己的目的来安排自己的生活，并且，最主要的是，我有权让别人认可我是人类的一员，因为，如果我得不到这样的认可，我就不会在自己的身上充分地看出我属于人类，因为，我之为我，在一定程度上取决于我的所思所想，而我的所思所想又取决于我所在的社会的普遍感觉和思想。按照柏克的意思，我不是这个社会中孤立的原子单位，而是所谓社会模式中的必要成分，这个

比喻不会引起歧义，如果我没有被认可为一个自律的人、一个个体，我可能感觉不自由；但是，作为某个阶级或某一个民族的成员，我也可能感觉不自由。如此一来，我就渴望我所在的整个阶级、民族或职业获得解放。然而，由于我所在的民族的其他成员——当我们都受压迫的时候——承认我是其中的一员，甚至当其他奴隶承认我是他们中的一员的时候，我宁愿接受另一个奴隶，或者我所在的被压迫阶级当中的另一位成员的欺负或吆五喝六，也不愿意被另一个阶级或民族的成员善待，因为，我宁可得到我的同胞们的认可，也不愿意让自己得到非我族类的认可，即便他们施行的是善政。

这就是个人、群体、行业、阶级、民族和种族认可需求的核心所在。我向其寻求认可的那些人，可能是我所在的阶级或行业或民族的代表；我从他们手中可能得不到“消极”自由，反而被他们逼得走投无路，但他们属于我所在的群体，他们理解我，我也理解他们，这种理解让我感觉到，我 223
在世上还是一个人物，而不是无足轻重。正是因为这一点，比起最开明的寡头统治，最专制的民主政体也更受治下之民的欢迎，某一个新解放的亚洲或非洲国家里的人，如果被自己的同胞投入冤狱，而某位谨慎、仁慈、善意的异族统治者只是把他撤职，相比之下，他对同胞的怨言肯定少于后者。[B] 如果不明白这个现象，整个民族的理想和行为就成了让人无法理解的悖论：这个民族，从密尔的角度来看，如今丧失了基本人权，而在过去，他们享受的人权更多，但他们无比真诚地说自己比过去自由多了。

[A]［或许描述这种状况的确切词语不是“自由”，而是“归属感”（fraternity），但是，在措辞的时候，这类个人或群体说自己要的是自由。这是自决意义上的积极自由。当有人将理性与统治精英进行类比的时候，自由这个词的意思就完全变了味，理性引导个人的低级情感，统治精英对社会“下等”成员也享有类似的专制统治权利，但是，因为“自由”这个词的一个核心意义是自决，无论是一个人对自己的引导，还是某个集团对其他成员的引导，都可以叫作自决，只有根据这种看法，才能看出上述类比谬误。单凭这一点，就足以让人们去呼唤领袖，并且宣称，在某种意义上，这是对自己的解放。］[1]

[A] 然而，那些追求地位与认可的人，并不是以自由为奋斗目标，他们要的既不是“积极”自由，也不是“消极”自由，那些人同样强烈渴望的东西，对人类来说同样十分必要—— [D] 它近似于自由，但本身不是自由；[J] 尽管它让消极自由成为整个群体的需要，但与它关系更密切的
224 是团结、归属感、相互理解、在平等的基础上的结社需求，有的时候，它被称为社交自由，但这种说法有误导作用。社

[1] ［B 稿中删除了这段话，下一段似乎显示，伯林的想法发生了改变，至少是强调内容发生了改变。］

会与政治术语必然是模糊的：如果词语过于精确，很可能失去作用；[但是] 如果用法过于宽泛，又无助于揭示真相。渴望自由就是渴望摆脱某物或某人，或摆脱自己的强迫症、恐惧、神经官能症。寻求认可的渴望追求的对象恰恰与此相反，它追求的是：统一、更亲密的理解、利益的混合、一种相互依赖和休戚与共的生活。

把社会群体当作实实在在的个人或自我，他们对手下成员的控制和规训无异于自我规训，也就是为个体能动者留有自由空间的那种主动的自我控制，这种观点明显有谬误，关于这一点，已经说得足够多了。或许这里需要说明的是，如果我主动不去做我力所能及的事情，我的自由并没有因此而减少。但是，如果我限制你做同样的事情，只有玩弄辞藻才能证明，你的自由没有减少。然而，更为重要的是要指出，个人与群体之间的类比，已经成功地变成谬误的来源，这样做的结果是灾难性的，原因就在于，团结和归属感是人类的基本需要，当二者得到满足之后，集体性行为和情感的模式就产生了，而集体性行动和情感很容易被比作个人的情感和思想。将我所在的社会群体从异族的统治下解放出来，这种集体渴望至少很像个人摆脱他人控制的愿望，对于描述上述两种现象的“自由”这个词来说，二者的确很像：某个共同体力求独立自主，这种集体愿望的确很像个人追求“积极”自由的愿望，这样一来，“自由”这个词对它力求指称的情况的阐明作用，已经不下于掩饰功能了。

[D] 但是，如果按照“有机论”观点，我们把寻求认可和地位称为寻求另一种意义上的自由，这样做是不是天经 225 地义或极为可取？个人从中寻求认可的那个群体本身，必须享有充分的“消极”自由，否则，它对申请人的认可就不会给对方带来地位。但是，争取更高的地位——摆脱低级地位的愿望——就可以说是争取自由吗？如果自由这个词仅表示上文讨论的几个主要意义，这样做是不是太迂腐了？或者，正如我所怀疑的那样，如果我们把某一个人喜闻乐见的地位上升当作他的自由的扩大，这样做是否会有危险？还有，这样做是否让这个词的含义过于模糊、无所不包，从而失去效用？然而，我们不能认为这种情况混淆了自由观念与地位、团结、团契精神、平等等观念，从而完全置之不理。因为，在某些方面，渴求地位非常像渴望成为独立的能动者。

[A] 有一种浅薄的观点认为，将个人与民族，或有机论隐喻，或自由一词的几种含义相提并论，完全是谬误之举，要么比较双方并无相似之处，从而造成比较不当，要么是纯粹的语义混乱。那些准备利用个人行动自由换取他们群体的地位以及他们自身在群体中的地位的人，他们想要做的，不是交出自由以换取安全，或者换取自己在和谐的等级制中的固定位置，正如他们想象的那样：在这个和谐的等级制中，每个人和每个阶级都知道自己的位置，他们准备交出令人痛苦的必要选择权——“自由的负担”——以换取和平、舒适以及某个专制或集权机构的无为而治（mindlessness）。毫

无疑问，这种人是存在的，并且毫无疑问，这类放弃自由的情况可能发生，并且已经发生；但是，如果认为，正是出于这个原因，民族主义或马克思主义吸引了某些曾被异族统治的国家，或者吸引了某个封建制或其他等级制政权统治下的被压迫阶级，那可是严重误解了我们这个时代的特征。他们向往的正是密尔所说的“异教式的自我肯定”（pagan self-assertion）。事实上，密尔所说的大部分内容，都有出色的 226
洞见，能够解释人们为何向往自由——强烈渴望打破陈规旧俗，在现行的舆论面前张扬自身的价值观，追求大无畏的自主个性，摆脱官方［216］立法者和社会教育者施加的管教。这样的自由观与密尔的以自由为不干涉的自由观没有多大的关系，反倒与人们不想贬低自己的个性的愿望大有关系，他们想让自己的个性产生自主的、原创的、“真实的”（用现代存在主义的一句时髦词汇）行为，即使这样的行为将遇到社会禁令或遭到法律禁止。

这种自由解答的不是如下问题：“权威的范围有多大？”而是下面这个问题：“由谁来统治我？”不是回答统治得好坏这个问题，也不是回答统治是否宽松或残暴的问题，而是回答由“谁”来统治的问题。诸如此类的回答，例如：“由我自由自在地选择推选出来的代表”、“我们定期聚集在一起的所有人”、“最出色的人”、“智者”、“以某个人或机构为化身的民族”、“神一样的领袖”，或者其他什么答案，从逻辑上讲——经常在政治和社会意义上——这个答案不属于我为个人活动所争取的“消极”自由。如果“谁将统治我”这个问题的答案是，某一个我可以称之为“我自己”的人或物，某一个属于我或我从属于它的东西，那么，根据“自由”一词的另一个含义，我就可以说这是某种自由的生活。[B] 实际情况还不止于此：为了它，我可以牺牲我的密尔式的消极”自由，并且自称在这个过程中获得了另一种意义上的解放，它的意思混乱不清，但令人振奋。[A]“为其［神祇］服务就是彻底的自由”，这句话可以世俗化，国家、民族、种族、议会、独裁者、家族或者我本人，都可以取代这
227 个神祇，而又不会让自由这个词失去意义。[1]

[207] [A1] 毫无疑问，对“自由”这个词的各种阐释无论有何不同寻常之处，它都得包含我所谓的最低限度的消极自由，为我的愿望不受挫败留有空间；如果一个人做任何自己想做的事情，都会被他人阻拦，那么，它根本不是一位道德能动者，那么，无论从法律上讲，还是从道德上讲，他

[1] [D] 应当把这种观点与柏克或黑格尔的门徒所采用的传统方法区分开来，那些人说，人是由社会或历史塑造的，逃避社会或历史是不可能的，这种举动是不理性的。毫无疑问，我不可能跳出自己的皮囊，也不可能脱离肉体去呼吸。说我就是我，我不想脱离我的基本特征——有些基本特征还具有社会性，这么说只不过是同义反复。但我们不能由此而推断出：我的全部属性都是天生固有和不可分离的，我不可能在决定我的本性的“社会网络”或“宇宙网络”内部改变自己的地位；如果情况是这样的话，诸如“选择”、“决定”、“活动”等词就失去所有意义了。如果这些词还有意义的话，那么，保护自己、对抗权威，或者逃避“我的地位和它的责任”这样的企图就不可能被当作非理性或自杀性的东西而被排除在外了。[“我的地位与它的责任”是 F. H. 布莱德利的《伦理学研究》（London, 1876）所收录的一篇文章的题目。]

都不可能被视为完整的人，虽说他是生理意义上、生物意义上，甚至在心理学意义上的人。但密尔和贡斯当所要求的，可不只是最低限度的消极自由：他们要求的是，与最低限度的社会生活要求相互兼容的最大限度的不受干涉状态。

目前还不清楚，是否只有少数教养极高、自我意识强烈的人才有这样的自由要求。大多数人愿意牺牲这种自由，经常是为了达到其他目的：安全、富裕、权势、美德、来世福报，或者是公正、平等以及其他许多价值观，这些价值观与实现最大限度的个人自由完全是矛盾的，或者部分矛盾的，它们肯定不把这种消极自由当作自我实现的前提条件。无论在过去，还是在现在，人们在武装起义和解放战争当中视死如归，刺激武装起义和解放战争的绝不是对个人生存空间的需求。为自由而战的人们或者参加过这种解放战争的人们，
通通是为了争取被自己或自己的代表统治的权利而战——这 228
样的统治很残酷，如果形势需要的话，还很残忍，没有多少个人自由，但统治者采取的手段，却使得他们参与了，或者至少让他们自以为参与了集体生活的立法和管理。[B] 发动革命的那些人只不过想利用自由去确立奉行某一学说的那个集团的权利，从而挫败对手；有时候，[208] 他们声称，他们的理想具有普世性，但他们没有意识到，反对者的“真正自我”追求的理想也具有普世性，虽说反对者没有意识到，这些理想源于自己的内在天性。这种自由与密尔所说的自由几乎没有任何关系，在密尔看来，自由就是在不影响他人的

前提下从心所欲的机会。

或许蒙住当代自由主义者双眼，让他们无法看清当代世界的，正是因为他们没有看清这一事实。[B] 他们的辩护是清晰的，他们的事业是公正的，但是他们并没有考虑到人类愿望的多样性 [H]，没有考虑到不同的、互不相容的生活，为了这些生活，人们愿意去战斗，如有需要，甚至愿意牺牲自己的生命。这类好心的理性人也没有考虑到，人类凭借可怕的足智多谋，向自己满意地证明，通往一种理想的道路也会走向反面。人的要求太过分了；他们想要在逻辑上不可能实现的东西。这就是为什么，诸如“自由”、“民主”和自律“权利”等符号涵盖了那么多彼此相互冲突的理想。认识到这一点也在情理之中。事情该是什么就是什么：地位是一回事，自由是另一回事；认可与不干预不是一回事。最后我们都为自己忽视这些真理付出了昂贵的代价，为我们无视这些区别反而要发明一些词汇去涵盖我们向往的一切而付出昂贵的代价，简言之，为我们自欺欺人的欲求付出了昂贵的
229 代价。

[七 自由与主权]

[A] 法国大革命就是这种渴求自治（self-government）的愿望的一场爆发，虽说它限制了个体自由。卢梭曾经说过：事实证明，自由的法律比暴政的束缚更加严厉，因为他

所说的自由，首先不是个体在一定范围内从心所欲的自由，而是贡斯当所说的古代人的自由，那就意味着，自由就是社会上的每一个人都享有公共权力，而公共权力可以干涉所有公民的全部生活。19 世纪上半叶的自由主义者的功劳在于，他们预见到，这种意义上的自由可以轻而易举地摧毁他们所向往的全部自由：人在不受控制、干预和社会压力的情况下从心所欲过日子的空间。

他们非常正确地指出，人民主权很可能摧毁个体的主权。[B] 法律对于保证幸福、平等、权力、纯粹的生存可能是十分必要的；但法律的功能是限制自由：这样一来，法律就不等同于自由；而是相反。

[A] 密尔耐心十足地并无可辩驳地指出，统治者与被统治者不一定是一伙人——自治不是“每个人亲自统治”，而是“每个人受 [209] 其他人的统治”。在他看来，强制本身就是一种恶（在这一点上，他不同于积极自由的追求者，后者认可社会中存在强制，如果与其他社会相比，强制可以提高这个社会的地位的话，如果它是理性国家不得不使用的手段的话，正如共产主义者以及其他信奉“民主集中制”的人所认为的那样）。他提到了多数人暴政，以及“流行舆论与情感”的暴政，他还看到，这类暴政无异于其他干预人们 230
生活、突破私人生活底线的暴政。

[A4] 贡斯当对二者进行了极为清晰的对比。在那篇论古今自由观的名文中，他宣布，对现代人而言，自由意味

着：个人有权不会因为某个人或某几个人的专断意志而被捕、拘留、杀戮、虐待；表达观点的权利，选择和从事自己的职业的权利；支配个人财产的权利，哪怕是随心所欲地滥用它；无须解释个人动机或思想倾向，也无须征求许可的来去自由权利，为了追求个人利益而与他人结社的权利，与同道随心所欲践行信仰的权利，依照自己倾向、自己的想法打发时光的权利；最后，通过任命官员、通过请愿和提出当局必须重视的诉求从而影响行政部门的权利。这种意义上的自由就是保证个人享受私人生活，这种意义上的自由是得到制度保障的，制度就是为了这个目的而存在的。这就是现代人的自由，它的主要内容与政治无关。

在另一方面，对于古代世界而言，自由意味着集体地，但更直接地行使大部分主权。它意味着当众商讨的权利，决定战争与和平的权利，与外国缔结和约的权利，投票立法的权利，听审判的权利，审查官员陈述和行为的权利，强迫他们在施政大会上述职的权利，指控他们、谴责他们、宣告他们无罪的权利。但是，在这种制度下，每个人都要服从权威。在原则上，一切私人行为都要受到官员们的监督。没有给个体的独立判断留下任何空间，首先是宗教的选择，创立或信奉某种私人宗教就是渎神行为。特尔潘多往竖琴上加根
231 弦，都算是冒犯了国家。年轻的斯巴达人不能自由地去看自己的老婆。在罗马，监察官可以探查个人生活中最私密的细节。道德受到法律的控制，一切都得听法律的。个人在公共

事务当中享有主权，但在私人生活当中却是奴隶。拥有无上权力的法官们，可以判人死刑或流放，但在他的私人生活中却是完全受压制的。

现代自由观的危险在于，在专注于个人生活的同时，我们却让我们的政治权利——没有政治权利，我们就会失去私人的自由——就那么白白地流失了，而且还落入冒险家手里。古代的自由面临的问题是，在追求政治权利的同时，他们却任由个人自由彻底丧失。这两类自由明显互不相容，如果我们利用个人自由去交换参与集体决策的权利，而集体决策可能大幅度干预我的私人欲求，那么，我的自由究竟是增多了，还是减少了呢？“自由”这个词的歧义性——或者说它的诸多歧义中的一种——在这里体现得最明显不过了。

[A] 贡斯当正确地指出，不受限制的权威（主权）从一套人马手中转移到另一拨人手中，这种纯粹的权力转移没有产生更多的自由，只是改变了奴役的负担。我会在意自己究竟是被民选政府摧毁的，还是被君主制政府摧毁的？或者是被一套法律摧毁的？他十分正确地看到了，那些向往个体自由的人面对的问题，不是由谁来行使权力这个问题——因为任何行使权力的人都可能变成压迫者——而是应该由某一拨人掌握多少权力的问题，这是因为，无限的权力，无论掌握在谁手中，都会摧毁一些人。人们通常抗议这一帮或那一帮统治者，说他们不公正，但那不是压迫的原因，压迫的原因是随处可见的大量权力集中：压迫的原因是绝对主权

观念。“人们应该反对的不是胳膊，”贡斯当评论道，“而是
232 武器。”有些负担对人的手来说太沉重了。民主制可能解除某个寡头阶级、某位或某些特权人士的武装，但是它依然能够像以往的统治者那样摧毁个体。平等受压迫[1]不等于自由。普遍赞同压迫也无法让它停止干预；如果我同意自己受压迫，那就减轻压迫的程度了吗？如果我自杀了，难道我会因为是自愿送命的就不会死透吗？如果我自愿卖身为奴，那么，我会因此而不像奴隶吗？

“大众的政府是一种间歇性暴政，君主制则是一种更加集中的专制主义。”卢梭有一个命题：把自己献给所有人，就等于［210］没有将自己献给任何人。这个命题是建立在以下这个论断的基础上的：主权确实属于每一个人。即便如此，这里的“每一个人”可能压迫其中的成员；我可能愿意让某一个议会剥夺我的全部自由，而我是其中永远的少数派；它很可能给我机会，将来有一天我可以劝说其他人为我去做我自认为有资格享有的东西；但是，既然他人之手能够剥夺我的自由，它也会同样有效地剥夺我劝说别人为我做事的机会。不过，在实践当中，统治社会的不是“每个人”(大家)，而是大家的代理人，也就是说，是有可能抢走你剩下的所有东西的那股势力。卢梭对此十分了解，因此，他也

[1]［补充J稿，取代了前三个词，但没有收入下面这句话：“在比较古今自由的一篇文章中，他说的是一种平等权利。”］

知道反对代议制的种种抗议。他想要的是不断的公民投票。不管怎么说，霍布斯更加厚道，他并不伪称主权不会奴役他人。他为这种奴役辩护，但他并不称其为自由。

在整个19世纪，自由思想家正确地坚持如下学说：如果自由意味着限制别人强迫我去做我自己不愿做的东西——无论他们是以理性的名义，还是以国家的名义，或者是以为我好或为下一代好的名义，或者以天才人物按照自己的模式塑造下等人权利的名义（因为这样一来，他们也分享到了天 233
才人物的创造性，并被提升了档次）——那就必须宣布绝对主权就是一种暴政学说。如果我想保住自己的自由，我就说除非有人（这些人可能是元首，或公民大会，或议会中的国王，或法官，或者是这些东西的总和）批准，否则，自由是不容侵犯的，光这么说当然是不够的。我必须建立一个为不受干预保留一定疆界的社会。我可能称这些疆界为自然权利；我很可能把这些自然权利建立在我喜欢的哲学的基础上，我可能称它们为上帝之言或“人的最大利益”的需求；我可能相信它们具有先验的有效性，或者只是宣称它们是主观目的，但已经被广泛信奉，并且以经验的人性为基础，因为经过历史的发展，自由已经成为界定人的一种手段，这样一来，那些不认可自由的人，在我看来，对人的定义持有不同的见解，就应该说他们不正常、道德低下、心智疯狂；然而，无论我怎样看待自由，除非我采取这样的立场，否则，个体自由必然会受到侵犯，充分的自治就不会存在。在理论上，毫无疑问，民主国家中的大多数公民是自治的，但从历史上来看，政府很容易强迫自己的臣民产生政府想要的意愿。专制主义的胜利在于，强迫奴隶宣称自己是自由人。[1]

如何预防这种情况？有人提出了很多手法，但是民主制
234 政体的主要保障，在于保留捍卫个人权利的政治权利，在于行使这些权利，在于保留一种开明的公共舆论。如果人们普遍认为并且经常念叨：没有什么权力是不容置疑的——只有权利可能是不容置疑的，那就是，我有不容置疑的权利拒绝做出非人行为；如果人们普遍认为并且经常念叨："自然"疆界的存在体现在，有些原则被广泛接受，已经成为人的定义的一部分；如果人们普遍信奉并且经常念叨权利以及相应的实际法律，那么，当有人说，某位绝对君主可以利用正式程序废除它们，那绝对是荒唐之言；如果这一点经常被念叨，那么，即便是最烂的政府也难以公开下手对付它。例如，利用假审判去惩罚无罪人的情形，或者某个专制君主一意孤行，草菅人命，肆意剥夺人的自由。即便在这个冷酷无情的时代，这样做也会引起恐惧，对专制主义的这种恐惧恰恰是在暗中承认，干预不会一帆风顺。[B] 衡量一个社会、阶级或群体的自由，衡量这种意义上的自由，就要看这些阻

[1] [这句话被伯林打上了问号，但我在出版文献中找不到它的出处。或许它源于歌德的话："如果一个人受到奴役，却认为自己是自由人，受奴役之深，莫过如此。"《亲和力》(Tübingen，1809)，第二卷，第 202 页（第二部，第五章，"奥提里的日记"）。我的这个猜测受益于亚普·恩格尔斯曼。]

碍力量的大小，以及它们为每一位成员提供的道路的多少和重要性的大小。[D] 在英国，这样的司法权力被赋予了绝对君主——议会中的国王。[C] 使一个国家自由的，不一定是君主受到正式规则的制约，无论是司法的、道德的还是宪政的规则。例如，显而易见，英国是自由国家，虽说它存在最高统治者（至少在理论上是这样），真正的原因在于，这种无所不能的实存体受到了风俗或舆论的制约。重要的不是约束的形式，而是它的有效性。[1] [A] 如果公共舆论不发挥作用，暴君就会发现，人民的权力实在是太容易打发了，甚至他一边打压，一边为之代言，并以它的名义去摧毁它。

[212] 因此，自由主义者要求的是限制主权本身；而“积极”自由的信奉者要求的是，把主权掌握在自己而非他人手中。这两种观点最终是不可协调的。[2] 但是，如果没有认识到，对于这两种自由，无论哪一种的绝对要求，都是出于“人类的最大利益”，那就是严重缺乏社会与道德理解能力。 235

[八　一与多]

最后，打着理想的旗号制造专制主义和毁灭个体的，是

[1] 另参见上文第 193 页注释 1。

[2] [在 B 稿中，取代这句话的是：] 这不是一个概念的两种不同的应用或阐释——而是对待生活目的的两种态度，二者完全不同且不可调和。

如下信念：在过去或将来的某个地方，在神启或个别思想家的头脑中，在历史或科学的宣言中，或者在未腐化的善良人的淳朴心灵中，有一个终极性的解决方案。上面所说的理想指的是一些遥远的目标，例如，最终的幸福，或他们可能没有意识到的他们的真正自我，或者是他们所体现的各种命运的要求，例如召唤他们的命运，他们的历史使命，或者是他们在更高层次上的“自我超越”；所谓更高层次指的是：民族、种族、阶级、传统、教会、人性、进步、自由本身，这些东西都是供奉人牲的伟大神坛。[1] 上面所说的信念是一种古老的信条，它所依据的观念是，人类信奉的所有积极价值观在原则上都是相互兼容的。“自然利用一条不可分解的纽带将真理、幸福和美德紧紧地绑在了一起。”孔多塞如是说，
236 或许它是持有这种观点的人当中最开明的一位。[2]

[213] 但情况果然如此吗？我们知道，平等与个体自由是相互矛盾的，个体自由是不受限制的自由放任，是一种听

[1] 意思是人类为这些理念做出了牺牲。——译注

[2] 这几句话引自孔多塞的《人类精神进步史表纲要》，他声称：社会科学的任务在于证明：“自然用什么样的绳索将启蒙带来的进步与自由、美德和尊重人的自然权利带来的进步紧紧地绑在一起；只有这些理想才是真正的好东西，然而它们经常相互分立，以至于人们认为它们互不相容，当启蒙已经同时在大量国家达到一定的水平时，我们怎样才能让它们紧密结合起来呢？”他继续说：“人们依旧会犯儿时的错误、他们国家的错误以及他们那个时代的错误，即便在他们认识到摧毁这些错误所需要的真理很长时间之后。”讽刺意味十足的或许是，这位十分博学、高贵、聪明的人竟然相信，将所有的好东西结合在一起，不但是需要的，而且是可能的，这本身就是一个错误。

之任之状态；一直讲述真相不一定会给人带来普遍的幸福；严格的正义与慷慨大度或不受约束的自由是相互矛盾的。但是，有人却对我们说，在某种状态下，这些美德一定能够共存，否则，宇宙就不成其为宇宙（cosmos）了，就不再一团和谐了，就注定产生价值冲突（悲剧）了。

人都是明智的、善良的、公正的、自由的、幸福的，这种情况在理论上是无法想象的，更不必说在实践中如何实现了。理性的理想这种观念，认为各种价值观和各种利益能够完全和谐相处，结果发现，它们势如水火。这对于合乎理性的宇宙性质是致命的打击。

关于这一点，先说两件事。首先，[C] 从柏拉图到黑格尔或马克思的门徒，所有理性的形而上学家都认为或暗示，承认这一点就是粗糙的经验主义，就是屈服于黑暗势力，就是在残酷的事实面前退位，就是承认现状而不要求合理证明——这是理性必须义正词严反对的结论。然而，显而易见的是，有些积极的价值观是互不相容的，我们想象不出会有这样的情况：真理和幸福、善良和公正、自由和平等能够先验地得到保证而不会发生冲突。[D] 各种现实的价值观和各种利益完全和谐，这种看法，就像认为所有的积极属性步调一致，或者像认为所有的价值观都可还原为一种的观念那样，都是成问题的，因为那些价值观是相互矛盾的。

[A] 除非我得到了先验性的保证，就像古代的哲人自 237
以为得到了先验性的保证那样：彻底的和谐可能存在，悲剧

纯粹是错误，它是对目的的误解，或者说是选错了实现目的的手段，而无所不知的能力可以根除这些问题，否则的话，我们手中只剩下日常的经验观察资源和普通的人类知识，这当然无法保证我们认为，所有的好东西（或者说，就此而言所有的坏东西）是可以相互兼容的。它们所展示的世界就是一个战场，有的时候，必须在两种目的之间做出痛苦的抉择，[214] 必须牺牲其中的一种目的。实际上，正是因为这种情况，人们才极为重视和论证选择自由的重要性；[B] 因为，如果我们得到保证，在某种理想的状态下，也就是人在世间所实现的那种理想状态下，人们追求的各种目的之间不再发生冲突，那么，无论是选择的需要，还是选择自由的需要，无论就这个词哪种意义而言，就不会出现了；由此观之，自由就不再是目的本身了；任何靠近最终状态的方法都可以被自己的目的证明是合理的——无论在前进过程中牺牲掉多少自由。[A] [然而] 无论在“自由”这个词的哪种意义上，肯定不存在先验的理由，认为痛苦选择是可以避免的，或者说目标并不总是多样的和相互冲突的。

其次，不知是真还是假——我毫不怀疑这个答案——根据一元论的生活观，根据它的观点，所有的问题在原则上都可以还原为某个核心问题，这个问题可以由一个永无谬误的终极方法采取某种方式解决，正是因为这种还原论的缘故，世界上某些最野蛮和最有效的专制者和迫害者才在脑海中产生了根深蒂固、心安理得的信念：他们所作所为的目的可以

充分证明，他们的所作所为是正确的。[1] 238

人类自由的积极理想曾经有意识地激励了其中的一些人，并且激励了他们领导的运动。我并不是说积极的人类自由理想是虚假的，说它是花言巧语或思想混乱造成的，更不会说它是浮词虚设的结果。事实上，我曾经试图证明，这种积极的自由观就是那些认可需求的核心，认可需求激励了我们这个时代的伟大社会运动和政治运动。我还试图证明，不了解这一点便是看不清我们这个时代最关键的事实和思想。但同样地，在我看来，在一个理想的世界里，不管在什么情况下，只要人们的思想和行为体现出：只用一种办法就可以协调不同的人或不同的人群的不同目的（实际上是相同的人类在不同环境和时代的目的），那么，这就是在相信某个显然是错误的东西，并且会被这种谬误引向经常是不必要的残忍和邪恶行动中。正如我认为的那样，如果人的目的不一而足，而其中许多目的还互不相容，那么，人类生活中就永远少不了冲突，无论是个人性质的冲突，还是公共性质的冲突。在互不相容，同样不容置疑的二者之间进行选择的能力，正是人之为人的一个特征。选择行为的价值在于它自身

[1] [E] 在我看来，边沁在这个问题上再次说了实话："个体的利益是唯一真实的利益。[……] 你能够想象得到，有人会荒唐到这个地步：他喜欢不存在的人胜过喜欢存在的人；为了提高那些未出生并且可能永远不会出生的人的幸福，他以此为借口，去折磨活着的人？" [G] 这是柏克与边沁少有的见解相同之处；因为这段话是（与形而上的政治观相对立的）经验主义政治观的核心。

当中，而不是体现在它是达到其他目的的手段。

［A］[1] 衡量我为从心所欲自由选择的范围，一定要参照其他价值观的要求，包括平等或公正，或者是幸福，或者是人或社会一心想达到的目的。此外，由于其他人也要求享有这种自由，因此，我的这种自由将被缩减到与他人的自由均
239 等的程度，自由均等原则必须得到尊重，这倒不是因为，按照某种逻辑原理，既然一个人享有了自由，那么，他势必认为其他人也应享有自由，而是出于公正的要求，也就是出于类似要求的平等性，这是一种自在的道德目的。计算、权衡、妥协，以及调整、测试和试验，还有犯错误，以及永远也无法为理性行动找到某些答案或保证，这类需要一定会惹怒那些寻找明晰的最终解决方案、渴望统一和对称以及无所不包的答案的人。不过，在我看来，这是这样一些人必须要完成的任务：他们［216］与康德一样，都相信“用扭曲的人性之材打造不出任何笔直之物”，他们注定要从事零打碎敲的工作。[2]

［G］现已证明，一元论和唯一标准论，是满足理智需要和情感需要的深刻源泉，这一点几乎不用强调。无论判断标准来源于人们对未来某种完美事物的憧憬，如 18 世纪启

[1]［从这个地方（对比上文第 172—173 页）开始，B 稿大幅度改正和扩充，有必要单独给出修改后的版本：参见下文第 242—245 页。］

[2] 对这种观点最有力的辩护，见本雅明·贡斯当书中各处以及卡尔·波普尔博士的名著［《开放社会及其敌人》］。

蒙哲学家以及他们的专家治国论在当代的后继者之所为，还是植根于过去——大地与死者[1]——如德国的历史主义者，或法国的神权主义者，或英语国家的新保守主义者之所为，如果它缺乏灵活性，它注定会遇到某种始料未及和不可预见的人类发展状况，而它又无法适应这种状况；接下来，它被用于为先验的削足适履式的野蛮行径辩护——将现实的社会生活活生生地肢解为某种固定的模式，听从我们对过去和未来的错误理解，这里的过去大部分是想象性的，这里的未来则完全是想象性。[2] 240

[A] 他们［原文：同意康德关于“扭曲的人性之材”论述的人］试图去实现的自由，以及他们所构想的世界，比起绝对主义者的世界，在我看来，更有理性、更有人性，更接近可实现目标，因为，只有他们［原文：只有它］才和大多数人发现的事实相兼容。但到了最后，人是什么就选择什么，因为人的生活与思想是由基本的道德范畴和概念所决定的，不管怎么说，[J] 经历过漫长时间，跨过巨大的空间，这些道德范畴和概念，已经和人最基本的自然特征一样，[B] 成为人的存在和人的世界的主要成分；如果这些东西发

[1]“大地与死者”，莫雷斯·巴雷斯对这个短语的使用，见《浪漫主义的根源》，第二版，187。

[2]［在G稿中，下一句话是］为了维护我们不容置疑的范畴或理想，而不惜牺牲人类的生命，这样做同样违背了科学与历史的原理；在当今时代，这种态度同时出现在左右两派当中，它与尊重事实的人们奉行的原则是无法调和的。

生巨变，人就失去了他的身份属性。

事情可能是这样的：个体自由的需要是由历史条件决定的：在遥远的过去，或者在比较原始的社会中，没有接触过资本主义文化的人是不了解个体自由的——我们的后代也会把个体自由视为过时的东西。情况可能如此，但［我们］该怎么着就怎么着：原则不会因为它们的持久性得不到保证而减少神圣性质。寻求永恒的保证就是回归儿时的幼稚幻想。我只能引用当代最出色和最开明的一位批评家的话："意识到某人的信念具有相对合理性，但仍然坚定地支持它们，这就是文明人和野蛮人的区别。"[1] 我觉得讲到这里就可以了。［C］在此之外提出更多要求，或许是一种根深蒂固的形而上的需要，但是，在此基础上构建策略性结论[2] 却是同样严重
241 的道德幼稚病的标志。

[1] 这是 J. A. 熊彼特的话，语出他的名著《资本主义、社会主义与民主》。——译注

[2] 这里所说的"在此基础上得出策略性结论"，指的是根据"根深蒂固的形而上的需要"去指导实践。——译注

第二稿（结论部分）

下文是这篇演讲结尾部分的B稿修订本。[1]从第二段的“但到了最后，人选什么”这句话开始，手稿完全取代了打字稿（如插图所示），大括号（{ }）表示完全被删除的内容，删除线表示句子中被删除内容。“??”表示此处字迹模糊不清，“[?]”表示解读存疑。在B稿结论部分的后半部，我保留了删除部分，这是因为，它可以证明伯林是如何苦心孤诣地为他的结束语寻找最佳表达方式。这些总结性思想对他来说十分重要，同时又很难用文字去捕捉。这些思想对于读者可能也很重要，它们展示了伯林在阐述这些思想的时候所遵循的路径，可能有助于澄清语义的细微差别。（这里顺便指出，在电子编辑时代，这方面的证据几乎消失殆尽。）B稿的线上打字稿和前一页的最后一段省略了伯林删除的内容。

[215] 衡量一个人或一个民族在多大程度上可以从心所欲地进行选择，必须参照许多其他价值观的需求——那些价

[1] [见上文第239页注释1。]

值观包括平等、公正、幸福、安全或公共秩序，或者是人与社会一心追求的任何其他目的。此外，这种选择的自由可能根据环境需要，被其他人或其他群体的权利或多或少地削减，直到它与其他人享有的自由相等，或不至于过于不平等。“狗鱼的自由就是米诺鱼的死亡。”[1] 托尼教授提醒得对，无论是肉体上的强者，还是经济上的强者，他们的自由必须
242 受到限制。这条准则必须予以尊重，这不是因为某种康德式的准则——按照这条准则的说法，尊重一个人的自由，自然也要尊重其他人的自由——而是因为，尊重公正和平等的权利，与向往自由一样，都是人身上最基本的东西，正如我们了解的那样。[G] 我们不可能什么东西都能得到，这是一条必然的而非偶然的真理。柏克呼吁有必要去计算和衡量、平衡和调整那些相互冲突的需要，在它们当中进行妥协，[B] 密尔呼吁利用试错法，在生活中进行实验，他知道，我们永远也不可能得到完全清楚或完全确定的答案，也不可能得到对理性或真理的先验保证，[G] 即便是在一个完全由好人、理性人和完全清晰的思想构成的理性世界中，也做不到这一点，这种情况肯定会 [B] 激怒那些寻求明晰的最终解决方案的人，他们渴求统一、对称和单一性的、无所不包的并保证永存不灭的体系。然而，还有一群人，他们和康德

[1] [F] 不要忘了，米诺鱼的自由——足够多的米诺鱼享有的足够多的自由——可能意味着富有活力和想象力的狗鱼的死亡，密尔理所当然会为之悲叹。

一样，认识到“用扭曲的人性之材打造不出任何笔直之物”，他们命中注定要去从事零打碎敲的工作。

在我看来，他们试图实现的“消极”自由，比起一些人试图实现的“积极”自由，是（一种）[E] 更加真实、[B] 更有人性的理想，后者服务的对象是一些严密管控的专制机构，这些机构体现了各阶级、各民族或整个人类的“积极自主”。[E] 之所以说它更为真实，是因为它承认，当我们在选择行为方式或生活方式的时候，我们可能被迫为了选择这一种而牺牲另一种，被牺牲的那个，或许和被选中的那个无法相提并论，但它同样也是终极性的。[1] 所有的价值观都可以放在同一个天平上衡量轻重，这样一来，确定哪一种价值观最高级，就成了一件纯粹的检查行为，这种看法将道德决策变成一种滑尺操作了。在某个终极的、调和一切的但可能实现的综合体当中，责任就是利益，或者说个体自由就是纯粹的民主，这么说就是用一块形而上的毯子去掩盖自欺欺人
或刻意的虚伪。说它更有人性，[B] 那是因为，[它] 摧毁 243
的绝不是 [217] 对人类不可或缺的东西，有时候是大多数人经过痛苦才能发现的东西。但到了最后，人选什么就是什么，因为，~~这是人们相信~~决定人的生活与思想的是~~一套价值标准，其中一些因素是~~基本的道德范畴和概念，它们与

[1] [在“事实”之后，这句话在G稿中被写作：“人类的目标不一而足”，有些目标是无法相互通约的，而是永远处于相互斗争状态。]

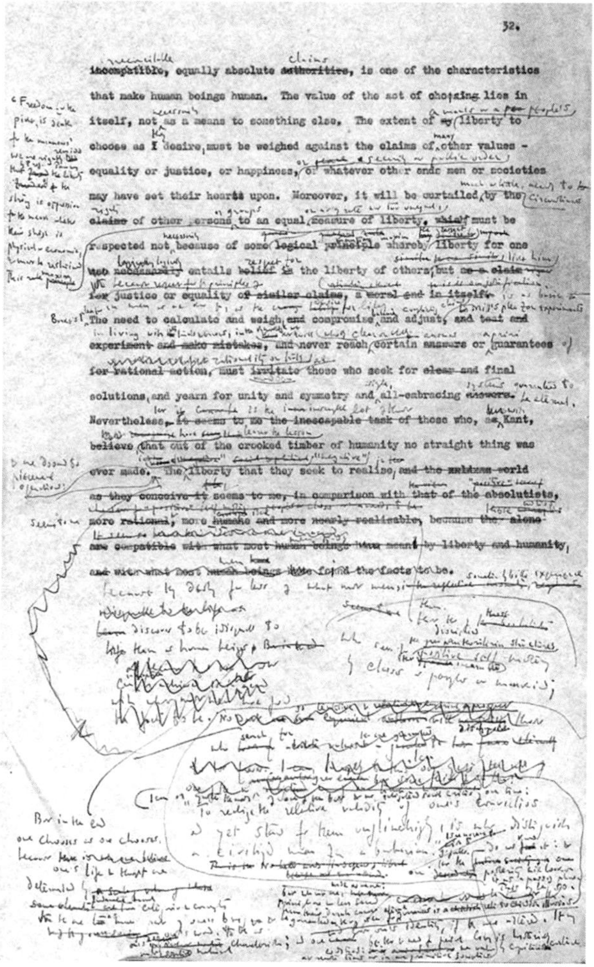
32.

incompatible, equally absolute authorities, is one of the characteristics that make human beings human. The value of the act of choosing lies in itself, not as a means to something else. The extent of my liberty to choose as I desire, must be weighed against the claims of other values - equality or justice, or happiness, or whatever other ends men or societies may have set their hearts upon. Moreover, it will be curtailed by the claims of other persons to an equal measure of liberty, which must be respected not because of some logical principle whereby liberty for one man necessarily entails belief in the liberty of others, but as a claim for justice or equality of similar claims, a moral end in itself. The need to calculate and weigh and compromise and adjust, and test and experiment and make mistakes, and never reach certain answers or guarantees for rational action, must irritate those who seek for clear and final solutions, and yearn for unity and symmetry and all-embracing answers. Nevertheless, it seems to me the inescapable task of those who, as Kant, believe that out of the crooked timber of humanity no straight thing was ever made. The liberty that they seek to realise, and the world as they conceive it seems to me, in comparison with that of the absolutists, more rational, more humane and more nearly realisable, because the alone are compatible with what most human beings have meant by liberty and humanity, and with what most human beings have found the facts to be.

B稿最后一页[1]

[1] 牛津大学博德林图书馆，伯林手稿，编号 449，页码 95：扫描件 © 博德林图书馆 2014。

人的最基本的天然~~基本的肉体或精神~~特征一样，成为人的存在~~？？~~以及［？］人所在的世界的组成部分；如果它们发生变化了，人~~不可能~~就会失去它的属性。

事情可能是这样的：个体自由的需要是受历史制约的，~~［？］古代希腊人~~在远古时代和比较原始的社会中，人们没有受到资本主义文化影响，他们并不知道它为何物——~~我们的子孙所在的未来社会~~我们的后代或将把它视为已经消失的东西。情况或许如此，但我们该是什么就是什么，原则不会因为它们的持久性得不到保证而丧失神圣地位——寻找永久性保证就是~~幼稚地~~回归幼稚的幻想。{毫无疑问，~~这样［一种］经验性看法~~这样一种暂时性的和~~相对性的~~经验性的前景将会让那些寻找得到永恒保证的~~永存不灭~~绝对价值观的人失望。为了答复这种观点，我只能引用我们这个时代~~最伟大的作家中最开明~~最出色的一位社会思想家~~经济学家~~的观点：谁说的}我只能引用我们这个时代一位最出色、最开明的社会批评家的话："意识到人们的信念具有相对有效性，但仍然支持它们，这就是文明人和野蛮人的区别所在。"我认为没有理由继续进行了。{~~这是~~捍卫自由信仰的最佳言辞莫过于此}［C］在此之外提出更多要求，或许是一种深刻的形而上学的需要，但以此为基础，营建策略性结论却是道德严重不成熟的标志。 245

第三稿（后半部分）

下文是演讲后半部分的C稿修订本。开头的几个句子，录音不清楚，参照D稿选文进行了补正。

[192] [D] 可以换一种说法。自由就是自主—— [C] 也就是清除违逆我的意志的障碍。如果抵制我的是自然，我就想办法用技术手段塑造她，将 [D] 我的意志强加给 [她]。[C] 但是，我该怎么对付顽抗的人类呢？如果我能做到的话，我也将自己的意志强加给他们。但是，[C] 这不就意味着，我是自由的，而他们是奴隶吗？如果我的计划与他们的欲求或价值观毫无关系，而 [193] 只关乎我个人的欲求或价值观，那么，他们就是奴隶。但是，假如我的计划是合乎理性的，它就会支持他们充分发展真正的天性，实现他们的理性欲求，而实现他们的理性欲求，是实现他们理性决策能力的一部分，而实现他们的理性决策能力，又是实现我本人的理性决策能力的一部分。一切真正的问题的一切正确解决方案必须是兼容的；不仅如此，它们还得与整体相吻合；因为，这就是称他们为理性人、说宇宙为和谐之物的意义所在。[C] 每个人都有自己的特定性格与目的。如果我认清了这些东西的面目，知道了它们是如何彼此相关的，那

么，我至少在原则上能够完全满足他们，只要这些天性和目的是理性的。理性就是认识人间事物的本来面目，我绝不可能用石头制作小提琴，我也绝不可能让天生的小提琴演奏家吹笛子。如果说宇宙是由理性支配的，也就是说，支配它的是我们从中可以发现的模式，按照这个模式，每个人、每个事物都听从自己的内在自然的指令，充当自己的角色，那么，就不需要强制的存在了。为众人正确规划的生活将与众人的最大自由——理性自决的自由——同时出现。只要每一 246
位演员都扮演理性为他指定的角色，那就不会发生冲突了。每个人都将在这出宇宙大戏中充当被解放的、自决的演员。

斯宾诺莎说，虽说儿童们受到强制，但他们并没有受到奴役，因为他们服从的命令对自己有利，真正民主国家的臣民没有受到奴役，因为，共同的利益当中一定有他们的一份。洛克说："没有法律的地方，就没有自由。"因为理性的法律引导他得到他"应有的利益"，而且，由于这样的[法律]只是阻止我们"陷入沼泽或落下悬崖"，因此，[它]"不应被称作禁锢"，然后，他又说道，逃避这类法律的强烈愿望都是"无法无天"、"粗野残忍"等等；孟德斯鸠一时忘了自己对自由的推崇，称政治自由是"做我们应该想要做的事情的权力"——所有这些思想家以及后来的许多雅各宾派和共产主义者，都想当然地认为，我们真正天性中的各种理性目的一定是互相吻合的，或者让它们互相吻合，无论我们可怜兮兮的、不假思索的、充满欲望的、激情四溢的经验自我是如何激烈地反对这一过程。自由可不是做无理性的事情或者做坏事的自由；将经验性自我强行纳入正确模式，这不是暴政，而是解放。关于这一点（我要在括号中评论），边沁好像有过定论：“作恶的自由，难道不是自由吗？如果它不是自由的话，那么，什么才算自由呢？［……］我们不是说过：不能因为傻子和恶人滥用自由就剥夺他们的自由吗？”

[194] 卢梭说过，当我们将自己献给所有人，就等于没有把自己献给任何人，利用新的力量去保留自己的所得，得到的回报与失去的同样多，因为，由所有成员做出牺牲建立的实存体，不想伤害其中任何人；伟大的人权与公民权宣言 [195] 断言，人权的范围可以由任何有理性的人确定，因为任何理性人在原则上都能发现任何问题的真正解决办法；他
247 们的论断包括：（1）社会问题的解决办法与自然科学的解决办法很像；（2）理性就是理性主义者的言论，理性主义者能够识别出所有真问题的正确答案，无论是理论问题，还是实践问题。

如果情况的确如此，就会得出如下结论。在理想的状态下，自由与法律是互相吻合的，因为二者都是完全相同的理性的要求；自治与权威是一致的；理性人是完全自由的，完全平等的，同时也是明智、幸福和公正的。只有一种社会运动有足够的胆量挑明这种论断，并且接受它的后果，那就是无政府主义运动。但是，所有建立在理性主义形而上学基础上的自由主义都或多或少地属于这种信条的稀释版本。

人怎样才能按照这些方法变得有理性呢？他们必须接受教育，教育他们的是有理性的人。但是，假如人们没有接受过教育，怎么可能期待他们理解教育者的目的或与之合作呢？“教育”，费希特说，[D] 必须这样进行，让 [C]“你以后明白我现在的良苦用心”。不可能指望孩子们明白，大人为何强迫他们去上学；对他们而言，“强制也是一种教育”。如果你作为一个理性的存在物，你却 [196] 不能理解你真正的利益为何物，那么，在我让你变得有理性的过程中，你就别指望我咨询或者听从你的意愿。我强迫你预防天花，虽说你可能不愿意。[D] 密尔甚至想说：如果大桥马上坍塌，而又来不及预警，我可以强行拦住他，不让他过桥，不管他想干什么，我就知道他不想落水。费希特比我本人——那个时代没有受过教育的德意志人——更清楚我的意愿是什么，我做什么更好。[C] 这位哲人对你的了解在你之上，因为你是自身激情的牺牲品，你是生活在他律状态中的奴隶，愚钝无知，不明白自己的目标为何物。你想成为真正的人，国家的目标就是满足你的这个愿望。“教育可以证明，强制是有远见的。” 248

我怎么来教育你呢？正如我心中的理性，如果它要获胜，它必须压制住我的低级本能——从个体概念到社会概念的致命转折几乎无法让人觉察，然而争论就此而产生，所以，社会中的高级成员，也就是那些“具有那个时代和那个民族最高明洞见”的人们，必须实施强制行为，让社会上缺乏理性的那部分人走向理性化；所以黑格尔、布莱德利、鲍桑葵经常向我们保证说，服从理性人就是服从我们自己，如此一来，我们就不再沉溺于无知状态，不再受激情的控制，就像需要监护的被监护人那样，而是成为我们有希望成为的那种人，如果我们听从心中理性的意见，就可以做到这一点。

此外，顺着这条推理思路，如果我脱离了黑格尔派的目的论方案，转向某种唯意志论色彩更浓厚的哲学，我难道不是在想把自己的计划强加给我所在的社会吗？我制订这个计划，是为了改善社会，它是我用理性智慧精心制订的，除非我亲自执行，或许还有违社会的意愿，[197] 否则，它根本就不可能成熟。换句话说，我完全放弃了理性的概念，将自己设想为一位灵感丰富的艺术家，根据自己的独到之见，将人塑造成各种样式的造型，就像综合利用各种色彩的艺术家和综合利用各种音响的作曲家。人类就相当于原材料，我在上面施加了我的创造性意志；在这个过程中，尽管有人会受难和死亡，但是，他们还是被我的创造性意志提升到了一个新的高度，如果我没有采取强制性的，但很有创造性的手段去干扰他们的生活，他们绝不可能获得这种提升。

这种观点是所有独裁者、宗教审判官以及恃强凌弱者为其行为做某种道德的，甚至是审美的辩护时使用的。我必须替人们去做他们做不了的东西，或者和他们一起做，我不可能争取他们的许可或赞同，因为他们不知道什么东西对自己最有利。他们许可或赞同的东西很可能意味着自寻死路。这位英雄人物很可能是一位理性主义哲人，或者是拿破仑，或者是一位浪漫的独裁者，他相信可以产生一个超人神族，就像某些法西斯主义领导人声称的那样。 249

假如我们承认，社会问题是有解决办法的，同时我们也承认，他们可能掌握这个解决办法，而我们却不知道这个办法，那么，我们就有可能和孔德一道去追问：如果我们不允许化学或生物学领域自由思考，那么，为什么允许人们在道德领域自由思考。到底是为什么？假如能找到一种揭示真理的方法，那么，就不存在言论自由或行动自由问题了，至少，不存在为了自由而自由的问题了；不存在没有得到相关专家认可的行为这个问题了。[198] 必须让幼稚和无知者在心里承认："只有真理才能使人获得解放，我了解真理的唯一方法是，盲从于你们今天给我下的命令，如果强制我是一件必要的事情，那就去做吧。我深信，只有这样，我才能像你那样明察秋毫，才能像你一样自由。"为什么要容忍这么明显的错误呢？

我们似乎已经远离我们的自由主义起点了。费希特与黑格尔使用的专制主义观点，后来被其他为权威辩护的人所使用，从马克思和实证主义者到最近的民族主义者或共产主义独裁者，都在使用，它实际上是斯多葛学派和康德伦理学反对的东西，但斯多葛学派和康德伦理学使用的名义是，自由个体具有尽可能追随自身智慧的内在理性。就这样，认为只有唯一解决方案的理性主义观点，就从一种非政治的、个人完善的学说，走向了服从柏拉图式精英指令的专制主义国家。

究竟是什么东西造成了如此令人匪夷所思的逆转，让康德的个人主义变成了近乎纯粹极权主义的东西？这个问题不仅具有历史意义，因为当代的许多自由主义者也经历了奇特的相同演变。康德秉承了卢梭的观点，一再坚持认为，所有人都能够进行理性的自决，他还认为，在道德问题上，不存在专家，因为道德问题不是知识问题，就像功利主义者所认为的那样，而是如何正确使用天赋能力的问题；给人们带来自由的，不是按照某些自我提升的方式去行动——人们可能被迫这样做——而是知道自己为何应该这样做，没有人能够
250 替代别人这样做，也没有人能够代表别人这样做。康德确实说过这样的话。但即便是康德，在处理政治问题的时候，他也说过，任何法律都不可能剥夺我的自由——假如法律是我这个有理性的人被要求认可，并且应该认可的东西。

如此一来，专家治国的大门敞开了。我不可能一直向所有人去咨询所有的法令。政府不可能总搞公民投票。此外，有些人不像其他人那样，能够非常适应 [199] 自己理性的声音：有些人的耳朵特别聋。如果我是立法者或统治者，我一定会设定，如果我推行的法律是合理的，并且我只能咨询自己的理性，那么，它会自动得到全体社会成员的认可，因为他们都是有理性的存在物。如果他们不认可，这就说明，

他们一定是非理性的，因此需要用理性去制止他们；无论是他们本人的理性，还是我的理性，都不可能十分特别，因为，理性的声音在每个人的心中都是一样的。

我发出了命令，如果你反对，那好，你就自行压制你心中反对理性的非理性因素吧。如果心中能压制得住，我的任务就更轻松了。我想办法教你这样做。然而，我还要为公共福祉负责，我不可能等到所有人都变得具有理性。康德可能抗议说，主体自由的本质体现在，只有主体并且是主体本人。才能给自己下服从命令，但这是一件自我完善的建议。如果你无法控制自己，我就替你做，你还不能抱怨说缺少自由，这是因为，你必须接受强制这一事实已经证明，你并没有听从自己的内在理性，你就像一个孩子或野蛮人，还没有成熟到可以进行自决的地步；[200] 如果这会导致精英（或智者）专制，而这种专制又被等同于自由，那么，在这种观点的前提当中，是不是有一些严重的错误？其基本论断本身就是错误的吧？

让我简明扼要地重述一下这些基本论断。它们是：所有人都有一个目的，而且是唯一的一个目的，那就是理性的自决；所有理性存在物的目标必然符合某一个普世性的、和谐 251
一致的模式，对于这个模式，哲人要比浑噩无知的人看得更清楚；所有的冲突，结果所有的悲剧，完全源于生活中理性与理性不足、不成熟与落后因素之间的冲突；这些冲突在原则上是不可避免的，但对于理性人来说，是不可能发生的；

这样一来，当所有人都变得有理性之后，他们就会服从自己的理性天性中的理性法则，他们的理性天性在每一个人的身上都是一样的。在这些基本预设当中，难道不是每一个都可能是无法证明的，甚至是错误的吗？

[六　寻找社会地位]

[207] 毫无疑问，不管怎么解释“自由”这个词，都得包含最低限度的消极自由，也就是说，一定要为我的愿望不受挫折留出空间。没有哪一个社会不折不扣地压制所有成员的全部自由。如果一个人做任何自己想做的事情都会被别人阻拦，那么，他根本就不是一位道德能动者，无论从法律上，还是从道德上来看，他都不算人，即便生物学家，甚至心理学家往往称之为人。但是，自由主义的鼻祖密尔和贡斯当所要求的，可不只是最低限度的积极自由，他们所要求的，是与社会生活最低限度的要求相一致的最大限度的不受干涉状态。

提出这种要求的，只是少数有教养的人，这好像不大可能。大部分人肯定愿意牺牲这种自由以便达到其他目标：安全、富裕、权势、美德、来世福报，还有公正、平等和归属感，以及其他许多价值观，这些价值观似乎不把消极自由当作自我实现的前提条件。古往今来，都有人愿意为解放战争失去生命，而激发解放战争的恰恰不是对个体自由的需求。

许多人为自由而战，通常是为了自己争取统治权，或者是为 252
了自己的代表争取统治权，如果形势需要的话，这种统治是很严厉的，就像斯巴达人的统治那样，几乎没有什么自由可言，但是，这种统治却让他们参与集体生活的管理，或者至少让他们感觉到自己参与了管理——即便是摧毁政府的革命者，也把这种做法当作惯例，为的是确立信奉某一学说的特定群体的权利，或者确立某一个阶级的权利，或者确立某一伙人的权利，他们肯定会挫败自己驱逐的对象，有的时候还要流放或者镇压许许多多的人。尽管这样的革命者有时候认为，他们所代表的自由是所有人的自由，或者至少是这样一些人的自由：真正认识到自由是他们的阶级或秩序的胜利的人，[这] 与密尔的自由观几乎毫无关系；密尔认为，自由就是在不伤害他人的情况下，人可以为所欲为的权利。

或许蒙住当代一些自由主义者的双眼，让他们无法看清眼前世界的，正是因为他们没有认清如下政治事实：他们的申辩是清晰的，他们的事业是公正的，但是，他们没有看到人类愿望的多样性，也没有考虑到人是足智多谋的，人凭着足智多谋，能够心满意足地证明，某种愿望在实现的同时，也在走向它的反面。

[七　自由和主权]

法国大革命，至少是雅各宾派统治时期的法国大革命，就是法国人渴求集体自决的积极自由愿望的大爆发。他们感觉到民族解放已经完成，尽管这种解放的结果是，个人自由受到严重限制。19 世纪上半叶的自由主义者正确无误地预见到，这种积极意义上的自由，尤其是以社会主义形式出现的积极自由，很容易摧毁所有消极意义的自由，消极自
253 由——保护个体免于外来干预和社会压力的控制，尽可能按照自己的意愿过着自己的生活——被他们奉为神圣之物。他们一再指出，人民主权很容易摧毁个人的自由。密尔耐心十足并且无可辩驳地指出，民主的自治不一定是他讲的自由。因为统治者和被统治者不一定是一伙人，自治不是每个人亲自来统治，充其量是每个人受 [209] 其他人统治。他提到了多数人暴政，还提到了流行情感和舆论的暴政，他还看到，这类暴政无异于其他越过神圣的私人生活边界、侵害人们活动的暴政。

但是，对于这两种自由之间的冲突，看得最清楚的，莫过于本雅明·贡斯当。他指出，素有主权之称的无限权威，从一拨人手中转移到另一拨人手中，不会给自己带来更多的自由，只会转移奴役的负担。他质问道：如果一个人被摧毁，他为何要在意摧毁他的是民众政府，还是王室，或者是一套法律呢？他看到，那些想要消极自由——也就是个体自由——的人，面对的问题，不是由谁行使这种权威，而是某一群人应该掌握多大权威。他坚持说，通常人们反对这一伙或那一伙统治者的压迫，但压迫的真正原因在于权力的自身

积累这一事实，无论在什么地方，权力都可能集中；让自由岌岌可危的是绝对权威的存在本身。“人们不应该反对胳膊，而应该反对武器。有些负担对人的手来说过于沉重了。”民主制可能解除寡头阶级、特权人士的武装，但对方依然能够像以前的统治者那样摧毁个体。压迫权力的平等不等于自由，普遍赞同取消自由也不会仅仅因为普遍或赞同而神奇地保住自由。如果我同意受压迫，那么我受压迫的程度会减轻吗？如果我卖身为奴，那么， 254
我受奴役的程度就会减轻吗？如果我自杀，那么，我会因为是自愿送命而不会死透吗？

[210] 当然，我可能更喜欢让议会剥夺我这个永远少数派的自由。它会让我将来有机会劝说其他人为我做我自认为有资格要求的事情；但是，让多数派剥夺我自由的议会，也会同样有效地剥夺我劝说其他人为我做事的机会。不管怎么说，霍布斯都是一个比较厚道的人：他并没有伪称主权不会奴役他人，他为奴役辩护，但他至少没有说那是自由。

在整个19世纪，自由主义思想家翻来覆去地说，如果“自由”意味着限制他人强迫我去做我不愿意做的事情，或者限制别人强迫我不要做我喜欢做的事情，那么，无论他人以什么名义强迫我，这些名义可能包括——理性或国家、我得到的好处、子孙后代的幸福、上帝或人、进步或民族、历史或阶级、伟大领袖按照自己的模式塑造下等人以便提高他们的思想水平的权利——无论这个理想是什么，我都不是自由的；我们必须宣布，绝对主权学说就是一种自在的暴政学说。如果我想保留我的自由，我就得说：除非有人批准，否则，我的自由不容侵犯，这么说当然是不够的；这里所说的“有人”，可能是元首、民众大会、议会中的国王、法官，或者是上述人物加在一起，甚至可能是法律本身（因为法律本身可能是压迫性的）。我必须建立一个为不容干预保留疆界的社会。

我称这样的疆界为自然权利、上帝之言、自然法则、功利性要求、人的最大利益。我可能认为，它们具有先验的有效性，或者称它们是我个人的主观目的，或者是我所在的社会或文明的主观目的。这些疆界的共同之处在于，确定它们的规则已经被广泛接受，并且植根于人的实际本性当中，如今它们已成为我们所说的人性的必要组成部分；由此而产生
255 的必然结果是，那些在实践中并没有将其中的一些规则视为理所当然的人——他们毫不迟疑地破坏这些规则——对什么是人、什么是人类关系的看法与我完全不同，我认为他们不是正常人，道德低下，无法与之正常交流。当然，民主制无法保护那种意义上的人权，因为众所周知，政府很容易让它们的臣民产生政府想要的意愿：“专制主义的胜利在于，它强迫奴隶宣告自己是自由的。”[1] 或许对于自由主义者而言，政治的–积极的–权利，也就是参与政府的主要价值在于，是

[1] 参见上文第 234 页注释 1。

保护他们持守的终极的、消极的个体自由的手段。[1]

[D] [2] 但是，如果民主国家在保持民主特性的同时可能压制自由——至少压制了自由主义者所说的自由——那么，是什么东西［C］使一个社会成为“消极”自由的社会呢？对于密尔、贡斯当、托克维尔以及他们所在的传统而言，没有哪个社会是自由的，除非它至少受制于两条相互关联的原 256 则：首先，没有哪种权力是不容置疑的，而只有权利才是不容置疑的，这样一来，所有人，无论统治他们的是何种权力，［D］都有不容置疑的权利去拒绝做出非人的行为；其次，有些疆界，虽说不是人为划定的，但是在这些疆界之内的人们，是不容侵犯的。这些疆界的确定，依据的是人们长期以来普遍奉行的规则，这些规则历史漫长，受众广泛，只

[1] [F] [214] 我不想说的是，即便在最自由的社会，个体自由是社会行动的唯一，或者甚至是主导的标准。我们强迫儿童上学，我们禁止当众处决犯人。这些做法当然都是限制自由。我们举出理由为这些做法辩护：无知也好，野蛮的教养也好，残忍的快感也好，还有各种刺激，要比抑制它们所需要的种种节制糟糕得多；这反过来又取决于［215］我们如何确定善恶，也就是说，取决于道德、宗教观念、经济和审美价值观；这些价值观反过来又和我们对人的看法以及人性的基本需求密切相关。换句话说，我们对这类问题的解决方案依据的是我们对圆满人生的理性化憧憬，我们都有意或无意地受其引导，这种理想化的憧憬，与密尔所说的“受限制和受阻碍”、“有局限和偏狭的”人性观正相反。反对社会出台法律审查言论或个人道德，说它们严重侵害了个人自由，这种做法预设了一种看法：这些法律禁止的活动，是一个健康的社会（或任何社会）中的人的基本需要；而捍卫这些法律就是认为，这些需要并非必不可少，而是人们后天习得的，或许它们原来根本不存在，或者说，满足它们就是牺牲其他价值观，而按照客观衡量标准，后者的地位更为高级。

[2] [此处和下一条添加内容取代了录音中的音质损坏的部分。]

有接受这些规则，人才能成为正常人（同理，违背这些规则，就是野蛮和非人举动）；这些规则是不容侵犯的，如果说某个法庭，或某个绝对君主启动正式程序，就能废除它们，那绝对是荒唐之言。

如果一个人没有被证明有罪而遭受惩罚，那就是破坏这样的规则；当人们由于专制者的专横意志而受折磨或者被不分青红皂白地杀掉，当孩子们被迫谴责自己的父母，大人们被迫彼此背叛，或者说少数派仅仅因为自己是少数派而被屠杀，凡此种种，都是破坏这样的规则。这样的破坏行径，即便被最高统治者（罗伯斯庇尔、列宁或者希特勒［或］后来的许多政府）合法化，[D] 在今天仍让人不寒而栗，[C] 这种现象产生的原因是，人们不认可那些法律，而认可如下行为的道德有效性：绝对阻止将个人意志强加给他人。衡量一个社会、阶级或集团的自由的标准，在这种自由意义上，就是这些阻力的大小，以及它们给其成员，即便不是全部成员但也是大多数成员留下的出路的多少和重要性的大小。[D] 在英国，这样的司法力量当然被赋予了最高统治者——议会中的国王。[C] 给一个国家带来自由的，不一定是最高统治者受到正式规则——司法的、道德的、宪法的规则——的限制。例如，英国显然是自由国家，虽说这里有一个最高统治者，至少在理论上是这样。真正的原因是，这种无所不能的东西受到了风俗或舆论的制约。重要的不是约束的形式，而是约束的有效性。

[212] 这几乎与自决的积极自由的信奉者的目的完全对
立。消极自由主义者想限制权威自身，而积极自由主义者想 257
把权威掌握在自己手里。这就是核心问题。这不是对同一个概念的两种不同解释，而是对待生活目的的两种态度，二者完全不同，不可调和。不妨承认这一点，虽说在实践当中有必要在二者之间达成一种妥协。因为每一种自由都提出了不容置疑的要求。对于这两种要求，同一个人不可能同时、同地完全满足它们。但是，如果不承认，每一种自由都是终极价值观，无论在历史上，还是在道德上，它们都有同等的权利被归类为人类的最大利益，那就是严重缺乏社会与道德理解力。

[八　一与多]

最后，利用一些宏大的理想，去摧垮人类，并向这些伟大的祭坛供奉人牲的，正是这一古老的信念：在过去或将来的某个地方，在历史或科学的宣言当中，或者在未腐化的善良人的淳朴心灵中，有一个终极性的解决方案。那些宏大的理想可能包括：幸福、公正、进步，或者是一个民族、种族或阶级显而易见的命运，或他们的真正自我的要求（他们浑然不知真正的自我为何物，直到有一天，一位伟大的领袖或某段独特的民族经历把他们唤醒），最后（或许）还有自由本身，它要求个体为整个社会的自由而牺牲自己。那条古老的信念所依据的论断是，人类信仰的所有积极价值观，最终一定是相互一致的，或许它们还互为前提。

[213] 但情况果然如此吗？我们都知道，政治平等与过多的个体自由是相互矛盾的，平等享受自由与最大限度的自
258 由不是一回事。我们都知道，不管什么时候都讲真话，不一定给人带来幸福，严格的正义与慷慨大度、怜悯或无节制的自由是相互冲突的。但是，有人却告诉我们，在某个地方，由于采取了某种办法，所有这些价值观一定会和谐共生，因为，如果不这样的话，人类的生活中注定会出现悲剧。但是，在理论上，不可能清除所有的冲突，这就等于说，在理论上，我们的一些理想在实现的同时，其他的理想可能无法实现；全部实现这种观念是一种矛盾，是一种形而上的妄想。每一位理性主义玄学派，从柏拉图到黑格尔或马克思的最近门徒，无不认为或者暗示，承认这一点就是粗糙的经验主义，就是屈服于黑暗势力，就是在残酷的事实面前退却，就是承认现状而不要求证明——这是理性必须义正词严地反对的一个结论。然而，同样显而易见的是，有些积极的价值观是互不相容的。我们实在无法想象得出这样的情形：真理和幸福、善良和公正、自由和平等能够先验地得到保证而又不发生冲突。

因为，除非我们得到某种先验的保证，正如古代的一些哲人认为的那样，所有真正的价值观是可以彻底和谐共生的，否则，我们只剩下日常经验观察的方法；这无法保证我

们认为，所有的好东西（或者说，就此而言所有的坏东西）是可以彼此调和的；这也不太可能保证我们认为，它们都是某个实体——精神性的或物质性的实体——的许多方面或诸多模式，这个实体的种种表象（多）被认为是对潜在现实“一”的歪曲。我们的日常观察手段显示，这个世界就是一个战场，我们身处其中，不得不在同样是终极性质的两个目的、[J] 同样不容置疑的两个说法中进行选择，[214] 实现一个必然牺牲另一个。事实上，正因为这种情况，人们才极
为重视选择的自由；因为，如果他们能够确定，在人类能够 259
实现的某个完美状态下，人们追求的目的再也不发生冲突，那么，选择的重要性和痛苦将会消失，自由的核心重要性也随之消失。如果真能做到这一步，那么，为了达到这个终极状态，无论使用什么方法，只要为了这个目的，都是合理的，无论在前进过程中牺牲掉多少自由，都是合理的。

我深信，正是出于这样一种先验的信念：所有的问题，至少在理论上，都可以通过某种最终的普遍性方案来解决，历史上某些最残暴无情的暴君和迫害者才在脑海中产生了根深蒂固的、心安理得的信念：这个目的足以证明，他们的所作所为是完全正确的。自我完善的理想曾经有意识地激励了他们中的一些人和一些追随者，我并不是说，这种理想本身应当受到谴责，或者说他们使用的语言必然是花言巧语或浮词虚设的结果；或者说是缺少道德或思想洞见的结果；事实上，我想证明的是，这种积极自由观总体上处于民族自决或

社会自决需求的核心，这些需求激励了我们这个时代的伟大公共运动；不承认这一点，就等于没有看到我们这个时代最关键的事实与观念。但同样地，在我看来，如果认为，可以找到一个公式，能够调和人的各种目的，这种看法也是虚而不实的；由这种看法引申出的观念认为，不论是什么东西，只要阻挡了这一进程，就应该把它当作不现实的和无价值的东西，轻松地牺牲掉，由此而产生了经常是没有必要的残忍和邪恶行为。在两种不容置疑的要求之间进行选择，是不可避免的，人之所以为人，就是因为人具有这个特征；因为这一点，凸显出了自由的重要性，当然这里的自由本身就是目的，而不是处理我们混乱的生活——用某种灵丹妙药马上就能治好的困境——的暂时需要。[1]

260 [C]［215］毫无疑问，衡量人自由选择的范围，必须参照其他价值观的要求。此外，正如托尼先生正确提醒的那样，狗鱼的自由就是米诺鱼的死亡；强者的自由必须受到约束，无论是肉体上的强者，还是经济上的强者。我们尊重这一原则，因为其他原则——公平或平等——与渴求自由的愿望一样，都是人的基本需要。出于平衡和妥协的需要，我们永远也得不到完全清晰、完全确定的答案，这一事实将会惹怒那些寻求最终的、被证明为永恒不变的解决方案的人。不过［276］，接受了我倡导的观点的“消极自由”（录音损

[1]［在J稿的正文中，此处出现的是第256页注释1。］

坏），在我看来，它所追求的理想，比起积极自由主义者的目标，要更加人道；后者在管控严密的专制机构之中，寻求阶级、民族或整个人类“积极的”自主理念。之所以说更加人道，那是因为，（它）对大多数人眼中的［217］人生必备之物的摧残，要少于那些制度制定者。

情况可能是这样的，个体自由的理念，还有与之相关的价值多元论，是受资本主义文明的历史限制的，只有资本主义文明才能给人以财产以及保留财产的强烈意愿；远古时代和原始社会中的人不懂这种理想；对于这种理想，我们的后代只会好奇地看着它，但不太理解它。原则不会因为自己的持久性得不到保证而降低神圣性。在我看来，这不会产生怀疑论；事实上，希望我们的价值观永恒不灭，安然居住在客观的天堂之上，这种愿望本身或许只是对确定性的一种形而上的幼稚渴求。当代的一位杰出思想家说过：“意识到我们信念的相对有效性，但依然坚定地支持它们，这是文明人有别于野蛮人的地方。”在我看来，这句话最为精彩地说明了我们终极信念的特性。提出更多要求，或许是一种根深蒂固的形而上的需要，但是，以它为基础构建策略性结论却是同样严重的道德幼稚病的标志。 261

结束语编后记

结束语位于演讲的最后两段，它雄辩有力，饶有名气，但有些地方语言晦涩、意义不明，让评论者头痛不已。在这里，我根据草稿的内容简要地评述其中的三处。

一、“必然要求”的对象是什么？（What does “entail” entails?）

在已刊稿的倒数第二段开头，作者写道：“多元论以及它所必需的消极自由的尺度［……］。”这句话促使许多人去争论价值多元论和自由主义之间的逻辑关系——假如二者之间有逻辑关系的话——进而没完没了地争论多元论的政治内涵。为了自圆其说，多元论者就一定得成为自由主义者吗？或者说，二者之间只有一种松散的关系？（这可以让多元论者在逻辑自洽的情况下，可以青睐一种非自由主义的政治制度。）（第三种可能是，多元论实际上排除了自由主义，这可不是伯林所能接受的，尽管有些批评家用这一点去反对他。）伯林在这个语境下使用“必然要求”这个词，在某些评论者看来，证明了伯林看到价值多元论和自由主义（或者说是消极自由）在逻辑上是互为前提的；事实上，它点燃了论战的导火线。

令人感到棘手的是，伯林在别的地方明确反对二者之间有这种关联，这一点明显地体现在拉明·贾汗贝格鲁的《伯林谈话录》[1] 中。他说："我既信奉自由主义，又信奉多元主义，但二者并不存在逻辑关系。"更麻烦的是，他接下来说的话似乎与此矛盾： 262

> 多元论必然要求（entails）的是，既然道德与政治问题没有最终答案，或者说，有关价值的问题都可能没有终极答案，不仅如此，人们给出的并且有权给出的答案，还彼此互不相容，因此，一定要为生活留有余地，因为生活中的一些价值很可能是互不相容的，这样一来，如果想要避免毁灭性冲突，必须达成妥协，最低限度的宽容，无论多么勉强，都是不可或缺的。

这里"必然要求"的对象，当然是"最低限度的宽容"，而不是全方位的自由主义，但是，如果依靠这种区分去调和伯林之言的前后矛盾，或许是迂腐之见。

在这个语境下，C 稿的最后一段出现的"与之相关"（connected with it）一语也许能给人带来一些启迪。这句话的措辞表明，这里使用的是这个词比较宽泛、非正式的含义，相当于"关系到"（involves）。伯林在别的地方可能用

[1] London，1992. 引文参见上文第 44 页。

的就是这种意思，在第184页（两次）、196页、207页以及224页（？）；当他使用这个词的比较严谨的含义时，从上下文可以看出，他表示的是逻辑上的必然要求关系，例如第197页注释1，236页（和258页），240页（“必然要求”），243页（“从逻辑上必然要求”），或许还有第256页。在引自《伯林谈话录》中的那段话中，他使用的也可能是“必然要求”这个词不那么正式的含义。

不管怎么说，鉴于伯林的创作方式以及他的作品的文学性质，我们不应过于突出他的某一具体阐述，如果它留下的阐释空间很大的话。此外，我还揣测，当他在口述这份讲稿的时候，他并没有向自己提出这个问题：“多元论在逻辑上必然是自由主义吗？”他当然认为，多元论者必然是自由主义者（就某种意义而言，这一点需要加以阐明），但二者可不是一回事。只有参考后来的讨论，才能看出他选词的重要性。（启发这场讨论的是乔治·克劳德）他在1994年发
263 表了一篇文章，题目就是《多元论与自由主义》，[1] 伯林和伯纳德·威廉斯对该文章的回应的确有助于揭示伯林的看法，但并没有把伯林的观点讲得清楚透彻。[2]

即便我们不再究诘，伯林是否断言多元论与自由主义在逻辑上互为前提，他认为二者之间到底是什么关系，仍然有

[1]《政治研究》，1994年，第42卷，293—305。
[2] 出处同上，306—309。

待于澄清。但这里不是参与这场论战的地方。

二、原则不会因为它们的持久性得不到保证而降低神圣性

这句话很是玄妙深奥，还有些晦涩难懂，令人棘手。如果一个原则的持久性没有得到保障，那么，为何还要认为它是神圣的呢？难道自由主义价值观仅仅适用于资本主义社会，而非自由主义价值观则仅仅适用于极权主义社会？价值多元论真的具有普世性，还是仅仅适用于某一个历史时期？即便我们（正如我本人）深信，伯林认为价值多元论是关于人类状况的永恒真理，历经文化史上的千变万化而依然保持其共同特性，但是，这句话依然令人费解。

我倒是认为，伯林否定保证，与其说是一种历史假说，不如说是一种理论让步。他当然相信某些价值观的历史性，可以说，这些价值观，并不是那种屡经历史变迁而依然存在，并以某种形式出现在所有已知文化中的坚硬的道德内核。他经常提出，真诚、正直和多样化，是在比较晚近的时期才出现的价值观。但他也相信，某些价值观适用于各个时代和地区——这种情况偶尔如此，但偶然性一直存在。[1] 这个世界可能有所不同，这个世界上的一些人与我们认识的人 264

[1] 例见《反潮流》，第二版（Princeton，2013），420；《伯林谈话录》（上文第262 页），42—43；《扭曲的人性之材》（上文第 xxx 页，注释 2），第二版，204；《观念的力量》（上文第 xiv 页，注释 1），16；《浪漫主义的根源》（上文第 277 页），10；《现实感》（London，1996），185。

有所不同，但现实情况就是这样，并且一直如此，人类自从出现以来就有相同的内在天性。[1] 如果我是对的，那么，这句话就是以另一种方式表达了伯林引用的、我探讨的约瑟夫·熊彼特的名言的意思。

这段引文中出现了“相对性”这个词，这很不幸，因为它可能让伯林遭受道德相对论的指控。如果人的信念只具有相对有效性，那么，人们为何还支持——更不必说坚定支持——自己的信念呢？不过，伯林在B稿中用“经验的”取代了“相对的”，再加上它在结束语的其余部分表现的大意，在我看来，已经阐明了他的观点，即，我的价值观是经验性的，而非先验性的——不是得到了形而上的保证从而成为固定不变的东西，虽说如此，其中的许多价值观实际上适用于人的全部历史。这依旧能够让我们坚定地支持我们的信仰，至少要坚定地支持在我们看来属于人类行为举止基本要求的那些信仰：他深信，我们不需要让我们支持的价值观成为永恒的东西；它们也不是永恒的东西。[2] “真正地信奉

[1] 如何界定这一时刻，如何将关于人性恒定不变的各种主张与之联系起来，是很成问题的，但我在此不探讨这个问题。

[2] 当他描述J. G. 哈曼否定必然性真理时，他出色地捕捉到了这一观点：在必然性真理和偶然性真理之间，不需要桥梁，因为，人世间的规律与其中的“事实”一样偶然。一切存在之物都有可能呈现出另一个样子，如果上帝做出那种选择的话，并且可能依旧是那样。上帝的创造力是无限的，人的创造力是有限的；没有什么东西是永恒不变的，至少人世间的情况是这样。“必然性”是相对稳定的，“偶然性”是相对变化的，但这只是程度问题，而非种类问题。《启蒙的三个批评者》（上文第171页注释1），第二版，363。

最低限度的个体自由不容践踏，必然要求（一种）不容置疑的立场。”（L 20）如果这里有相对性，那也是相对于（经验的）人性而言的。人性中内在的东西，并无相对性而言。 265

当它用在这个语境下（在原初的语境中，它涉及的是这样一个主张：只是在某些历史环境下，民主制才是最优的一种政治制度），当然是一种引用瑕疵，有一定的误导作用，但是，从另一个角度来看，显而易见，它雄辩有力地表达了伯林试图论述的观点。不管怎么说，这种语境不应该让我们将通常意义上的（道德）相对主义归咎于伯林，正如伯林经常描述的那样，例如，他写道：“赫尔德认为，交响乐每一个乐章（戏剧的每一幕）都是根据自己的目的、价值发展起来的，这些目的或价值在道德上依然是宝贵的，因为它们将会超过其他目的或价值，或者将被后者摧毁和取代。”[1]

不过，我认为，公正地讲，伯林没能清楚地表达自己的观点，虽说他本应表达清楚。或许他把道德知识与道德事实混为一谈了。历史性可能是前者的属性，而非后者的属性。如果我们是道德现实主义者，就像伯林看起来那样，我们可能持有如下观点：作为现实的组成部分，这里所说的原则将持续存在，虽说我们的认识不一定永远存在：正是因为这个原因，原始社会未能认出我们的一些价值观，我们的后代也可能无法理解我们的一些价值观。价值观可能是内在于人性

[1] 出处同上，270。

当中的，也可能是在一个历史环境下被人发现的，随着我们对天性的认识而发展。因此，伯林论述的价值观“被广泛接受，[……] 深深地植根于人的实际天性当中，它们随着历史的前进而发展，如今已经成为我们所说的一个正常人不可或缺的组成部分了”（L 210）。

后面这种论述免不了又显得含糊其词，在广泛接受和植根人性之间，到底谁是判断关键价值观的标准。在我看来，更有可能是后者，而前者经常随着时代的流逝而赶上后者：
266 奴隶制曾被广泛接受，被认为是奴隶天经地义的生存状况。从字面上来看，伯林的论述似乎表明，必须满足这两条标准；但这样做还是过于看重他的措辞了。

不管怎么说，我对伯林本意的解释只是一种猜测，是想弄明白这句令人困惑的话的意思。无论我正确与否，我写这些东西的部分目的在于证明，伯林在摸索中提出新见，至于这些新见的确切性质是什么，他本人可能都不完全清楚。检视他的后续措辞，有助于我们理解他真正想表达的意思。

三、它取决于“它”这个词的意思

C 稿的最后一段有一处语义含混，已刊稿没有澄清，这句话是：“在此之外提出更多要求（to demand more than this），或许是一种根深蒂固和无可救药的形而上的需要；但是，允许它（it）决定人的实践，却是一种同样严重并且更加危险的道德与政治幼稚病的症候。”这句话中的“它”

指的是什么？由于这是伯林最重要的句子，有必要解释清
楚它到底指的是什么。有位批评家[1]理所当然地认为，“它”
指的是这个句子前面出现的“此（this）”[2]，而这个“此”指
的是熊彼特所说的文明标准。按照这种阐释，伯林可能在警
告大家，要防止由于过度在意（和容忍）不同观点可能带来
的瘫痪状态：这就是他在论屠格涅夫的那篇文章中说的“自 267
由主义的困境”，他认为，这就是在抑制自己强有力的见解
和行动。正如克里斯托弗所言，我们绝不可以让“欣赏细微
差别去弱化一个人得出强有力的道德判断的能力”。本质上，
这是在重述熊彼特的观点，这就让伯林的结束语产生了一个
突降式的结尾，虽说他会同意这种看法。

幸运的是，D稿澄清了“它”的所指内容：“要求统一性和确定性或许是一种深刻的、普遍的形而上的需要；但不去抵制它，并且更主要的是，还让它指导人们的实践，这是同样严重的道德与政治幼稚病的症状。”在这里，“它”显然指的是“根深蒂固的、普遍的形而上的需要”。

由于这一点在已刊稿中很不明显，在后来印行的版本

[1] 尼古拉斯·克里斯托弗：《论探索者以赛亚·伯林》，载《纽约书评》，2010年2月25日，第26—27版；引文见第26版，这部分内容刊载在致编辑的信中，以回应克里斯托弗：《关于以赛亚·伯林的疑问》，出处同上，2010年4月8日，第89—90版。

[2] 也可能认为，“它”指的是“不仅如此”，但这与克里斯托弗的阐释南辕北辙，读过下一段提供的D稿，即可排除这种看法。此外，它相当于D稿所说内容，因为这里的需要会“超过”熊彼特的话中所提供的范围。

中，我就把“它”改成了“这样一种需要”。这样去解读，结尾就显得更有力度，因为伯林在这里警告人们勿受其引导的东西，正是他在引用熊彼特语之前所说的内容：“幼稚的确定性或原始时代的绝对价值观。”他指的是一元论者、极权主义者、极端主义者、狂热分子、基要主义者——没有长大成人的不文明的野蛮人，给世界造成大破坏的人——的道德与政治幼稚病。在伯林看来，我们这个时代最坏的恶棍就是这些人，而不是相对主义者，虽说后者可能对前者
268 施以援手。

参考文献

本书体例与《浪漫主义的根源》[1]一致，并且基于相同的理由，我将引文出自的参考文献一并放在正文之后，标明页码和开头的词语，指出引文出自的段落。

应当告知读者，伯林的引文不只出自英文著作，有时候他引文非常随意，夹杂了自己的释义。总的来说，我不想把它们弄得太精确，因为这样做经常降低读者的共鸣。不过，我偶尔在注释部分逐字逐句给出原文。在少数情况下，根据自己的了解，我列出参考文献，提供详尽的义释，虽说正文中没有标出引号。

我还得重申一遍，少数明显的引文未能找到出处。如果有读者能够填补这些空白，我将一如既往地表示谢意，并在将来本书重印之时，收入所得到的所有信息。

在搜集和整理参考文献的过程中，我经常得到专家们的慷慨襄助，他们令我受益颇多。如果将每一位帮助过我的学者的名字写下来，恐怕做不到，谨向那些名字被遗漏的学者表示歉意。在费希特那一讲，古纳·贝克出力颇多（见下文），麦克尔·英伍德、拉尔夫·洛克和布鲁斯·托利、罗伯特·沃克勒分别在黑格尔、圣西门和卢梭
那几讲，给予我很大的帮助。迈斯特这一讲再次借助了理查·勒布伦 269
为《迈斯特与法西斯主义的起源》一文做出的宝贵贡献，我在《扭曲的人性之材》前言中曾经提到。在个别问题上，我也得到许多人的帮助，在此向他们表示感谢，他们是：约翰·巴罗、安德鲁·费尔贝恩、斯蒂芬·格罗布、塞缪尔·古腾普兰、伊安·哈里斯、罗杰·豪舍尔（他的多方面支持依然是不可或缺的）、列奥弗朗克·霍尔福德-

[1] 见该书第二版（Princeton，2013），182。

斯特雷文斯、安德鲁·亨威克、莱因哈特·劳恩、理查德·勒布伦、杰·蒙克、T. J. 里德德、菲利普·斯科菲尔德、乔纳斯·斯蒂芬和拉尔夫·沃克。

多卷本著作的出处以如下方式标出卷数和页码：iv 476。

270 参考文献中间穿插了少数编辑说明。

导 论

3 **伯特兰·罗素曾经说过**（条目前的页码为原文页码，见本书边码，下同）

《西方哲学史》（*History of Western Philosophy*，London，1946），226。伯林使罗素在这一点的论述显得极其生动。

爱尔维修

12 **“当一个人在思考”**

Discours prononcé dans l'Académie Francais, *le Jeudi 21 février 1782*, *à la reception de M. le Marquis de Condorcet*（《1782 年 2 月 21 日星期四孔多塞侯爵先生在法兰西学院的入院演说》）：*Oeuvre de Condorecet*（《孔多塞全集》），ed. A. Condorcet O'Connor and M. F. Arago（Paris，1847—1849），i 392。

“正像数学和物理学”

Esquisse d'un tableau historique des progrès de l'esprit humain（《人类精神进步史表纲要》，Paris，1795），365；*Outlines of an Historical View of the Progress of the Human Mind*（London，1795），353。

“道德是研究人的精神”

Holbach，*Système de la nature*（《自然的体系》），i 11。

13 **“我赋予你们感受力”**

Helvetius，*De l'esprit*（《论精神》），3.9。

17 **“不要反对偏见，要利用它”**

这条论述出处不详，但可参见 Vifredo Pareto，*The Mind and Society*（《思想与社会》，London，1935），vol.1，*Non-Logical Conduct*（《非逻辑行为》），§§72—73。 271

18 **“利益的语言”**

De l'esprit，2.15（倒数第 2 段的开头）。

“只要人们头脑明智”

De l'homme（《论人》），9.6。

21 **“如果大众开始推理了”**

或许是对“当群众也会推理，一切都完了”这句话的义释，*The Complete Works of Voltaire*（《伏尔泰全集》），ed. Theodore Besterman and others（Geneva/Toronto/Banbury，1968— ），cxiv 155。

“人民就是老牛”

“Àl' égard du people [...c] e sont des boeufs，auxquels il faul un joug，un aiguillon et du foin.” 1769 年 2 月 3 日写给让·弗朗索瓦·雷内·塔巴罗的信。Cf. *Oevres complètes de Voltaire*（《伏尔泰全集》），ed. Louis Moland（Paris，1877—1885），xix 208，623，xxiv 413。

23 **“我们从这头贪婪和残忍的动物身边逃走吧”**

De l'esprit，2.2.

25 **“自然用一条无法挣断的锁链”**

Condorcet，*Esquisse*（参见上文第 12 页注释），228。

“教育就是”

Holbach，参见前引文（上文第 12 页注释）。

26 **“欧几里得名副其实是一个霸道的人”**

Pierre-Paul Francois Joachim Henri Le Mercier de la Rivierre, *L'Ordre naturel et essentiel des sociétés politiques*（《政治社会的自然和基本秩序》，London，1767），i 311。

“纸面上的大喊大叫”

Jeremy Bentham，*Rights*，*Representation and Reform: "Nonsense upon Stilts" and other Writings on the French Revolution*（《权利、代表权与改良：“胡言呓语”以及其他有关法国革命的论著》），ed Philip
272 Schofield，Catherine Pease-Watkin and Cyprian Blamires（Oxford，2002），187。

卢 梭

28 **“始于不受限制的自由”**

Dostoevsky，*The Devils*（《群魔》），2.7.2。

“笔造成的影响超过”

赫伯特·保罗回忆阿克顿，in *Letters of Lord Acton to Mary*，*Daughter of the Right Hon. W. E. Gladston*（《阿克顿勋爵致 W. E. 格拉斯顿阁下之女玛丽的书信集》），W. E. Glastone，ed. with an introductory memoir by Herbert Pail（London，1904），xii。

“卢梭没有说出什么新东西”

Madame de Staël，*De la littérature considérée dans ses rapports aver les institutions sociales*（《论与社会制度相关联的文学》），ed. Paul van Tieghem（Geneva，1959），ii 280—281。

34 **“奴隶制……有悖天理”**

Jean-Jacques Rousseau，*Oeuvres complètes*（《卢梭全集》，以下简称 OC，参见上文第 183 页注释 1），iii 243。

“放弃自由”

OC iii 356.

“死亡可不是生命中的事情”

Ludwig Wittgenstein，*Tractatus Logico-philosophicus*（《逻辑哲学论》，London，1922），proposition 6.4311。

37 **“自然的法则”**

OC iii 973. 273

“在人们的心灵中”

OC iii 1001；他说，风俗习惯、道德还有公共舆论的法则同样“不是在大理石或黄铜的刻写板上，而是在市民的心灵中留下了印记”（出处同上，394）。

38 **“去发现一种社团形式”**

OC iii 360.

“既然是向全体奉献出自己”

OC iii 360.

致马尔塞布的一封信

OC i 1134—1138；对比出处同上，350—351。

42 **“只要议会中的几个人”**

OC iii 437，440.

“深入人的内心世界”

OC iii 251.

46 **“人天生是自由的”**

OC iii 381.

47 **“使每一个个体及其所有权利”**

OC iii 360.

49 **社会有权强迫人们获取自由**

OC iii 364.

费希特

在广播电台完成费希特那一讲之后，伯林给录音文字记录做了一些评注，想再添加一些引自费希特著作的文字。在别的场合讲费希特的时候，伯林很可能使用了这份录音稿以及他做评注所参照的几页引
274 文（虽说只有几页引文保存下来）。我在着手编辑这份录音记录的时候，与古纳·贝克一同探讨了这些评注和引文。古纳·贝克是研究费希特的专家，在伯林的鼓动下，他核对了引文，并且建议伯林采纳更为相关的引文。他还建议就某一点重新编排录音记录，这样能够更清楚地领会费希特观念的发展脉络。伯林接受了这条建议，因此本书也采纳了这条建议；不过，他并没有修订这个本子，以收入更多的引文。

我本人也没有打算收入更多的引文，因为，如果这么做，这篇演说与其他演说相比，就会失去平衡，权且保留它现有的样子；况且这也超出了我给自己设定的职权范围。不过我还是提供了下面的引文，以它们所在段落的最后几个字为提示。正文相关之处的“*”号，表明参考文献中将给出补充注释。

费希特著作的引文的出处，见以下版本：*Johann Gottlieb Fichte's sämmtliche Werk*（《约翰·戈特列布·费希特全集》），ed. I. H. Fichte

(Berlin，1845—1846)，以及 *Johann Gottlieb Fichte's nachgelassene Werke*（《约翰·戈特列布·费希特遗作集》），ed. I. H. Fichte (Bonn，1834—1835)。这两本书简称 SW 和 NW。

54 **“它是个体只需遵守法律的权利”**

Benjamin Constant，*De la liberté des anciens comparée a celle des modernes*（《古代人的自由与现代人的自由》）：参见前引书（上文第187页注释1)，593—594。

“我的体系，从头到尾”

1800年1月8日致卡尔·列昂哈特·赖因霍尔德的信：J. G. Fichte，*Briefwechsel*（《通信集》），ed. Hans Schulz（Leipzig，1925)，ii 206。

55 **“由于人们受教育的程度很一般”**

NW i 4. 275

56，65 **“事物的本性”**

参见前引文（上文第183页注释1)：比较准确的是，“平静地忍受事物的必然性而不是他人的恶意，这是人的本性”。

60 **“向往他能够做到的”**

OC iv 309.

67 **“我完全是自己的创造物”**

SW ii 256.

“我不因为我不得不接受而去接受”

出处同上。对比“每一个动物都是它本来的样子。最初人自身什么都不是。他应当成为什么样子，他就一定会成为什么样子；因为他必须是一个自为的存在，他必须借助于自身才能做到这一点”（SW iii 80）。

它们必须为我服务

“我想成为自然的主人，而她必须是我的仆人；我想拥有支配她的合理权力，而她不应享有凌驾于我之上的任何权力。”（SW ii 192—193）“自我应当是绝对独立的，而万事万物都要取决于自我。因此，需要客体与自我达到同一。”（SW i 260）自我为了自身考虑而进行的这种自决，被费希特称作“绝对独立于一切自然”（SW iv 131）。“自律，我们最终的目标……存在于以下状态：万事万物都依赖我，而我不依靠任何东西，在这种状态下，我想要的东西都会在我感觉到的世界中出现，这只是因为，我希望它这样，就像我的身体那样听我的命令，是我的绝对因果律的起点。世界之于我必须像身体之于我。可以
276 肯定，这个目标无法达到，然而我一直朝这个目标努力——也就是说，我应当去影响感觉世界中的每一件事物，这样一来，它们就逐渐成为我们达到这个最终目的的手段。”（SW iv 229）“只有主动将我们的偏见和舆论交给真理的律令（也就是道德的律令）去裁决，我们才首次知道，在律令这种观念自身面前如何顶礼膜拜和保持沉默；这条律令最先限制了我们的自私，自私是道德律必须去控制的。自由和无私地热爱理论上的真理——因为它是真理——是对我们的信仰进行道德进化最有成效的准备。”（SW vi 14）道德律令通过良知向每一个人显示出来。每个人都有这种基本的道德能力，它“要求他想这个而不想那个，这完全是自由的和自愿的，独立于一切外在力量”（SW vi 11）。

70　**可爱但很傻**

参见伯林的《浪漫主义的根源》（London and Princeton，1999；第二版，Princeton，2013），第二版，9—10，139—141。实际上，后来做的这一系列演讲总体上扩展了伯林在十三年前的这个演讲中所表达的对浪漫主义的看法，这是很有助益的。

自然只是一堆死物

SW i 412—413.

师法自然

“仿效自然”，斯多葛派学说“例见：Cicero，*Laws*（《论法律》），i.56，Seneca，*Letters*（《书信集》），66.3.9。

71　不受别的东西影响

“这种纯粹的、我们的自我的形式”本身“与经验的本质完全对立”(SW vi 59)。人的意志受制于内在的自我，假如说它“绝对依靠自身的某种原初事物［ein Erstes］，而不依靠自我之外任何事物”(SW iv 24：“Das Wollen，als solches，ist ein Erstes，absolut in **277** sich selbst，und in nichts ausser ihm Geründetes”)。“我们在这个世界上唯一的幸福［Glückseligkeit］……就是自由的、不受妨碍的自发活动［Sellbstthätigkeit］，它是源于我们自身诱发性力量［eigener Kraft］、根据我们自身的目的行事的活动［Wirken］。”(SW vi29)“［人］是而且必须是自由的；除了他心中的这条律令［道德律令：Sittengesetz］之外，没有哪一位权威人物可以规定他如何行事；这是他唯一的律令，假如他任由自己受其他律令支配的话，就违背了这条律令——他心中的人性就会遭到灭绝，他将被贬低到动物的水平上。”(SW vi 12)“除了他本人之外，没有人能够决定他的选择、他的方向和限制他。”(SW vi 23)“我不接受强加给我的任何法律，除非我因拒绝它而丧失人性、人格和自由。”(SW v 13)

处在一定的时间和地点之内

“人类生活以及历史时期本身，不过是一个时代和一种永恒生活所必须的……Gattung［这个词很难译，大致相当于‘群体、共同体、种属、种族’］的生活。”(SW vii 7)“［历史的计划］是这样的：通过历史，Gattung随意地将自己转变为纯粹的理性表现。”(SW vii 17)“现在个体完全从哲学家的视线中消失，他们全部结合成为一个大的共同体［Gemeine］。”（SW vii 14）正在思考的自我“不是特定的正在思考的个体的自我，自我再也不是独立的，而是用于思考所有个体的一种永恒的思考方式”（SW vii 55）。“其中的宗教在于［……］一切生活都被视为一种真实的、完美的、道德的、神圣的群体［Gattung］生
278 活的必要发展。”（SW vii 240—241）

72 **只有群体（Gattung）存在**

SW vii 37—38：“实事求是地看待事物，”我们发现，“个体并不存在，他不再有意义，而一定彻底消失；只有群体存在”。

“人只有在其他人中间才能成其为人”

SW iii 39.

“人注定要在社会中生活”

SW vi 306. 对比“个体性的概念［绝不是一种孤立存在物的概念，而是］一个双重内涵的概念，［其中］不仅有我，而且……总是有我和他，他和我；两种意识得以合二为一的一种共同意识”（SW vii 47—48）。

73 **那些道德命令是它内在自我的驱动**

自由，人从自然的因果律所造成的必然性中解放出来，不再是个体的有理性的自决，而是“Gattung 通过一个接一个的个体逐渐解放自身”的过程（SW ii 20）。“人的理性能力”［Vernunftinstinct］，人类将自身从自然的盲目力量的支配下解放出来的驱动力，“只表现在群体本身的生活中。它绝对不会表现在纯粹个体的存在之中，个体的驱动力的目的在于自我保存和个人的安乐”（SW vii 22）。“这是一种不变的理性生活［Leben der Vernunft］……从世俗的角度看，它分裂为众多的个体，因此只在整个 Gattung 的生活中才显现它的总体性。”（SW vii 25）“当某一个体想象他能够为自己而存在和生活、为
279 自己思考和行动，或者说，当某人认为他本人，那个特定的人，是在

以自己的观念进行思考，因为他的思考是那种普遍和必要的思考中的一个……这可是最大的错误，而且是其他一切错误的真正基础。”（SW vii 23—24）“理性只表现在群体的生活中；假如理性不去指导我们的生活，就只剩下个体性和自私自利了。这样一来，理性的生活体现在：个体在群体中忘掉了自己，将自己的生活与群体的生活紧密地联系在一起，并且为了整体可以牺牲自己的生活；非理性的生活表现在：个体只想自己和与自己有关的东西，他什么也不求，只求生活安乐……这样一来，只存在一种德行——忘记自己是一个个体，只有一种罪过——只为自己着想……无论是谁，只要他为自己追求享乐、只想到自己、只想自己去生活，而脱离群体，不为群体考虑，他都是……一种卑劣的、可恶的、邪恶的和可怜的人。”（SW vii 34—35）“将自己的生活奉献给群体，意味着将自己的生活奉献给思想观念［费希特用思想观念这个词交替指理性或自由］……结果，唯一理性的，从而是正确的、美好的和真正的生活在于：人在追求思想观念的过程中忘掉自己，除了为了观念牺牲其他快乐之外，不要追求别的享乐。”（SW vii 37）

种族、民族、人类

“没有哪一样个体的东西能够自在和自为地存在；万事万物只能在整体中存在而且为整体而存在。”（SW vii 63）“证实有关（群体）整体性的真理的事实是，只有参照整体，其组成部分才能得以解释和有意义……只有借助于这个整体，其组成部分才能存在。”（SW vii 118）“［生命作为其自身］的延续［而不是作为瞬息存在的延续］……只有通过民族独立的延续才能得到保证：为了挽救民族，人必须做好赴难的准备，如此一来她就可以生存下去，他也能够从中生活下去，依靠她生活下去，这是他向往的唯一的生活。”（SW vii 383） 280

“你是信仰人本身的绝对第一位的和本原的东西”

SW vii 374—375. 同以往一样，伯林略微改进了引文，虽说就本质而言，措辞和意义都很准确。对比“有性格和作为德国人无疑是一回事”（SW vi 446）。

75 **“我们需要的是一位领袖”**

SW vii 565（有所发挥）。对比“每一个有知识和有力量的人不仅有权利而且有神圣的义务，去运用强制力量让人们遵守法律；如果情况如此，那么是个别人［在强迫］整个人类”（SW iv 436）。“谁有权利成为领导人？［……］最能以理性的眼光洞察自己所在的时代和人们的人。”（SW iv 444）“终有一天，有一个人会到来而且必然会到来，这个人是他所在的人群中最为公正的人，也是他们的领袖；他会找到办法创立一系列最佳局面。”（NW ii 635）

所谓“有机”过程

“诸多个体必须被理解为一个不可分割的有机整体。”（SW vii 157）费希特说，艺术的真正本质在于“它的有机统一性，任何天才的、不受限制的和不可穷尽的东西莫不如此”（SW vii 95）。作为个体，人的意志和愿望与他的道德使命得以融为一体的创造性塑造过程，被费希特放在了国家手中。“绝对的国家［……］是一件艺术制品，用于指导一切个体的力量服从群体的生活，而且将它们在群体内部融为
281 一体。”（SW vii 144）“国家的目的［……］无异于人类群体的目的，即根据理性的法则来安排所有人的关系。”（SW ii 161）在完美的国家，“一切个体性都消失在群体的总体性之中”（SW ii 146）。“［国家］的目的就是群体的目的。”（SW vii 145）“国家的目的［……］无异于人类的目的［der menschlichen Gattung］本身，即所有的人类事务都要根据理性的法则来管理。”（SW vii 161）“作为人类一切事务最高管理者、作为［……］无知之辈和桀骜不驯之士的监护人，国家完全有权利为了他们获得拯救而强迫他们。”（SW vii 436）

表现为一个伟大的民族或历史

现在，国家不仅仅是它的各个组成部分的总和：“不仅仅是一个想象的总体的观念［……］而且是一个真正的总体的观念［……］不仅仅是所有单个的个体的观念，而且是个体不可分割的、统一的观念。”（SW iii 202）在国家内部，还有，借助于国家，“一切事物都汇聚为一

体（One），它们不再作为一种合成物统一在一个抽象的概念之中，而是作为一个整体真正统一在一起。[……] 理性只有一种，它在感性世界中的体现也只有一种；人类是一个有组织的，而且发挥组织作用的理性的总体。理性分为独立的几个部分，不过国家的自然机制暂时终结了这种独立性，而且将各个组成部分融合为一个整体，直到最后，道德将全部物种重新创造为一体。

“借助于自然界有组织结构的产物，可以最出色地说明所设想的[国家] 观念，以树为例，只要 [树的每一部分] 想自我保存，就必须 282
保存整棵树，因为只有在这种情况下，它自身的保存才有可能 [……] 因为，最先和最应该受到保护的是整体”（SW iii 203）。每一个单个的个体都是国家这个更大的有机整体的组成部分：“在有机体当中，每一部分都在不断地保存整体，在保存整体的同时也是在保存自己；公民与国家之间也是这种关系：[……] 每一个组成部分，每一个公民，在整体分配给它的位置上保存自身的同时，也在它的位置上维护整体；整体恢复为自身，保存了自身。”（SW iii 209）

77 “观念试图变为行动”

Heine，*Zur Geschichte der Religion und philosophie in Deutschland*（《论德国宗教和哲学的历史》），book 3，vii 294—296，in *Heinrich Heines Samtliche Werke*（《海涅全集》），ed. Oskar Walzel（Leipzig，1911—1920）。

“世界……诗歌”

Josiah Royce，*The Spirit of Modern Philosophy: An Essay in the Form of Lectures*（《论现代哲学的精神》，Boston and New York，1892），162。

“康德主义者将要露面”

Heine，参见前引书（上文第 71 页注释），vii 351。

“不要试图压制或彻底熄灭这团火焰”

出处同上，352。

78 **“观念先于行动”**

出处同上。

“对于你们来说，被解放的德国人”

出处同上，353—354。

“在……裸体诸神当中”

283 出处同上，354。

黑格尔

97 **“受命运驱使的奴隶”**

Seneca，*Letters*，107.11，根据克里斯蒂安的整理而改编。

98 **“屠宰案板”**

Georg Wilhelm Friedrich Hegel，*Sämtliche Werke*（《黑格尔全集》），ed. Hermann Gloclcner（Stuttgart，1927—1951），xi 49，以下简称 HSW。

“历史不是幸福的乐园”

HSW xi 56.

“理性的狡计”

HSW v 226，vi 127，viii 420，xi 63.

“煽动激情为自己服务”

HSW xi 63

99 **“市民社会”**

尤其参见 HSW vii 262—328。

100 **“世界历史”**

尤其参见 HSW xi 59—65。

101 **“上帝穿越宇宙”**

HSW vii 336.

有无数根隐形的线

很可能源于丹纳“无数根线”这种说法，in *Discours de M. Taine prononcé a l'Académie française*（《法兰西学院演说》，Paris，1880），24，引自伯林的《概念与范畴》（Lodon and New York，1978；第二版，Princeton，2013），第二版，123，尽管伯林通常认为这个意象（“各种各样的线”）是柏克的创造。 **284**

生者、死者还有未出生的婴儿

Edmund Burke，参见前引文（上文第 196 页注释 1）。

102 **“具体的”**

尤其参见 HSW xvii 52—56。

103 **铁环**

出处不详。

104 **“用薰衣草香水治不好坏疽”**

The German Constitution（《德意志宪法》）[HSW 未收]，§9：Georg Friedrich Wilhelm Hegel，*Schriften zur Politik und Rechtsphilosophie*（《论政治和法哲学》，in *Sämtliche Werke*，ed.Georg Lasson，vol. 7，Leipzig，1913），113。

“不是平静的、长期以来神圣不可侵犯的传统”

HSW xi 60.

一个民族在狂饮完

对 HSW xi 119 的义释。

105 **“皇帝——那个世界灵魂”**

黑格尔在 1806 年 10 月 13 日致伊曼纽尔·尼塔默尔的信：*Briefe von und an Hegel*（《黑格尔通信集》），ed. Johannes Hoffmeister（Hamburg，1952—1960），i 120。

圣西门

117 **“我写作乃是因为我有新思想”**

Introduction aux travaux scientifiques du dix-neuvième siecle（《19 世纪科学著作导论》，1808）：*Oeuvres de Claude-Henri de Saint-Simon*（《圣西门著作集》，Paris，1966），vi 16；对比“Epître dédicatoire a son neveu Victor de Saint-Simon”（《致侄子维克多·德·圣西门的信》），*Oeuvres de Saint-Sinon et d'Enfantin*（《圣西门与昂方坦著作
285 集》，Paris，1865—1878），i 98，以下简称 *Oeuvres*。

118 **“起来吧，伯爵先生”**

这则逸闻见 Louis Reybaud，*Études sur les Réformateurs ou socialistes modernes: Saint-Simon*，*Charles Fourier*，*Robert Owen*（《现代改良派或社会主义者研究：圣西门、傅立叶和罗伯特·欧文》，Paris，1840），chapter 2，“Saint-Simon et les Saint-Simoiens”（“圣西门和圣西门主义者”），43。它还出现在 M. G. Hubbard，*Saint-Simon: sa vie et ses travaux*（《圣西门：生平及著作》，Paris，1857），9。

他曾是……的学生

圣西门大致这么说。Frank E.Manuel，*The New World of Henri*

Saint-Simon（《亨利·圣西门的新世界》，Cambridge，Mass.，1956），13 中认为这种自夸“毫无依据”。

132　**因此（他非常坚定地说）**

在伯林的录音记录里，这句话和下一句话问题尤多，很难十分严格地加以重新组织，以证明下面复制的内容是它们原初的样子：[1]

oppressive and unnecessary, and so he says very firmly what
we need is simply a State which has become a kind of
industrial enterprise, of which we are all members, a kind
of enormous limited liability company, unlimited
liability perhaps precisely what Burke who in a sense was
also historically minded, St. Simon demanded not merely a
partnership in all virtue, a partnership in all science, a
partnership in all art, although he bälieves that of course
dispassionately, but also a partnership in the most literal
sense, in the sense in which Burke statement so to speak
decide it was not a partnership - a partnership yes and trade
in calico, exactly what Burke denied, a partnership in trade,
in commerce, a partnership in industry, a partnership in
industry and in the sales of all the human needs of knowledge,
without which men cannot get anything done at all.

我不敢肯定自己对这段话的猜测（这里指编者在正文中对伯林这段演讲文字记录的整理。——译注），不过我希望，至少作者的观点没有遭到严重破坏。如果有哪一位读者提出更好的解决办法，本书重印时将采纳。 286

“所有科学上的合伙关系”

Burke，参见前引文（上文第 196 页注释 1）。

“为了满足人类的需要”

Oeuvres iv 193—194.

135　**“各尽所能”**

这是圣西门主义者旗下的《环球》杂志扉页上引言中的第一句

[1] 牛津大学博德利图书馆，伯林手稿，编号 595，页码 265（局部）：扫描件 © 博德利图书馆 2014。

话，接下来是“按照每一种能力的实际作用进行分配”（后来在马克思主义者那里成了“各取所需”）。See Georg G. Iggers，*The Cult of Authority*（《权威的崇拜》，The Hague，1958），151/3。

“人类灵魂的工程师”

1932 年 10 月 26 日，斯大林在马克西姆·高尔基的家中就苏维埃作家的作用发表的讲话，保存在高尔基档案中的一篇未刊稿中：K.L.Zelinsky，“Vstrecha pisatelei s I.V.Stalinym”（《I.V. 斯大林与作家的一次会面》），首次以英译文发表于 A. Kemp-Welch，*Stalin and Literary Intelligentsia*，*1928—1939*（《斯大林和文学知识分子，1928—1939》，Basingstoke and London，1991），128—131：有关这个提法，见该书第 131 页，俄文的原文是，“inzhenery chelovecheskikh dush”，I.V.Stalin，*Sochineniga*（Moscow，1946—1967），xiii 410。1934 年，高尔基在作家代表大会上使用了这个提法（去掉了人类）：“无产阶级国家必须培养成千上万名优秀的‘文化技工’、‘灵魂的工程师’”。支撑这个提法的思想可追溯到 20 世纪 20 年代，当时马雅可夫斯基在讨论作家的作用时，与工程进行了类比。

136 **“神圣的斯密”**

出处不详，很可能是伯林误记了路德维希·冯·文科特所使用的
287 短语。

我们要管理的不是人而是事

See *Oeuvres* xviii 182—191。这种表述方式来自恩格斯：see Karl Marx，Friedrich Engels，*Werke*（《马克思恩格斯全集》，Berlin，1956—1983），xix 195；Karl Marx，Frederick Engels，*Collected Works*（《马克思恩格斯全集》，London，1975—2005），xxv 246—247，相关的段落为：“在 1816 年，[圣西门] 宣告，政治学是有关生产的科学，还预言政治学将被经济学彻底吸收。经济状况是政治制度的基础，这种认识在这里只是处于萌芽状态。不过，这里明白无误表达的观念是：

对人实行的政治统治将来会转变为对物的管理［eine Verwaltung von Dingen］以及对生产过程的指导——也就是说，‘废除国家’，有关这一点，最近谈论颇多。”（*Oeuvres* 中圣西门的言论发表于 1817 年。）

137 **“你中有我，我中有你。”**

原文是“你是我生活的一个侧面，我是你生活的一个侧面”。See P.Enfantainand H.Saint-Saimon，*Scienne de L'homme: physiolgie religieuse*（《人的科学：宗教生理学》，Paris，1858），199。

140 **“有一件事情我想跟你们说”**

这段引文除了第一句话之外，同下一段引文一样，Reybaud，参见前引书（上文第 118 页注释），第七版，i 84。See also “Notices liutorique I：Saint-Simon”（《历史传略 I：圣西门》），*Oeuvres* i 121—122。（第一句话中前半部分训谕似乎是圣西门所赞同的基督教原则，不过，这好像不是他临终之际在病榻上讲的话。） **288**

迈斯特

142 **“一位凶猛的绝对主义者”**

Émile Faguet，*Politiques et moralistes du dix-neuvième siecle*（《19 世纪的政治与道德》），1st series（Paris，1899），1。

“他的基督教是恐怖的”

出处同上，59。

“略微装饰的异教思想”

出处同上（“un paganisme un pell ‘nettoge’”）。

“梵蒂冈的近卫军”

出处同上，60。

“恐怖基督教”

S.Rocheblave，“Étude sun Joseph de Maistre”（《约瑟夫·德·迈斯特研究》），*Revue d'histoire et de philosophie religieuses*（《历史与宗教哲学评论》），2（1922），312。

“有刽子手帮忙的、毫不宽容的上帝”

E.Quinet，*Le Christianisnce et la Révolution fransçaise*（《基督教与法国大革命》，Paris，1845），357—358。

“屠宰场”

“[el] matadero del difunto corde José de Maistre”（《已故约瑟夫·德·迈斯特公爵的屠宰场》），Miguel de Unamuno，*La agonia del cristianismo*（《基督教的痛苦》）：see *Obras completas*（《全集》），ed. Manuel Garcia Blanco（Madrid，1966—1971），vii 308。

148 **“18 世纪哲学家的天城”**

这是卡尔·贝克（Carl L. Becker）的一本书（New Haven，1932）的名字。

149 **“在有生命的物质和自然界的广大领域”**

迈斯特著作的引文出自 *Oeuvres complètes de J.de Maistre*（《J.
289 德·迈斯特全集》，Lyon，1884—1887 以及根据这个版本的历次重印本）。这句引文见 v 22—25。完整的法语原文印行于《扭曲的人性之材》，第二版，170—180。

151 **“五六种极度兴奋”**

v 34.

154 **亚述人发明了主格**

iv 88.

155 **“他（到底）是什么意思？”**

ii 338.

天生是食肉动物的绵羊

“Dire：les moutons sont nés carnovores，et partout ils mangent de l’herbe，serait aussi juste.”参见前引书（上文第142页注释“一位凶猛的绝对主义者”），41。

这位大名鼎鼎的女士是谁？

iv 132—133.

156 **“在我一生中”**

i 74.

“社会的两只锚”

viii 284.

没有人像俄国人那样

viii 288.

“大学里的普加乔夫”

viii 291.（爱米利安·伊凡诺维奇·普加乔夫是叶卡捷琳娜统治时期领导农民和哥萨克造反的领袖。——译注）

159，162—163 **“小集团”**

E.g. i 407，viii 91，222，223，268，283，292（“une secte détestable qui ne droit jamais”），311—312，336，345，512—513. 290

161 **“这个莫名其妙的人是谁？”**

iv 32—33. 这段话末尾的《圣经》引文出自《旧约·撒母耳记上》

2：8。完整的法语原文印行于《扭曲的人性之材》，第二版，183—185，同时还有略显不同的翻译，出处同上，119—120。

162 **“就好像他所有著作”**

1834 年 10 月 8 日致森夫特伯爵夫人的信：Félicité de Lamennais，*Correspondance générale*（《通信全集》），第 2338 封，ed. Louis le Guillou（Paris，1971—1981），vi 307。

163 **可怕魔鬼的狰狞笑容**

iv 208—209：“Ce *rictus* épouvantable，courant d’une oreille à l’autre，et ces lèvres pincees par la cruelle malice.”

164 **“主权在民的原则”**

291 ix 494.

索　引* 道格拉斯·马修斯 编

- A -

*条目后的数字为原书页码，见本书边码。

- B -

- C -

- D -

- E -

- F -

- G -

- H -

- I -

- J -

- K -

- L -

- M -

- N -

- O -

- P -

- Q -

- R -

- S -

- T -

- U -

- V -

- W -

- Z -